SCORPIO

KATJA KRUCKEBERG

Sophias Geheimnis

EIN ROMAN ÜBER DAS,
WAS IM LEBEN WIRKLICH ZÄHLT

SCORPIO

Hinweis

Bei diesem Roman handelt es sich um ein fiktives Werk. Namen, Charaktere, Unternehmen, Organisationen, Orte, Ereignisse und Gespräche sind entweder das Produkt der Fantasie der Autorin oder werden fiktiv verwendet.

Dies ist die Geschichte von Sophia, Leonardo und Barbara und zeigt die Welt aus ihren Augen und ihrer Zeit.

Dass in diesem Roman an vielen Stellen auf die gleichzeitige Verwendung der Sprachformen männlich, weiblich und divers verzichtet wird, schließt keine Menschenseele aus. Ganz im Gegenteil, es sind alle herzlich willkommen, ihre eigene Geschichte in diesem Buch zu finden und zu schreiben.

Der Umwelt zuliebe

· produzieren wir zu über 90 % in Deutschland
· achten wir auf kurze Transportwege
· drucken wir auf Papier aus nachhaltiger Waldwirtschaft und anderen kontrollierten Quellen

MIX
Papier | Fördert gute Waldnutzung
FSC® C014889

© 2024 Scorpio Verlag in der Europa Verlage GmbH, München
Umschlaggestaltung: David Wilhelm Werbeagentur, Zürich
Umschlagmotiv: Cristina Conti / trentemoller / Jacob_09 / natrot / Shutterstock.com
Lektorat: Ulla Rahn-Huber
Layout und Satz: Margarita Maiseyeva
Druck und Bindung: Pustet, Regensburg
ISBN 978-3-95803-619-2

Scorpio-Newsletter:
Mehr zu unseren Büchern und Autoren kostenlos per E-Mail!
www.scorpio-verlag.de

Für meine Kinder

Jolanda und Julien

Liebe ist die Anwort.

»Was für ein herrliches Leben hatte ich!
Ich wünschte nur, ich hätte es früher bemerkt!«

— S.-Gabrielle C. Colette

Inhaltsverzeichnis

— 1 —
Sophia: Eine kurze Begegnung

»An den Abzweigungen des Lebens stehen keine Wegweiser.«
— CHARLES SPENCER CHAPLIN

Würde es ihr helfen zurückzublicken, um zu verstehen, wohin sie wollte? Oder musste sie einfach vorwärtsgehen, um ihr Ziel zu erreichen? Sophia versuchte, die losen Strähnen ihres dunkelbraunen Haars wieder in den Knoten an ihrem Hinterkopf zu stecken, als sie plötzlich ihre eigenen Umrisse in einem Spiegel nicht weit von sich erblickte. Sie sah schnell weg. Wenn sie genauer hingeschaut hätte, hätte sie eine junge Frau mit einem feingliedrigen Gesicht, neugierigen grünen Augen, leicht verwischter Wimperntusche auf dem Wangenknochen und einem schönen, mit rotem Lippenstift betonten Mund gesehen.

Doch Sophia schaute nicht genauer hin. Stattdessen ging sie ein paar Schritte weiter und blieb dann wieder stehen. Nach fünf Tagen in San Francisco hatte sie es eilig, ihren Flug zurück nach Berlin zu bekommen, aber sie fühlte sich mit einem Mal so erschöpft, dass sie nicht klar denken konnte. Sie starrte auf die Abflugtafel an der gegenüberliegenden Wand, ohne die Informationen vollständig zu erfassen. Last Call Sydney, Boarding Buenos Aires, Boarding Hongkong, letzter Aufruf Amsterdam. Wenn sie sich jetzt nicht zusammenriss, würde sie noch ihren Flug verpassen.

Sie drehte sich abrupt um, als sie eine Stimme neben sich hörte. »Kann ich Ihnen helfen …?«

Überrascht schaute Sophia zur Seite. Sie hatte nicht bemerkt, wie der ältere, vornehm aussehende Mann neben sie getreten war. Irgendwie kam er ihr bekannt vor.

»Verzeihung?«, fragte sie zögerlich.

Der Mann lächelte sie auf eine gewinnende, unaufdringliche Art an.

»Sie schienen etwas zu suchen, und ich dachte, ich könnte Ihnen behilflich sein«, sagte er höflich.

»Das ist sehr aufmerksam von Ihnen. Ich muss meinen Flug nach Berlin erwischen, aber ich kann das Gate nicht finden.« Sie hob beide Hände, als ob sie sich entschuldigen wollte.

»Sind Sie sicher, dass Sie diesen Flug bekommen möchten?« Der alte Mann lächelte sie an.

Sophia begann über die Frage nachzudenken, ohne die Merkwürdigkeit der Situation zu erfassen. Seufzend stellte sie sich ihre leere und leider auch unaufgeräumte Wohnung in Berlin vor, die sie vor fast einer Woche verlassen hatte. Ein trauriges Bild. Doch dann kam sie zur Besinnung.

»Ja, unbedingt! Mein Flug geht in fünfzig Minuten.«

Sie warf dem weißhaarigen Mann einen prüfenden Blick zu. Er wirkte jetzt plötzlich älter als zuvor. Mit der rechten Hand auf der Brust schien er nach Luft zu schnappen.

»Geht es Ihnen gut?«

»Ja … Ja. Sie müssen dort drüben durch die Sicherheitskontrolle gehen. Ihr Gate befindet sich nach hundert Metern auf der linken Seite, direkt hinter dem Zoll. Der Flughafen ist nicht sehr voll. Ungewöhnlich für diese Uhrzeit. Sie werden Ihren Flug auf jeden Fall bekommen!«

Sophia atmete auf.

»Vielen Dank! Das ist sehr nett …«

»Gerne.« Der alte Mann blinzelte mit den Augen und öffnete den Mund, als wollte er etwas hinzufügen, doch es vergingen ein paar Sekunden, bevor er mit leiser Stimme sagte:

»Ich habe einen Brief für Sie. Ich weiß, das muss seltsam klingen. Ich war heute bei Ihrem Vortrag. Und ich habe mir Ihre Webseite und Ihre Bücher angeschaut. Auch in diesem Brief geht es um ein Buch. Ein ganz besonderes Buch.«

Er hielt kurz inne und wartete ab, wie Sophia reagieren würde, dann fuhr er hastig fort.

»Ich habe einen großen Fehler gemacht und dann viel Zeit vergehen lassen. Zu viel Zeit. Jetzt ist es fast zu spät.«

Der alte Mann hörte auf zu reden und sah nun vollkommen entkräftet aus. Sophia bemerkte, wie schwer es ihm fiel, die richtigen Worte zu finden. Für sie hatten sie trotzdem keinen Sinn ergeben. Sie mochte ihn, fühlte sich aber dennoch etwas unwohl dabei, so unvermittelt so persönlich angesprochen zu werden. Der alte Mann schien ihr Unbehagen zu bemerken. Er richtete sich auf und lächelte sie warmherzig an.

»Ich weiß, das klingt nicht sehr plausibel. Noch nicht. Aber wenn Sie den Brief lesen, wird Ihnen alles viel klarer werden.«

Sophia wusste nicht, was sie sagen sollte. Die Zeit drängte, und sie musste ihren Flug erreichen. Ob sie diesen Brief entgegennehmen sollte? Nach großen Veranstaltungen, bei denen sie als Rednerin oder Moderatorin auftrat, wurde sie regelmäßig von Leuten angesprochen, die ihr Komplimente machen wollten. Manche eilten anschließend wie sie zum Flughafen oder Bahnhof, und es war ihr nicht fremd, erkannt zu werden, auch wenn sie in keiner Weise prominent war. Und trotzdem, sie zögerte und betrachtete noch einmal das Gesicht des alten Mannes. Die ausgeprägten Wangenknochen, die ehemals vollen Lippen, die kräftige und leicht gebogene Nase verliehen ihm eine männliche Ausstrahlung und erinnerten Sophia an die Skulpturen des klassischen Griechenlands. Er musste einmal sehr gutaussehend gewesen sein, dachte sie, und sie bemerkte, wie aufrichtig freundlich er wirkte. Als Coach und Psychologin war sie darin ausgebildet, Menschen innerhalb von Sekunden einzuschätzen. Und sie war sich sicher, dass dieser alte, vornehme Herr ein guter Mensch war, sie konnte es spüren.

»Ich hatte Ihnen den Brief auf der Konferenz geben wollen. Aber nach Ihrem Vortrag sagte mir Ihre norwegische Kollegin,

Anicken, dass Sie bereits auf dem Weg zum Flughafen seien. Sie hat versucht, Sie anzurufen, aber Sie haben nicht abgenommen. Da beschloss ich, ein kleines Risiko einzugehen und zu sehen, ob ich Sie in der Nähe des Lufthansa-Schalters finden könnte. Mein Fahrer war so freundlich, mich hierher zu bringen.«

Er hielt ihr den Umschlag hin, den er die ganze Zeit in der rechten Hand gehalten hatte. »Der Brief wird alles erklären! Sie werden es nicht bereuen, ihn zu lesen. Das verspreche ich.«

Einen Moment lang rührte sich Sophia nicht. Sie fühlte sich etwas überrumpelt. Nervös schaute sie auf ihre Armbanduhr. Doch dann streckte sie einem spontanen Impuls folgend die Hand aus und nahm den Brief entgegen.

»Folgen Sie Ihrem Herzen.« Der alte Mann lächelte. »Und fliegen Sie zurück nach Berlin, wenn es so sein soll.«

Mit dem Brief in der Hand wandte sich Sophia zum Gehen. »Danke. Wie heißen Sie denn eigentlich, wenn ich fragen darf?«

»Leonardo. John Leonardo.«

»Mein Name ist Sophia.« Ihr war das Ganze noch immer ein Rätsel.

»Ich weiß!« Der alte Herr lächelte erneut und fügte dann hinzu: »Sophia, machen Sie das Beste aus Ihrer Lebenszeit. Auf Wiedersehen. Gute Reise. Und vielen Dank!«

Sophia fühlte sich plötzlich hellwach. Schnellen Schrittes eilte sie in Richtung Zoll.

Etwa eine dreiviertel Stunde später, bequem im Flugzeug sitzend, nahm sie den Umschlag aus ihrer cognacfarbenen Handtasche und begann, den Brief zu lesen, der langsam, aber sicher ihr Leben verändern würde.

— 2 —
Leonardo: Das ungeschriebene Buch

»Alles, was wir zu entscheiden haben, ist, was wir mit der Zeit anfangen wollen, die uns gegeben ist.«

– J. R. R. TOLKIEN

Liebe Sophia,

der Gedanke, dass Sie diesen Brief bald in Händen halten werden, erfüllt mich mit einer Art Energie, wie ich sie seit dem Tag vor mehr als einem Jahr, an dem meine Frau Barbara bei einem tragischen Unfall ums Leben kam, nicht mehr gespürt habe. Tief in meinem Herzen bin ich davon überzeugt, dass die Lektüre dieses und der folgenden Briefe Ihr Leben, Ihre Gedanken, Ihre Gefühle und auch die Entscheidungen, die Sie treffen werden, positiv beeinflussen wird. Ich weiß, dass klingt anmaßend, aber anders kann ich es nicht formulieren.

Sollten sich meine Briefe als inspirierend genug erweisen, um Ihre Neugier zu wecken, ist meine größte Hoffnung, dass ihre Wirkung eine nachhaltige sein wird. In meiner Vorstellung sehe ich, wie Sie unsere Inhalte einem breiteren Publikum präsentieren, damit viele Menschen davon profitieren können. Aber ich möchte keinen unnötigen Druck aufbauen. Wenn nur eine einzige Person ihre begrenzte Zeit auf dieser Erde auf sinnvollere Art und Weise verbringt, und wenn diese Person Sie sind, Sophia, dann bin ich zufrieden.

Natürlich frage ich mich, wie Sie sich wohl fühlen werden, wenn Sie diese kühnen Zeilen von mir zum ersten Mal lesen. Vielleicht sitzen Sie bereits im Flugzeug nach Berlin und fliegen über den Atlantik. Lassen Sie mich raten. Wie würde es mir an Ihrer Stelle ergehen? Einerseits wäre ich interessiert: Was bedeutet das alles? Ist das ein großer Humbug, oder steckt etwas Bedeutsameres, Größeres dahinter? Andererseits würde ich höchstwahrscheinlich auch denken: Für wen hält sich dieser wildfremde alte Kerl, dass er so mir nichts, dir nichts in meinem Leben auftaucht und meint, einen Einfluss nehmen zu können auf mich und meine Gedanken?!

Vielleicht fühlt es sich auch befremdlich für Sie an, diesen

Brief in Händen zu halten, ohne die Person zu kennen, die ihn geschrieben hat. Sollte dies der Fall sein, entschuldige ich mich aufrichtig. Mir ist in der Kürze der Zeit kein besserer Weg eingefallen, an Sie heranzutreten.

Der Ordnung halber möchte ich mich kurz vorstellen. Ich heiße Leonardo. John Leonardo, um genauer zu sein. Ich bin halb italienischer, halb deutsch-amerikanischer Banker, ursprünglich aus New York, und habe einen guten Teil meines Lebens damit verbracht, meiner Frau auf ihrer Suche nach dem *Geheimrezept* für ein gesundes, glückliches und sinnerfülltes Leben rund um den Erdball zu folgen. Ich weiß, das klingt nach einem ungeheuerlichen Unterfangen, aber ich werde Ihnen in den kommenden Briefen mehr davon erzählen.

Im Moment hoffe ich, dass diese Feststellung genügt, denn leider läuft mir buchstäblich die Zeit davon. Die Uhr tickt. Ich sitze auf einem Berg von Schulden – emotionalen Schulden, muss ich hinzufügen –, und mein Körper beginnt nachzugeben. Meine Frau ist nicht mehr an meiner Seite, und ich wende mich jetzt an den Menschen, von dem ich glaube, dass er mir helfen kann, ihre Mission doch noch zu erfüllen, denn möglicherweise habe ich weder die Energie noch die Zeit, es allein zu tun. Allen Widrigkeiten zum Trotz hoffe ich, dass Sie dieser Mensch sind, Sophia.

Ich habe viel darüber nachgedacht, wie ich am besten schreibe, was geschrieben werden muss. Viele Wege führen bekanntlich nach Rom. Oder, wie einer der Mönche, die Barbara und ich auf unseren Reisen durch Asien trafen, sagte: »Es gibt Hunderte von Wegen den Berg hinauf, aber die Aussicht von oben ist immer die gleiche.« Lassen Sie mich also versuchen, etwas mehr Licht ins Dunkel zu bringen, indem ich einige weitere Hintergrundinformationen mit Ihnen teile.

Als das Feuer ausbrach, das meine Frau das Leben kostete und unser geliebtes japanisches Teehaus zerstörte, mitsamt aller Unterlagen für das Buch, für das wir jahrzehntelang recherchiert hatten, war ich voller Verzweiflung. Ein überwältigendes Gefühl von Trauer und Kummer riss mir damals buchstäblich den Boden unter den Füßen weg. Obwohl ich wusste, dass meine Frau es nicht gutgeheißen hätte, zog ich mich völlig aus der Welt zurück und verharrte für viele Monate in einer inneren Starre. Scheinbar bewegungslos. Ich hatte jegliches Vertrauen in das Leben und in mich selbst verloren, fühlte mich ängstlich und schwach und krank an Körper und Seele. Was immer Barbara von mir erwartet hätte oder auch nicht, es schien nicht in meiner Macht zu stehen, etwas an meinem Zustand zu ändern. Es dauerte viele Monate, bis ich langsam wieder erwachte, körperlich, geistig und auch emotional. Als das passierte, wurde mir mit einem Mal bewusst, wie viel Zeit ich verschwendet hatte. Und sofort meldete sich ein tiefes Schuldgefühl, welches mich erneut zu lähmen drohte.

Ich wusste jedoch, dass es so nicht weitergehen konnte, und so versuchte ich mit aller erdenklichen Willenskraft und Disziplin herauszufinden, was meine letzte Aufgabe in diesem Leben sein würde. Ich konnte Barbara nicht wieder zum Leben erwecken. Vermutlich hätte sie selbst darauf bestanden, dass es ihr Schicksal gewesen sei, auf diese Weise aus der Welt zu scheiden. Mir blieben zwei Optionen:

Erstens: Ich konnte versuchen, einen Architekten zu finden, der das japanische Teehaus, das Barbara so sehr geliebt und geschätzt hatte, wieder aufbauen würde. Aber ich wusste intuitiv, dass dies nicht viel ändern würde und Barbara es auch nicht gewollt hätte.

Zweitens: Ich könnte den Versuch unternehmen, unser Lebenswerk doch noch zu retten. Sprich, ich könnte nach einem Weg suchen, Barbaras »Buch über das Geheimnis eines gelingenden Lebens« neu zu schreiben oder zumindest eine neue Version davon zu erstellen.

In dem Moment, als mir dieser letzte Gedanke durch den Kopf schoss, wusste ich: Das ist es! Plötzlich war mir klar, dass Barbara sich genau das mehr als alles andere von mir gewünscht hätte. Inspiriert von dieser neu gewonnenen Klarheit wollte ich sofort loslegen. Leider fühlte ich noch am selben Tag einen stechenden Schmerz in der Brust, dessen weniger massive Vorzeichen ich lange ignoriert hatte. Im Krankenhaus teilte mir der Kardiologe mit, dass mein Herz es nicht mehr lange machen würde. Ich leide an einer altersbedingten, weit fortgeschrittenen Herzinsuffizienz. Ich könne lebensverlängernde Medikamente einnehmen, aber mehr ließe sich nicht tun. Schlechte Nachrichten. Die erhoffte Wiedergutmachung segelte außer Sichtweite, und ich war mir sicher, dass ich wohl mit diesen unguten Gefühlen Barbara gegenüber würde sterben müssen.

Dennoch kommt es im Leben nicht immer so, wie es auf den ersten Blick scheinen mag: Ich hätte schon fast erneut aufgegeben, da fand ich einen ersten Hinweis auf eine mögliche Lösung meines Problems, ohne überhaupt danach gesucht zu haben. Vielleicht hatte Barbara doch recht, und die Dinge geschahen aus einem bestimmten Grund. Als ich die Website des Pharmaunternehmens studierte, das das mir empfohlene Medikament herstellte, entdeckte ich eine Anzeige für einen großen »Health and Leadership Congress« am Flughafen von San Francisco, der öffentlich zugänglich war. Mein Blick fiel auf das Bild einer Frau, das in mir etwas Unerklärliches auslöste, und mein Herz begann, ein wenig stärker zu schlagen. Fast ehrfürchtig kramte ich die alte Taschenuhr aus meiner Hosentasche hervor, die ich wenige Stunden zuvor zufällig wieder gefunden hatte. Ich schaute himmelwärts und war mir sicher, dass Barbara ihre Finger im Spiel hatte. Eine Träne lief mir über die Wange. Und glauben Sie mir, Sophia, ich bin nicht jemand, der leicht weint, das bin ich noch nie gewesen.

Unnötig zu erwähnen, dass Sie, Sophia, die Frau auf dem Foto waren. Zugleich fand ich heraus, dass Sie als Coach, Beraterin, Keynote Speaker und auch Autorin international tätig sind. Und dass Sie in Berlin wohnen! Und wieder klopfte mein Herz vor Freude. Berlin. Ich konnte es nicht glauben. Ich berührte die alte Taschenuhr, die nun neben mir auf dem Schreibtisch lag, und wiederholte im Stillen die Inschrift:

»Lost Time is never found again.«

Diese melancholisch anmutenden Worte stimmten mich plötzlich optimistisch – und hoffnungsvoll. Mit neuem Elan studierte ich Ihre Website und speicherte Ihre Adresse. Natürlich konnte ich mir nicht sicher sein, dass es wirklich das Schicksal war, dass mich einlud, Sie zu kontaktieren. Aber meine Intuition sagte mir, dass *Sie* die Person sind, die mir helfen würde, dieses Projekt auf eine gute Art und Weise auf den Weg zu bringen. Ob Sie daran überhaupt Interesse haben würden, darüber habe ich im ersten Moment, das muss ich zugeben, gar nicht nachgedacht.

Und jetzt halten Sie hoffentlich meinen Brief mit etwas Wohlwollen in Händen, und ich kann die Frage nicht länger aufschieben. Ich entschuldige mich aufrichtig für die Besonderheit der Situation, die ich für Sie geschaffen habe. Aber mit allem gebotenen Respekt möchte ich Sie fragen, ob Sie sich in der Lage sehen, mir zu helfen, eine neue Version von Barbaras Buch zu schreiben und zu veröffentlichen? Dann könnte sich unser lang gehegter Traum doch noch erfüllen, viele Menschen mit unseren Erfahrungen und Barbaras Wissen zu inspirieren, ein gesünderes, sinnerfülltes und glückliches Leben zu führen.

Natürlich müssen Sie nicht sofort antworten. Die Zeit ist auf Ihrer Seite, Sophia, und Sie sind die einzige Person, die ich kontaktieren werde. Ich gehe »ALL IN«, wie die Spieler sagen würden, obwohl ich als Banker normalerweise dazu rate, das Risiko immer fair zu verteilen. Dennoch gibt es Situationen im Leben, in denen man das Gegenteil tun muss, um erfolgreich zu sein. Die Ehe ist ein solches Beispiel. Ich habe mein ganzes Vertrauen, meine Kraft und meine Geduld immer in eine einzige Person gelegt. Ich habe es nie bereut. Und dieses Mal habe ich das Gefühl, dass es genauso sein wird. Obwohl die Situation eine ganz andere ist, entscheide ich mich, an Sie zu glauben – an Kreise, die geschlossen werden wollen, an Geschichten, die geschrieben werden möchten.

Sie haben völlige kreative Freiheit, ohne eine vorgegebene Struktur, die Sie einschränkt. Sie können den Umfang des Buches so wählen, wie Sie es für richtig halten. Es kann jede gewünschte Form annehmen. Mein Ziel ist es, mit Ihnen in der verbleibenden Zeit so viel Inhalt und Inspiration wie möglich zu teilen. Und darüber hinaus werde ich Ihnen Unterstützung anbieten, wie Sie unsere Botschaft in die Welt tragen können, sobald der Vorgang des Schreibens abgeschlossen ist. Ich glaube, dass Sie sich mit Edward sehr gut verstehen werden. Mehr dazu später. Der Rest liegt dann außerhalb meines Wirkungskreises.

Doch bevor ich diesen ersten Brief beende, möchte ich Ihnen noch eine Frage stellen:

Wie investieren Sie Ihre wertvolle Zeit in diesem Leben, Sophia?

Denken Sie einmal darüber nach. In vielerlei Hinsicht ist Zeit alles, was wir haben. Unsere Zeit kann weder angehalten noch zurück- oder vorgespult werden, egal was passiert oder nicht passiert, ob es uns gut geht oder wir leiden, ob wir glücklich oder unglücklich sind, ob wir vorankommen oder uns festgefahren fühlen. Die große Uhr tickt immer. Die Zeit steht für niemanden still.

Deshalb frage ich Sie:

Haben Sie eine lohnende Zeitinvestitionsstrategie?

Ist Ihr Return on Investment zufriedenstellend?

Schaffen Sie durch Ihre Investments neue Vermögenswerte oder erleiden Sie Defizite?

Ich werde mich bemühen, mich so schnell wie möglich wieder bei Ihnen zu melden.

Mit hochachtungsvollen Grüßen,
Leonardo

PS: Sophia ist ein wunderschöner Name! Wie Sie wahrscheinlich wissen, bedeutet Sophia (Σοφία) im Altgriechischen *Weisheit*. Ist das nicht ein weiteres Zeichen für uns, unsere Kräfte bei diesem besonderen Projekt zu bündeln?

— 3 —
Sophia:
Über den Wolken

*»Fantasie ist etwas, was sich manche Leute
gar nicht vorstellen können.«*

— GABRIEL LAUB

Sophia ließ die Arme auf den Schoß sinken. Der Brief lag unordentlich gefaltet in ihren Händen. Sie atmete tief ein und spürte, wie ihre Lunge sich mit Sauerstoff füllten. Passierte ihr das wirklich? Sie versuchte, sich zu erinnern, wie der alte Mann ausgesehen hatte. Seltsam oder gar verrückt war er ihr nicht vorgekommen. Im Gegenteil, in ihrer Erinnerung hatte er einen gebildeten, ja kultivierten Eindruck hinterlassen. Ein Mann mit Substanz, wie sie zu sagen pflegte. Sie vermutete, dass er in seiner Karriere als Banker einmal erfolgreich gewesen sein musste. Er hatte einen hochwertigen Anzug getragen, keinen formalen Businesslook, sondern eher einen aristokratisch anmutenden Tweedanzug. Sie war sich nicht sicher, wie alt er sein mochte – vielleicht in seinen Achtzigern oder sogar Neunzigern? Es war etwas Zeitloses von ihm ausgegangen – besser konnte sie es nicht in Worte fassen. Aber was sie am meisten an ihm gemocht hatte, war dieser freundliche, ja warmherzige, intelligente Gesichtsausdruck, zu dem sie sogleich Vertrauen gefasst hatte.

Hätte er nicht so sympathisch gewirkt, hätte sie den Brief wahrscheinlich weder entgegengenommen noch behalten. Und natürlich hatte ihre Neugier das Übrige dazu beigetragen, ihr anfängliches Unbehagen zu überwinden. Sophia rückte ihre schlanken Beine im engen Fußraum ihrer Sitzreihe zurecht und versuchte, den Inhalt des Briefes noch einmal zu rekapitulieren. Es ging also um ein Buch, das den Menschen helfen würde, ein gesünderes, sinnerfülltes und glückliches Leben zu führen. Das schien zwar etwas blumig formuliert, machte aber grundsätzlich Sinn. Zweifel hatte sie trotzdem. Die unerwartete Vertrautheit der Ansprache ließ sie innerlich zurückweichen, genau wie der alte Mann selbst vermutet hatte.

Und dennoch, etwas in ihr wollte daran glauben, dass sie in der Tat dabei war, etwas Besonderes zu erleben, umso mehr, wenn sie über ihre derzeitige Lebenssituation in Berlin nachdachte. Sie hob ihre dichten, dunklen Augenbrauen und blickte auf die handgeschriebenen Seiten. Natürlich hatte sie den Brief schon geöffnet, als sie noch vor dem Zoll in der Schlange wartete. Der dünne Umschlag in ihrer Hand hatte sie plötzlich beunruhigt. Aber er beinhaltete nur drei handgeschriebene Seiten, sonst nichts. Und wie sie sich jetzt mit dem kleinen Finger über den ansteigenden Teil ihrer schlanken Nase strich, wie sie es immer tat, wenn sie über etwas nachdachte, zuckten ihre Mundwinkel und deuteten ein fast unsichtbares Lächeln an. Sie schüttelte den Kopf.

Hinter all dem steckte offensichtlich nichts Verdächtiges, auch wenn sich ihr unweigerlich eine Reihe von Fragen aufdrängte: Warum sollte dieser alte, distinguierte Herr ausgerechnet sie bitten, sich an einem so persönlichen Projekt zu beteiligen? Und überhaupt: Was wusste sie schon vom Geheimnis eines glücklichen Lebens?! Wie so oft machte sich Sophia über sich selbst lustig, in diesem Fall, um ihre eigene Traurigkeit zu kaschieren. Ihr Blick wanderte zu der Frau, die neben ihr saß. Fleißig die Tastatur ihres kleinen Laptops bedienend, schien sie an einem langen Dokument zu arbeiten. Wer weiß, vielleicht war diese Dame zufällig eine berühmte Lektorin aus einem angesehenen Verlag und arbeitete gerade an der Überarbeitung eines Manuskripts? Unwahrscheinlich, aber dieser Gedanke löste bei Sophia weitere Fragen aus.

Der alte Mann hatte geschrieben, dass er zufällig im Internet auf ihr Profil gestoßen sei. Aber warum hatte er sie erkannt? Sophia konnte sich das nicht erklären. Vielleicht hatte er nach einer professionellen Ghostwriterin und jemandem mit ihrem akademischen und beruflichen Hintergrund gesucht: ein Doktortitel in Organisationspsychologie aus England, ein Masterabschluss in internationaler Politik und Sportmedizin aus Deutschland und ein weiterer Masterabschluss in Business Administration aus den USA – an sich schon eine seltsame Kombination. Na ja, und sie hatte in der Tat schon einige Bücher publiziert, auch wenn sie sich eher als Handwerkerin im Umgang mit Wort und Schrift denn als echte Schriftstellerin betrachtete. Aber unabhängig davon: Das alles erschien zu weit hergeholt! Selbst für Sophias kreativen Verstand. Sie warf noch einmal einen Blick auf den Brief. Der angeschlagene Ton klang weiß Gott nicht nach einer herkömmlichen redaktionellen Anfrage, und sie war keine Ghostwriterin.

Und überhaupt, wer war eigentlich dieser Edward? Sah er wenigstens gut aus? Sophia lächelte in sich hinein. Seltsam war das Ganze schon!

Aber war es nicht genau das, worauf sie gehofft hatte, als sie ein paar Tage zuvor im Flugzeug in die entgegengesetzte Richtung geflogen war und sich nichts so sehnlich wünschte, als dass etwas Besonderes passieren möge! Etwas, das möglicherweise die Richtung ihres Lebens verändern könnte. So naiv es auch klang, sie hatte sich einen Zauberstab gewünscht, um ihr Leben neu zu ordnen. Ein kleines Grübchen erschien auf ihrer rechten Wange, als sie sich amüsiert eingestand, dass der alte Herr in der Tat eine gewisse Ähnlichkeit mit dem Schulmeister in Harry Potter gehabt hatte. Wie war noch mal sein Name? Dumbledore! Gut, das lange Haar, der Bart und der Zauberumhang fehlten. Aber die weise, gutmütige Ausstrahlung hatten die beiden definitiv gemeinsam.

Als Sophia den Brief noch einmal betrachtete, begann sie über Leonardos letzte Fragen nachzudenken. Banker schienen alles im Leben auf eine so rationale Art und Weise zu betrachten. Ihre Gedanken wanderten zu Ruben, ihrem Exfreund. Noch so ein Banker. Nein, sie hatte keine Zeitinvestitionsstrategie, und ihren Return-on-Investment-Quotienten hatte sie auch noch nie berechnet. Der Gedanke an sich schien ihr absurd. Und ja, vielleicht reagierte sie defensiv, aber dieser Bankerjargon, der irgendwie nicht zum Rest des Briefes passen wollte, sprach sie so gar nicht an. Typisch amerikanisch, ging ihr durch den Kopf. Und dennoch, kaum dass diese Fragen buchstäblich auf dem Tisch lagen, verfingen sie sich in ihren Gedanken und drängten sich ihr regelrecht auf. Wie investierte sie ihre kostbare Lebenszeit?

Als sie die Wochen seit ihrem Umzug von London nach Berlin Revue passieren ließ, murmelte sie mit frustrierter Stimme: »Nein, ich bin *nicht* zufrieden damit, wie ich meine Zeit verbringe.«

Die Dame neben ihr räusperte sich. »Excuse me?«

Sophia zuckte mit den Schultern und lächelte entschuldigend. »Es tut mir leid. Ich habe nur mit mir selbst geredet. Peinlich genug!«

Die Frau, die in ihrem cremefarbenen, langärmligen Hemdblusenkleid sehr professionell wirkte, schien amüsiert. »Das mache ich auch. Meistens, wenn ich mich ärgere.«

»Wirklich? Mir passiert das nie!«, antwortete Sophia ironisch.

Jetzt lachten sie beide. Dann tippte die Frau weiter ein Zeichen nach dem anderen in ihr Dokument.

Sophia schloss die Augen und hing weiter ihren Gedanken nach, bis sie ein unerwartet hartes Rucken unterbrach. Das Flugzeug rüttelte und schwankte hin und her, und der Pilot machte eine Ansage: Es träten unerwartete Turbulenzen auf. Die Frau neben ihr musste ihren Laptop einpacken. Sophia spürte ein Gefühl von Panik in sich aufsteigen. Sie versuchte, sich zu beruhigen, indem sie tief in den Bauch atmete, ihren Atem für einen kurzen Moment anhielt, dann lange und langsam ausatmete und ihn wiederum kurz anhielt. Eine Technik, die sie in einem Anti-Flugangst-Seminar vor vielen Jahren gelernt hatte und die sich praktisch in jeder angespannten Lebenssituation anwenden ließ, da sie das Nervensystem dazu brachte, wieder auf Entspannung umzuschalten.

Nach einer Weile stabilisierte sich das Flugzeug wieder. Mit einem erleichterten Seufzen steckte sie den leicht zerknitterten Brief in ihre Tasche und griff nach den Schlaftabletten, die ihr ein Arzt auf der Konferenz am Vormittag für den Rückflug gegeben hatte. Sie hatte nicht vorgehabt, davon Gebrauch zu machen. Aber wenn es jemals einen guten Zeitpunkt für eine chemisch induzierte Pause gegeben hatte, dann jetzt. Sie warf einen Blick auf ihre Uhr und lehnte sich in ihrem Sitz zurück. Noch knapp sieben Stunden bis Amsterdam, wo sie den Anschlussflug nach Berlin nehmen würde. Sie wollte schlafen, so viel wie möglich schlafen, ohne an Ruben, den alten Mann und seinen Brief oder irgendetwas anderes zu denken. Glücklicherweise musste sie nicht lange auf die beruhigende Wirkung der Tabletten warten. Was für ein Segen!

— 4 —

Sophia:
Blauer Himmel
über Berlin

»Die Liebe ist von allen Krankheiten noch die gesündeste.«

— EURIPIDES

An dem Tag, als Sophia wieder von Leonardo hörte, schien die Sonne. Blauer Himmel über Berlin nach vielen kalten, düsteren Wochen des Regens! Sie hatte so gut geschlafen wie seit Langem nicht mehr, und auch ihre Stimmung passte zu dem unerwarteten Wetterumschwung. Sie freute sich auf die Stunden, die vor ihr lagen. Ihr Plan war es, im Petit Bijou, einem Café am Spreeufer in Berlin-Mitte, das ihr eine Kollegin aus London empfohlen hatte, zu frühstücken und danach ein wenig die Stadt zu erkunden. Es war ihr freier Tag: vierundzwanzig Stunden lang keine E-Mails, keine Verpflichtungen, keine Termine, und das mitten in der Woche. Wunderbar!

Auf dem Weg durchs Treppenhaus streifte ihr Blick die Reihe der Briefkästen zu ihrer Linken. Sie hatte ihren eigenen aus Enttäuschung, dass Leonardo sich gar nicht mehr gemeldet hatte, mehrere Tage lang nicht geöffnet. Doch jetzt, an ihrem freien Tag, konnte sie der Versuchung nicht widerstehen. Kaum hatte sie den Schlüssel in dem kleinen Schloss umgedreht, bereute sie es. Ein Strom von Rechnungen, Werbebriefen und offiziellen Schreiben kam ihr entgegen. Sie hätte es wissen müssen. Entschlossen schob sie die Post zurück in den Kasten, als sie plötzlich erst einen Umschlag und dann noch einen weiteren entdeckte, die sich von den anderen unterschieden. Auf beiden erblickte sie die altmodischen Schnörkel einer Handschrift, die ihr bekannt vorkam. Sophia spürte, wie ihr vor Aufregung ein Schauer über den Rücken lief. War das möglich nach all den Wochen vergeblichen Wartens?

Seit ihrer Rückkehr aus San Francisco war in Sophias Leben viel passiert. Viel und absolut gar nichts, um genauer zu sein. Nach der Lektüre von Leonardos erstem Brief hatte sie den festen Entschluss gefasst, Ruben, ihren Exfreund, endgültig aus ihrem Leben zu verbannen. Sie hatten sich schon vorher mehrere Male getrennt. Das war immer nach dem gleichen Muster abgelaufen.

Anstatt sich dafür zu entschuldigen, dass er sie zutiefst verletzt hatte, drehte er den Spieß einfach um und warf ihr vor, ihn mit ihrem angeblich destruktiven Verhalten von sich gestoßen zu haben. Immer frei nach dem Motto: »Angriff ist die beste Verteidigung«. Seit ihrem Umzug nach Berlin war es ihr zwar gelungen, keinen Kontakt mehr zu ihm aufzunehmen, aber sie hatte ihn im Internet weiterhin heimlich gestalkt, was sie zutiefst deprimierend fand.

Dennoch, nachdem sie Leonardos Brief mehrere Male gelesen hatte, war sie zu dem Schluss gekommen, dass dieses erbärmliche Hinterhergeschnüffel nun auch aufhören musste. Sie musste ihre wertvolle Zeit sinnvoller investieren. Das war klar. In den ersten Tagen nach ihrer Rückkehr aus San Francisco hatte sie das ja auch geschafft, worauf sie sehr stolz gewesen war. Doch dann verging eine Woche nach der anderen ohne ein weiteres Zeichen. Kein Brief, keine E-Mail, kein Rauchsignal über dem Atlantik, kein weiteres Wort erreichte sie von dem liebenswürdigen alten Herrn, dem Sophia in ihrer Fantasie schon immer mehr ihres Vertrauens geschenkt hatte. Und langsam begann sie sich zu fragen, ob sie jemals wieder etwas von ihm hören würde, denn auch im Internet konnte sie ihn nicht finden. In seinem Brief hatte er erwähnt, dass ihm nicht mehr viel Zeit blieb. Vielleicht war er bereits gestorben. Was für eine Tragödie, ein Held, der ihr zu Hilfe kommen wollte, schied dahin, noch bevor die Geschichte richtig losging. Leonardo hatte ihr leidgetan, aber sie sich selbst fast noch mehr. Und mit der unfassbaren Menge an Regen, die seit dem Treffen auf dem Flughafen von San Francisco auf Berlin niedergeprasselt war, gab Sophias Willenskraft langsam nach. Als dann eines Abends Ruben, der auf Geschäftsreise der deutschen Hauptstadt seine Aufwartung machte, unerwartet vor ihrer Haustür stand, hatte ihr die Kraft gefehlt, ihn abzuweisen. Auf eine leidenschaftliche Nacht folgte ein weiteres Verschwinden Rubens. Sie konnte nicht glauben, dass ihr das tatsächlich noch einmal passiert war. Der Rest ihres neu aufgebauten Gefühls von Selbstwirksamkeit sank in sich zusammen, wie ein Ballon, der erst langsam und dann immer schneller die Luft verlor. Sie hatte wohl tatsächlich geglaubt, dass die Reise nach San Francisco und der Kontakt mit dem alten Mann einen Wendepunkt in ihrem Leben darstellen würden. Wie lächerlich. Sie war nur froh, dass zumindest ihre Klienten nicht sehen konnten, wie elend es ihr ging. Wer brauchte schon eine Psychologin, die ihr eigenes Leben so wenig im Griff hatte wie sie?

Und nun das! Sophia betrachtete ungläubig die beiden Briefe in ihrer Hand und wusste nicht, was sie tun sollte. Sie setzte sich zögernd auf eine der Stufen, stand aber schnell wieder auf und eilte die Treppe zu ihrer Wohnung hinauf. Hastig griff sie nach dem Tourguide, den sie vor einigen Wochen gekauft hatte, lief wieder hinunter und trat hinaus auf den großzügigen Bürgersteig. So viel Platz gab es nur in Berlin. Ihre Schritte waren leicht und dynamisch. Sie strahlte übers ganze Gesicht, und als sie im Petit Bijou ankam, war sie nicht überrascht, dass sogar noch ein Tisch am Fenster mit Aussicht für sie frei war.

Als ihr Cappuccino serviert wurde, nahm sie einen genüsslichen Schluck und begann zu lesen.

Leonardo: Der wiedergefundene Mut

*»Die innere Haltung ist eine kleine Sache,
die einen großen Unterschied macht!«*

— WINSTON CHURCHILL

Liebe Sophia,

es tut mir leid, dass Sie so lange auf diesen zweiten Brief warten mussten. Kurz nach unserer Begegnung ging es mit meiner Gesundheit leider bergab. Die Anstrengung der Reise war für mein Herz wohl doch etwas zu groß gewesen. Ohne die sofortige medizinische Versorgung in einem Krankenhaus in San Francisco wäre ich wahrscheinlich überhaupt nicht in der Lage, Ihnen ein weiteres Mal zu schreiben. Denn auch Tage nach diesem Vorfall stand mein Leben noch auf dem Spiel. Aber so seltsam es klingen mag: Die Aussicht auf den nahenden Tod machte mir keine allzu große Angst. In vielerlei Hinsicht kann ich es kaum erwarten, meiner Frau wiederzubegegnen, wie auch immer das sein wird – vielleicht als Moleküle gemeinsam durch das Universum fliegend, oder, wenn mein buddhistischer Freund recht haben sollte, Hand in Hand vereint in ewiger Liebe.

Leider war mein Aufenthalt im Krankenhaus jedoch nicht der einzige Grund für meine Funkstille. Etwas anderes und im Grunde ebenso Tiefgreifendes trug zu der Verzögerung bei. Nachdem ich Sie bei Ihrem Vortrag und anschließend persönlich am Flughafen gesehen hatte, fühlte ich mich in meiner Hoffnung weiter bestätigt, dass Sie sich für dieses Projekt engagieren würden. Ich spürte, dass Sie genau die richtige Person für diese Aufgabe sind. Und selbst im Krankenhausbett liegend, an meinem bisherigen körperlichen Tiefpunkt angelangt, fühlte ich mich seelisch immer noch beflügelt durch diesen vielleicht tragisch anmutenden Optimismus. Doch das änderte sich schlagartig, als ich wieder zurück in unserem Haus in Santa Barbara war. Wann immer ich versuchte, meinen nächsten Brief an Sie zu schreiben, kam ich mir plötzlich komplett unfähig vor. Zum ersten Mal seit vielen Wochen befürchtete ich wieder, dass mir womöglich einfach das Talent fehlte zu tun, was ich mir vorgenommen hatte.

Jedes Mal, wenn ich versuchte, einen Gedanken zu Papier zu bringen, fokussierte sich mein Verstand auf mein Nichtkönnen und meine mangelnde Kompetenz beim Schreiben. Wie um alles in der Welt sollte ich dieses Projekt angehen? Wo sollte ich beginnen? Ich übertreibe nicht, wenn ich Ihnen sage, dass ich eine weitere Zeit völliger Hoffnungslosigkeit durchlebte. Wieder und wieder saß ich vor einer leeren Seite, schrieb ein paar Sätze, strich sie durch und zerknüllte ungeduldig das Papier, bevor ich es achtlos wegwarf. Schnell wurde ich zum besten Freund meines Papierkorbs und zum Feind meiner selbst.

Der Gedanke an Sie und Ihre leuchtend grünen Augen verstärkte das Gefühl des Scheiterns. Es fühlte sich nicht richtig an, Sie nach meinem ersten Brief ohne ein weiteres Zeichen von mir sprichwörtlich im Regen stehen zu lassen. Natürlich wusste ich, dass meine negativen Gedanken meine Erfolgsaussichten, etwas Vernünftiges zu Papier zu bringen, noch weiter schmälerten, aber ich konnte diese gedankliche Abwärtsspirale nicht stoppen. Das ganze Anliegen erschien mir auf einmal töricht.

Trotz bester Absichten fand ich keinen Weg, Barbaras Arbeit die Bedeutung zu verleihen, die sie verdiente; ihre Gedanken in einfache Worte zu fassen, ohne die Tiefe der Botschaft zu verlieren, die sie überbringen wollte; eine Struktur zu erschaffen, wo es keine gab. Viele Jahre, das müssen Sie wissen, Sophia, war das »Buch über das Geheimnis eines gelingenden Lebens« lediglich der Arbeitstitel einer Sammlung von unzähligen medizinischen, psychologischen und soziokulturellen Forschungsergebnissen, Anekdoten und Erkenntnissen gewesen, die wir im Laufe unseres Lebens zu dem Thema gesammelt hatten. Zu Beginn dieses Prozesses gab es noch kein Konzept für ein Buch, aber wir hatten eine flexible Struktur für unser Denken und ein paar fundamentale, übergreifende Ideen, um unsere Gedanken zu ordnen. Unsere analoge und später auch digitale Datenbank enthielt eine enorme Anzahl an Geschichten, Fakten und Zahlen. All dies bildete die Grundlage für das Buch, an dem Barbara in den letzten Monaten ihres Lebens schrieb und das ich zu redigieren half. Für sie war es, als würde sie an einem riesigen, übergroßen Puzzle arbeiten. Ihr Anspruch an das Buch war, dass es wissenschaftlich so scharfsinnig und emotional so fesselnd sein sollte, dass es die Menschen nicht nur aufklärte, sondern sie auch dazu motivierte, ihre guten Absichten für ein gelingendes Leben tatsächlich in die Tat umzusetzen.

Doch Barbaras Manuskript existierte nicht mehr, ebenso wenig wie die Tausenden von handgeschriebenen Seiten, die Video- und Audiobänder, die Fotos, die Zeichnungen, die Bilder, die wir im Laufe der Jahrzehnte gesammelt und archiviert hatten. Alles, sogar der elektronische Teil unserer Datenbank, war dem Feuer zum Opfer gefallen. Natürlich war das keine neue Erkenntnis. Ich hatte es selbstverständlich schon gewusst, bevor ich meine Reise nach San Francisco plante und antrat. Und dennoch, als ich mich nach meiner Entlassung aus dem Krankenhaus wieder an meinen Schreibtisch setzte, um diesen zweiten Brief an Sie zu schreiben, wurde mir plötzlich ein weiteres Mal bewusst, dass ich im Grunde keine Ahnung hatte, wie ich diesen Verlust ausgleichen könnte. Wie naiv von mir! Ich schämte mich in Grund und Boden. Vor allem vor mir selbst.

Gab es also noch Hoffnung? Wochenlang zweifelte ich daran. Ich war mit der besten Absicht nach Hause gekommen, mein vergangenes Fehlverhalten wiedergutzumachen, die mir verschriebenen Medikamente sorgfältig einzunehmen, gut zu essen und ausreichend zu schlafen, um so lange wie möglich am Leben zu bleiben. Ich wollte so diszipliniert und konzentriert wie nötig sein und schreiben, was geschrieben werden musste. Aber als ich mich erneut fragte, ob ich überhaupt die Kompetenz hätte, etwas Sinnvolles zu Papier zu bringen, und anfing zu zweifeln, ob Disziplin allein ausreichte, um das Verlorene wiederherzustellen, verfiel ich vorübergehend wieder in Untätigkeit.

Doch dann passierte etwas. Als ich nachts wieder einmal nicht schlafen konnte und ziellos durchs Schlafzimmer wanderte, öffnete ich Barbaras Nachttischschublade und griff nach dem Buch, das sie in den Wochen vor dem Unfall gelesen hatte. In diesem Buch beschreibt die Psychologieprofessorin Carol Dweck, wie unsere innere Haltung und Einstellung dazu beitragen können, ob wir in Situationen im Leben scheitern oder Erfolg haben, ob wir dazulernen und unser Potenzial entfalten oder ob wir weit hinter unseren Möglichkeiten zurückbleiben.

Besonders eindrücklich fand ich die Beschreibung einer ihrer ersten wissenschaftlichen Untersuchungen zu diesem Thema. In mehreren Schulen wurden Kinder mit einer Reihe schwieriger Rätsel konfrontiert, die es zu lösen galt. Zu Professor Dwecks Überraschung verlor ein Teil dieser Kinder beim Puzzeln, Knobeln und Rätseln selbst dann nicht den Enthusiasmus, wenn die Lösung nicht in Sichtweite war. Diese Kinder freuten sich vielmehr über kleinste Fortschritte und schienen die Herausforderung ungeachtet aller Rückschläge tatsächlich genießen zu können. Diese innere Haltung veranschaulichte, was später durch Carol Dwecks Begriff »Growth Mindset« weltweit bekannt wurde: den Glauben, dass Fähigkeiten, Kompetenzen und sogar Intelligenz durch den Einsatz von Zeit und Mühe entscheidend weiterentwickelt werden können. Das »Nichtkönnen« führt in dieser inneren Haltung nicht zu Demotivation, Stress und Selbstzweifeln, sondern zu der Motivation, sich die entsprechenden Fähigkeiten anzueignen, wenn das Ziel lohnend erscheint. Auf der anderen Seite beobachtete Dweck all die Kinder, die angesichts von nicht oder schwierig zu lösenden Herausforderungen zu der Überzeugung gelangten, dass sie nicht klug genug seien. Sie genierten sich geradezu. Dies nahm ihnen die Freude weiterzumachen und untergrub ihr Selbstbewusstsein. Dieser mentale Zustand wird heute in der Psychologie als »Fixed Mindset« bezeichnet. Er führt oft dazu, dass Menschen bestimmte Herausforderungen meiden, um sich nicht vor sich selbst und anderen zu blamieren und dem Gefühl des möglichen Scheiterns aus dem Weg zu gehen. Das Weiterlernen wird dadurch sabotiert, und man bleibt weit hinter seinen Möglichkeiten zurück.

Das klang erst einmal interessant. Aber wie konnte mir diese Erkenntnis in meiner aktuellen Situation helfen? Bei weiteren Recherchen im Internet stieß ich bald auf Andrew Huberman, einen führenden Neurowissenschaftler, der den neurochemischen Vorteil erklärte, den Menschen nutzen, wenn es ihnen gelingt, einen Growth Mindset in Bezug auf eine bestimmte Aufgabe anzunehmen.

Ich habe die Sache so verstanden:

Ein Growth Mindset bedeutet, dass wir uns für kleine Fortschritte beim Lösen eines Problems innerlich durch Glücksgefühle belohnen, statt diese Belohnung bis zum Erreichen des Gesamtziels aufzuschieben. Wenn uns das gelingt, werden in unserem Gehirn fortwährend kleine Dosen Dopamin und andere Neurotransmitter freigesetzt, die uns zum Weitermachen motivieren und verhindern, dass wir uns unnötig gestresst oder gar minderwertig fühlen. In diesem Geisteszustand sind wir neurochemisch darauf vorbereitet, das Problemlösen zu genießen, statt daran zu verzweifeln – ein Vorteil, den sich herausragende Sportler, Musiker, Wissenschaftler, Führungskräfte und viele andere High-Performer *täglich* zunutze machen.

Aus Sicht eines Bankers, der sich sein Leben lang dem rationalen Denken verpflichtet gefühlt hatte, verstand ich sofort, dass der einzig vernünftige Weg nach vorn darin bestand, in meinem Gehirn eine Neurochemie zu schaffen, die mein Unterfangen unterstützen und nicht behindern würde. Natürlich war das leichter gesagt als getan. Aber basierend auf dieser Einsicht beschloss ich, eine tägliche Routine für mich zu etablieren: jeden Morgen drei Stunden lang zu schreiben, mit dem Ziel, den Prozess zu genießen. Wenn mir das helfen würde, den größten Fehler meines Lebens wiedergutzumachen, würde ich den Versuch *genießen*! Und inzwischen gelingt mir das wirklich. Wenn ich mir Notizen mache, konzentriere ich mich darauf, zufrieden zu sein und mich über kleinste Fortschritte zu freuen. Eine kostbare Erinnerung steigt in mir auf, und ich bin dankbar dafür. Eine gute Idee entsteht, ich notiere sie und feiere innerlich. Und die innere Blockade ist tatsächlich meistens verschwunden. Die tägliche Praxis, mich auf den Weg hin zu meinem Ziel zu freuen und kleinste Fortschritte anzuerkennen, statt mich verkrampft auf das Ergebnis zu konzentrieren – das fasst wohl zusammen, was mir geholfen hat, mental wieder auf die Beine zu kommen.

Und es gab es noch etwas, das meinem Denken eine neue Richtung gab. Als ich mir eines Abends einen Dokumentarfilm über die Geschwindigkeit der Wissensbildung im 21. Jahrhundert ansah, wurde mir klar, dass mein Beitrag durchaus anderer Natur sein könnte, als ich ursprünglich gedacht hatte. Es ließ sich nicht bestreiten, dass neues Wissen heutzutage in einem Tempo auftauchte, von dem Barbara und ich in den vielen Jahrzehnten, in denen wir wie Dürstende in der Wüste nach neuen wissenschaftlichen Erkenntnissen zu den für uns relevanten Themen gesucht hatten, nicht zu träumen gewagt hätten. Aktuelle Schätzungen gehen davon aus, dass sich das *Wissen* der Welt etwa alle fünf bis zwölf Jahre *verdoppelt,* wobei sich diese Rate weiter beschleunigt. Und viele dieser Informationen können dank des Internets zu jeder Tages- und Nachtzeit abgerufen werden, ohne dass man das Haus verlassen oder gar dafür bezahlen müsste. Barbara pflegte in ihren späteren Jahren zu sagen: »Wissen haben wir nun im Überfluss, Weisheit leider nicht.«

Vielleicht ging es beim Schreiben dieses Buches also nicht unbedingt darum, all die wissenschaftlichen Details oder Methoden zu reproduzieren, die Barbara und ihr Kollege Sendhil im Laufe der Jahrzehnte gesammelt und entwickelt hatten. Diese waren ohnehin für immer verloren. Auch wusste ich, dass mein Gedächtnis nicht gut genug funktionierte, um sie lückenlos wiederherzustellen. Und selbst wenn ich ein solch übermenschliches Gedächtnis gehabt hätte, würde mir die Zeit fehlen, diese Aufgabe noch zu Lebzeiten zu bewältigen.

Was würde ich also stattdessen tun?

Während der Abspann des Dokumentarfilms über den Fernsehbildschirm lief, entstand in mir plötzlich die Gewissheit, dass ich tun würde, was ich gerne tat und auch ganz gut konnte: Ich würde eine Geschichte erzählen. Die eine Geschichte, an die ich mich sehr gut erinnere oder zumindest an meine Version davon – die von Barbaras und meinem Leben und unserer gemeinsamen Suche nach dem Geheimnis eines gelingenden Lebens. Nicht auf lineare Art und Weise. Ich würde vielleicht in der Zeit hin- und herspringen, von großen und kleinen Dingen erzählen und versuchen, nicht nur den Verstand, sondern auch das Herz der Menschen zu erreichen, um sie zu ermutigen, ihre Zeit und ihre Aufmerksamkeit vielleicht noch sinnvoller als bisher zu investieren. Barbara hatte es selbst gesagt, bevor sie starb. Vielleicht gab es eine bessere Möglichkeit, die Essenz all unserer Erkenntnisse zu vermitteln – eine, die ebenso wirkungsvoll war wie die enzyklopädische Arbeit, mit der wir uns in all den Jahren beschäftigt hatten.

Mit diesem Gedanken im Hinterkopf lasse ich mich auf meine tägliche Schreibpraxis ein. Ich bringe jeden Tag kleine Abschnitte zu Papier und achte darauf, mich nicht selbst durch zu hohe Erwartungen zu behindern. Isabel, meine Nachbarin, die mir manchmal in Alltagsdingen zur Seite steht, wird diesen Brief morgen per Post abschicken.

Ich freue mich, dass Sie bald wieder von mir hören werden, Sophia. Sie müssen gedacht haben, dass ich diesen Planeten in der Zwischenzeit für immer verlassen habe! Kein ganz abwegiger Gedanke, wie Sie jetzt wissen. Aber noch bin ich da und mehr als bereit, meinen Beitrag zum Gelingen dieses Projekts zu leisten.

Passen Sie gut auf sich auf!

Und wenn ich Ihnen einen Rat geben darf in meinem hohen Alter: Was immer Sie gerade beschäftigt, wonach Sie auch immer streben, freuen Sie sich über kleinste Erfolge und Fortschritte in Ihrem täglichen Tun. Alles andere wäre schlichtweg unvernünftig.

Herzliche Grüße,
Ihr Leonardo

— 6 —

Sophia:
Die Hoffnung

*»Was wäre das Leben, hätten wir nicht den Mut,
etwas zu riskieren?«*

– Vincent van Gogh

Als Sophia den ersten der beiden Briefe gelesen und noch ein weiteres Mal überflogen hatte, lehnte sie sich zufrieden in ihrem Stuhl zurück und schaute gedankenverloren auf das vorbeifließende Wasser der Spree, in dem sich die Häuser des gegenüberliegenden Ufers spiegelten. Leonardo *lebte,* und er wollte immer noch, dass sie sich an diesem mysteriösen Buchprojekt beteiligte. Ein warmes Gefühl der Erleichterung breitete sich in ihr aus. Ihre Großmutter hatte ihr immer zu vermitteln versucht, dass sie alles im Leben erreichen könne, wenn sie nur an sich glaubte. Und jetzt, nicht weit entfernt von dem Ort, an dem diese hier in Berlin einst gelebt hatte, gelobte sich Sophia feierlich, diese überraschende Gelegenheit zu ihrem Vorteil zu nutzen und ihr Leben wieder mehr in den Griff zu bekommen.

Ein Gedanke beunruhigte sie jedoch. Was würde passieren, wenn Leonardo starb, bevor er sein Vorhaben beenden konnte? Sie versuchte, sich zu entspannen. In ihrer Jugend hatte sie das Top-Rope-Klettern in der Natur geliebt, eine Form des Kletterns, bei der man von einem an der Felswand auf- und ablaufenden Seil abgesichert wurde. Sie erinnerte sich, dass sie manchmal, wenn sie scheinbar feststeckte, ein kleines Stück an der Wand hochspringen musste, in der Hoffnung, ein paar Zentimeter weiter oben einen Vorsprung oder ein Loch zu finden – irgendeinen Halt, auf den sie dann treten oder in den sie ihre Finger hineinstecken konnte. Wenn dies gelang, fühlte sich der Rest des Aufstiegs oft mühelos an. Klappte es nicht, blieb immer noch das Seil, in das sie hineinfallen konnte, während ein Freund oder eine Freundin auf dem Boden für ihre Sicherheit sorgte. Leider war im Moment niemand da, der das Seil für sie halten konnte, zumindest niemand, der in der Nähe wohnte. Das war etwas, worüber sie nachdenken sollte. Doch selbst wenn sich Leonardo verabschieden würde, bevor er das Projekt zu Ende führen konnte, was ihr für den alten Mann in der Seele leidtäte, würde sie nicht zu Boden stürzen. Der Frühling stand vor der Tür, und sie war entschlossen, ihre Zeit von nun an besser zu nutzen, als sie das in den Monaten seit ihrer Rückkehr nach Berlin getan hatte.

Natürlich hatte sie noch keine Ahnung, wie ihr Beitrag zu Leonardos Buch konkret aussehen könnte. Bisher hatte sie Sachbücher oder Ratgeber zu den Themen Führung, Persönlichkeits- und Organisationsentwicklung geschrieben, deren Zielgruppe ihre Klienten waren. Das Schreiben und Veröffentlichen dieser Bücher erforderte Wissen, Erfahrung und ein gutes Maß an Selbstdisziplin, aber Kreativität aus ihrer Sicht nur in Maßen. Dieses Projekt schien andere Anforderungen an sie zu stellen. Ehrlich gesagt wusste Sophia nicht, wie man ein Buch angehen könnte, das auf biografischen Elementen, Anekdoten und zugleich wissenschaftlichen Erkenntnissen und philosophischen Einsichten basierte. Genau das aber schien der alte Mann im Sinn zu haben.

Ermutigend war jedoch, dass Leonardo über den Growth Mindset geschrieben hatte – ein sogenanntes »Hot Topic« in allen Konzernen und Unternehmen, für die sie weltweit tätig war. Alle großen Organisationen durchliefen heutzutage Transformationsprozesse und veränderten ständig ihre Geschäftsmodelle, ihre Arbeits- und Betriebsweisen. Jede Führungskraft musste die neue Realität akzeptieren, dass sie im Prinzip für zwei Unternehmen gleichzeitig arbeitete: eines, das im Hier und Jetzt Geld verdiente, und eines, das in der Zukunft profitabel sein würde. Und diese beiden unterschieden sich deutlicher denn je voneinander. Die Einbeziehung des lebenslangen Lernens war daher Teil des neuen Arbeitsabkommens. Nicht der Perfektionist, sondern offene, interessierte Menschen, die Lust am Lernen hatten und in der Lage waren, sich selbst nicht so wichtig zu nehmen, würden in diesen neuen Zeiten die Trophäe mit nach Hause nehmen, davon war Sophia überzeugt.

Sie ahnte, dass Leonardos Buch ihr eine weitere Gelegenheit bieten würde, diese innere Haltung auch in sich selbst weiter zu kultivieren und praktisch umzusetzen. Denn in einem Punkt war sie sich fast sicher: Sie würde sich noch eine ganze Weile buchstäblich durch den Nebel vorantasten müssen, um das Rätsel, das Leonardo ihr stellte, zu verstehen und zu lösen. Sophia berührte die alte eichene Tischplatte vor sich und zog unwillkürlich die dichten Augenbrauen zusammen. Sie hatte es schon so oft erlebt. Wenn sie zu Beginn einer komplexen Aufgabe das anfängliche Nichtwissen und Nichtkönnen als Scheitern und nicht als Chance zum Dazulernen betrachtete, verschwendete sie mehr mentale Energie als nötig. Wie oft hatte sie dies in der Vergangenheit getan. Was ihr helfen würde, sich zu entspannen, wäre der bewusste Gebrauch der Worte »noch nicht«. Das klang banal, machte aber einen großen Unterschied. Würde sie nicht wissen, wie etwas geschrieben werden müsste, wie sie einen Verleger finden könnte oder was auch immer sie zu tun hätte, würde sie sich sagen, sie wisse oder könne es »noch nicht«. Sie würde sich langsam vortasten, sich über kleine und kleinste Fortschritte und Erfolge freuen und an sich glauben, auch wenn sie jetzt noch keine Ahnung hatte, wohin das Ganze führen würde. Und sie beschloss, dass es ihr egal war, ob sie an diesem geheimnisvollen Buchprojekt etwas verdienen würde oder nicht. Wie oft passierte einem im Leben schon einmal etwas so Besonderes, das aus dem Alltag so herausstach wie das hier?!

Sophia war gerade dabei, den ersten der zwei Briefe, der, wie sie dem Poststempel entnehmen konnte, drei Tage vor dem anderen abgeschickt worden war, sorgfältig wieder zusammenzufalten, als sie eine Stimme neben sich hörte. Es war der hübsche junge

Kellner, der ihr gerade einen weiteren köstlichen Cappuccino servierte. Was für ein Genuss!

In einem Zustand freudiger Erwartung griff sie nach dem zweiten Umschlag, der vor ihr auf dem Tisch lag. Das war besser, als einen guten Roman zu lesen! Was Leonardo ihr wohl als Nächstes mitzuteilen gedachte?

War sie etwa dabei, sich in den alten Mann und seine Briefe zu verlieben? Wenn sie in ihrer Altersgruppe schon keinen Erfolg hatte, dann würde sie vielleicht mit einem achtzig- oder neunzigjährigen Banker ihr Glück finden. Amüsiert über diesen Gedanken tauchte Sophia ein weiteres Mal in die Welt des alten Bankers ein.

Leonardo: Die Bank des Lebens

»*Die wesentlichen Dinge im Leben bleiben immer gleich!*«
– SAMUEL BECKETT

Liebe Sophia,

was für ein wundervoller Morgen hier in Santa Barbara! Kolibris umschwirren zwitschernd die Orangenbäume neben mir, die gerade aufgegangene Sonne scheint sanft auf unsere Terrasse, und der Strand ist noch menschenleer und friedlich. Wenn ich meinen Blick über das Meer schweifen lasse, sehe ich vor meinem geistigen Auge in weiter Ferne die Inseln Hawaiis aufragen – eine Vorstellung, die mir immer wieder das Herz erwärmt und meine Fantasie anregt. Innere Klarheit kann eine so besänftigende Wirkung auf die Seele haben und die Sicht wieder öffnen für das, was ist und sein kann! Nachdem ich mich nun entschieden habe, wie es mit meinem letzten Lebensprojekt weitergehen soll, finde ich es inzwischen gar nicht mehr so bedrohlich, vor einer leeren Seite zu sitzen. Meist empfinde ich Freude und Dankbarkeit, wenn ich die Reise in die Vergangenheit antrete und mir zu meinen Erinnerungen Notizen mache.

Wo soll ich heute beginnen? Ich würde Ihnen gerne etwas über die Bank des Lebens zu erzählen. Ich erinnere mich noch genau an den Tag, als ich Barbara beim Frühstück zum ersten Mal von dieser Idee erzählte. Wohl inspiriert durch meine eigene Tätigkeit als Banker, hatte ich in der Nacht zuvor einen Traum von einer etwas anderen Bank gehabt – einer Bank, in der es um Zeit und nicht um Geld ging. In ihr konnte jeder Mensch seine Lebenszeit auf eine Weise investieren, die seinen Gewinn maximieren und gleichzeitig die grundlegende Zeitverschwendung auf dem Planeten verringern würde. Angesichts der Kürze des Lebens schien dies ein Unterfangen zu sein, von dem jeder Mensch profitieren könnte. Und dann gab es in meinem Traum auch noch eine Akademie. An dieser konnten die Menschen lernen, nicht nur ihre Lebenszeit, sondern vor allem auch ihre Aufmerksamkeit sinnvoller zu investieren. Denn das eine ohne das andere brachte dem Einzelnen an dieser Institution nur bedingt einen Wertzuwachs ein. Aber dazu später mehr.

Barbara und ich hatten viel Spaß während dieses Gesprächs. Und da es mein Traum und die Bank des Lebens somit meine Erfindung war, bestand ich scherzhaft darauf, dass ich auch ihr Direktor sein müsse, was durch meinen Hintergrund in der Finanzbranche zusätzlich legitimiert würde. Barbara erkannte zwar meine Urheberschaft an, argumentierte jedoch, dass dies eine anspruchsvollere Institution sei, in der Menschen ihre Zeit und nicht ihr Geld investierten. Meine bisherigen Erfahrungen würden mich also für rein gar nichts qualifizieren. Ich hingegen verwies darauf, dass nur die Reichen und Wohlhabenden in der Lage seien, zwischen Zeit und Geld zu unterscheiden. Für die meisten Menschen bedeutet Geldverdienen schließlich, Zeit zu investieren, was mich zum idealen Kandidaten für die Führungsposition machte. Barbara stutzte kurz und konterte dann, dass dies der lebende Beweis dafür sei, dass Banker eine verkorkste Persönlichkeit hätten. Wir lachten und genossen unser spielerisches Wortgefecht, aber nach einer Weile sahen wir uns plötzlich ernst an.

»Wäre die ›Bank des Lebens‹ nicht eine nützliche Metapher, die Menschen helfen könnte, um vom Wissen zum Handeln, von der Einsicht zur Umsetzung zu gelangen?«, fragte ich.

»Leonardo, das ist es!«, stimmte mir Barbara sofort zu und hob die Faust in die Luft, als sei sie bereit, eine Revolution zu starten, was uns beide zum Lachen brachte und mich an den Tag erinnerte, als wir beide uns Jahre zuvor zum ersten Mal gesehen hatten.

* * *

Wie ich Sie gewarnt habe, Sophia, springe ich in meiner Erzählung in der Zeit hin und her, und so lade ich Sie nun kurzerhand ein, mir auf die berühmte Haight Street in San Francisco, dem einstigen Epizentrum der Hippiebewegung, zu folgen. Dort nämlich begegneten Barbara und ich uns zum ersten Mal.

Damals war ich ein junger, stolzer Banker aus New York und in San Francisco, um seine über mehrere Ecken verwandte, entfernte Cousine aus Italien zu besuchen. Da ich aus einer Einwandererfamilie der Arbeiterklasse stammte und einen Großteil meiner Jugend mit Armut zu kämpfen hatte, strebte ich nach wie vor nach den Vorteilen einer soliden Mittelklasseexistenz, von der diese jungen Hippies in der Haight Street sich zu befreien suchten. Ich trug also meinen Nadelstreifenanzug mit Stolz, und obwohl ich mir ein Hotelzimmer hätte leisten können und dies auch meine bevorzugte Option gewesen wäre, willigte ich ein, bei meiner Cousine Lucy zu übernachten, die damals an der Universität in San Francisco Medizin studierte und darauf bestanden hatte, dass ich ihr Gast sein möge.

Als ich bei Lucy ankam, bereute ich diese Entscheidung sofort. Eine Gruppe von Leuten – die Zahl änderte sich ständig –, saß zusammengepfercht auf dem Boden eines großen Raums. Diese Studenten sahen nicht wie junge, aufstrebende Berufstätige aus, sondern wirkten auf mich eher wie Drogensüchtige, die im Begriff waren, sich um den Verstand zu kiffen. Vielleicht übertreibe ich, aber so kam es mir damals vor. Wie ich bald herausfand, bestand mein »Zimmer« aus einer Matratze in einer dunklen Höhle aus Tarndecken, die an der Decke befestigt waren. Ich mochte Lucy sehr, aber beim Betreten dieser Wohnung wurde mir klar, dass ihr neapolitanischer Vater recht hatte: Dieses Mädchen brauchte Hilfe. Ich musste sie buchstäblich aus Sodom und Gomorra herauszerren, um sie zu retten, da war ich mir sicher.

Den Nachmittag verbrachte ich mit Lucy und ihren Freunden im nahegelegenen Park, und als wir später in die Wohnung zurückkehrten, sah ich Barbara zum ersten Mal. Ich erinnere mich bis heute an jedes Detail. In der Küche stand diese Frau mit dem wilden, lockigen, blonden Haar und rührte selbstvergessen in einem Topf mit einem indischen Curry. Sie wirkte älter und reifer als die anderen. Ihre Schönheit machte mich sprachlos. Das Gefühl der Überlegenheit, das ich den ganzen Tag über empfunden hatte, war plötzlich verschwunden. Und dabei sah Barbara überhaupt nicht wie die Frauen aus, die ich in der Bank in New York City so bewunderte. Sie war alles andere als elegant. Komplett ungeschminkt und mit ihrer weiten, farbenfrohen Kleidung hatte sie diesen Bohème-Look, der mich normalerweise überhaupt nicht ansprach. Aber ich sah nur dieses schöne Wesen, in das ich mich, so kitschig es auch klingen mag, auf den ersten Blick verliebte.

Im Laufe des Abends saßen wir im Kreis, tranken Wein und rauchten Gras. Ich hatte nie zuvor im Leben Drogen genommen.

In New York trank ich gelegentlich ein Glas Wein beim Abendessen mit Kunden, aber mehr nicht. Und dennoch, als der Joint auf mich zukam, nahm ich, ohne lange zu zögern, ein paar kräftige Züge. Barbara saß zu meiner Linken, und ich wollte nicht der Spaßverderber sein. Zu diesem Zeitpunkt hatte ich meine Pläne, Lucy aus Sodom und Gomorra zu retten, völlig vergessen. Tatsächlich wäre ich liebend gerne König der beiden brennenden biblischen Städte geworden, wenn das bedeutet hätte, dass Barbara zur Königin an meiner Seite würde. Doch zu meiner Überraschung reichte sie den Joint weiter, ohne daran zu ziehen. Ich protestierte stumm in meinem Kopf. Es hätte meiner Heldentat gar nicht bedurft, dachte ich noch, aber der aufkommende Schwindel benebelte bereits meinen Geist. Und vor all den Menschen, die ich früher am Tag noch großspurig hatte belehren wollen, schlief ich schließlich mit dem Kopf auf dem Küchentisch liegend ein.

In den folgenden Stunden kümmerte sich Barbara um mich. Zumindest war dies ihre Version der Geschichte. In den folgenden Jahren wurde sie nicht müde, mich nachzuahmen, wie ich hilflos mit meinem schönen Anzug und meiner ach so erwachsen wirkenden Krawatte um den Hals erst halb auf, dann unter dem Küchentisch lag und schlief. Und sie verriet mir, dass sie mir sanft über die weiche Haut strich, nachdem sie meine Krawatte gelockert und mein Hemd geöffnet hatte, um mir Raum zum Atmen zu geben. Ich machte Barbara darauf aufmerksam, dass diese Art von übergriffigem Verhalten sie heutzutage in des Teufels Küche bringen könnte, und dann lachten wir beide. Lange Zeit herrschte zwischen uns beiden diese Art von Humor, diese Verspieltheit, die wir noch viele Jahre aufrechterhielten. So lange, um genau zu sein, bis uns dies nicht mehr gelang. Aber davon erzähle ich vielleicht ein anderes Mal. Wir werden sehen …

* * *

Nun aber zurück zur Bank des Lebens, liebe Sophia. Wie so oft verliefen die Dinge nicht so linear, wie man es sich vielleicht erhoffen würde. Nach unserem ersten Gespräch am Frühstückstisch lehnte Barbara das ganze Konzept plötzlich wieder ab. Sie wollte nicht, dass ihre Arbeit mit einer Metapher aus meiner Bankenwelt in Verbindung gebracht würde. Ich denke, in gewisser Weise war sie von der Stimmung der Zeit beeinflusst, und obwohl mein Einkommen als Banker uns in jenen Jahren ein angenehmes Leben verschaffte und ihr ermöglichte, beruflich zu pausieren, um sich als Ärztin weiterzubilden, wünschte sie sich mitunter, dass das Geld hierfür aus einer anderen Quelle als der Finanzbranche kommen würde.

Nichtsdestotrotz gab ich meine Idee nicht auf. Ich begann, zuerst nur in meiner Fantasie und dann auch in der realen Welt, so merkwürdig das klingen mag, in dieser neuen Institution zu arbeiten. Es gab die »Bank of America«; die »Bank of China«; die »Bank of England«. Warum sollte es nicht auch eine »Bank of Life« – eine »Bank des Lebens« – geben? Im Laufe der Jahre hatte ich für so viele reiche, aber innerlich unausgefüllte Menschen gearbeitet, dass mir die Aussicht, mehr für sie tun zu können, als sie nur in Bezug auf ihr Vermögen zu beraten, verlockend erschien.

So wurde ich, lang bevor es diesen Begriff überhaupt gab, allmählich zum ersten Life Coach in unserer Bank. Die Gespräche mit meinen Kunden verlagerten sich immer mehr von einem rein finanziellen Fokus hin zu einer größeren Lebensperspektive. Hin und wieder forderte ich sie heraus, sich auf eine viel wichtigere Währung als das Geld zu konzentrieren: die eigene Lebenszeit! Ich fragte sie, wie sie eine bessere Anlagestrategie für die verschiedenen Bereiche ihres Lebens entwickeln könnten, statt sich ausschließlich auf die Vermehrung ihres Finanzvermögens zu konzentrieren. Meine Kunden waren von diesen ersten Interaktionen befremdet, aber langsam und vorsichtig begannen sie, mir zu vertrauen. Bald genoss ich in der Bank einen außergewöhnlichen Ruf. Hinter meinem Rücken wurde ich von einigen meiner Kollegen als »Kundenflüsterer«, »Priester« oder »Therapeut« bezeichnet. Gerüchten zufolge scheute ich nicht einmal davor zurück, mit meinen Kunden esoterische Rituale durchzuführen, um sie für mich zu gewinnen, was ich natürlich nicht tat.

Was ich jedoch tatsächlich anders machte als bisher, war, meinen Kunden auf eine neue Art und Weise zuzuhören – und zwar nicht, um sie zu manipulieren und unsere Produkte zu verkaufen, sondern um sie wirklich zu verstehen. Ich stellte ihnen Fragen, um sie aus der Reserve zu locken; und zwar keine, die ein Journalist, Banker oder Berater stellen würde, sondern solche, die meine Kunden dazu brachten, ihr Leben aus verschiedenen Perspektiven zu betrachten. Wir bewegten uns von der reinen »Transaktion« hin zur echten »Transformation«. Was ich damit meine? Nun ja, einige dieser erfolgreichen Geschäftsleute, die jahrzehntelang mit Dollarzeichen im Blick gelebt und geträumt hatten, öffneten nach und nach ihren Geist und ihr Herz für eine neue Lebenseinstellung, die damals nicht die Norm war und von meinen Kollegen in der Bank als verrückt abgetan wurde. Aber die tiefgreifenden Veränderungen, die ich im Leben meiner Klienten oft miterlebte, waren zutiefst befriedigend und ermutigend. Und umso selbstbewusster ich im Umgang mit meinen Kunden wurde, desto expliziter erzählte ich ihnen von der Bank des Lebens, jener imaginären Institution, in die die gesamte menschliche Zeit gehandelt wurde.

Wann immer ich mich mit Kunden in einem dieser glamourösen Dachrestaurants mit Blick auf Los Angeles, New York oder San Francisco traf, bat ich sie, sich vorzustellen, fünf »Großkonten« bei unserer neuen Spezialbank zu eröffnen. Es handelte sich hierbei um die »Big Five of Life« – die fünf Faktoren im Leben, die wir basierend auf unserer umfassenden Forschung stets im Blick behalten sollten, um uns ein gesundes, glückliches und sinnerfülltes Leben zu ermöglichen. Dann zeichnete ich eine Skizze mit diesen fünf Lebensbereichen auf ein Blatt Papier und lud meine Kunden ein, darüber nachzudenken, wie gut sie in jedem davon derzeit abschnitten. Denn ganz gleich, ob man die klassischen Philosophen wie Aristoteles oder Seneca studiert oder die Professoren, Wissenschaftler und Gelehrten von heute konsultiert, die wesentlichen Dinge, um die sich der Mensch kümmern muss, um sein Leben positiv zu gestalten, sind immer die gleichen:

Deshalb lud ich meine Kunden ein, sich einmal selbst in Bezug auf diese »Großkonten« einzuschätzen:

Wie zufrieden waren sie mit diesen Lebensbereichen?

Könnten sie neue Strategien anwenden, um auf diesen fünf Konten mehr Wohlstand zu schaffen? Was hielt sie auf? Was könnte ihnen helfen, diese Hindernisse zu überwinden? Was würde sie motivieren? Was würden sie gerne erreichen?

Mein Anliegen war es, meine Kunden dazu zu bringen, ihr Leben zuerst einmal aus der Vogelperspektive zu betrachten, bevor sie mit mir über ihre finanziellen Investmententscheidungen sprachen. Als ich Barbara schließlich von meiner Arbeit erzählte, war sie überrascht, wie ich die Metapher der Bank des Lebens genutzt hatte, um die Ergebnisse unserer langjährigen Forschungen zu integrieren.

»Vielleicht sind doch nicht alle Banker nutzlos«, sagte sie mit einem verschmitzten Grinsen und küsste mich auf die Wange, was mich ebenfalls zum Lachen brachte.

»Freut mich, dass du das endlich herausgefunden hast!«

* * *

Nun, liebe Sophia, das war ein langer, aber angenehmer Tag. Nachdem mich dieses Schreibprojekt zu Beginn so eingeschüchtert hat, empfinde ich es nun wie ein Geschenk, mich einer Tätigkeit zu widmen, die mich mit so viel Sinn erfüllt. Auch wenn immer etwas Wehmut mitschwingt, wenn ich über Barbara und mein vergangenes Leben nachdenke, kann ich diese Melancholie jetzt besser akzeptieren.

Mein Plan ist, Ihnen in den nächsten Wochen und Monaten fünf weitere Briefe zu schicken, in denen es jeweils um eins dieser fünf Großkonten bei der Bank des Lebens geht. Wichtig ist mir, dass Sie wissen, dass alles, was ich mit Ihnen teilen werde, auf soliden wissenschaftlichen oder aber philosophischen Grundlagen fußt. Und wenn meine Zeit es erlaubt, möchte ich Ihnen noch ein paar Notizen mit meinen persönlichen Investmenttipps für die Bank des Lebens zukommen lassen, die ich im Laufe der Jahre gesammelt habe. Sie sehen, ich bin immer noch Banker durch und durch, auch wenn meine Kollegen und Kolleginnen von damals mir hier nur bedingt zustimmen würden.

Heute habe ich meine dreistündige Schreibzeit deutlich überzogen. Es war ein schöner Tag. Der Strand ist jetzt wieder menschenleer, und die Temperatur ist deutlich gesunken. Was für ein wundervoller Ort! Tagsüber warm und sonnig, nachts kühl und frisch – für einen Mann mit neapolitanischen Wurzeln ein wahres Paradies!

Jetzt bin ich müde, aber ich verspreche, mich bald an die Verfassung des nächsten Briefes zu begeben.

Hochachtungsvoll,
Ihr Leonardo

PS: Haben Sie darüber nachgedacht, wie Sie Ihre kostbare Lebenszeit verbringen?

— 8 —
Sophia: Bestandsaufnahme

»Bedauern über verschwendete Zeit
bedeutet noch mehr verschwendete Zeit.«

— MASON COOLEY

Sophias Blick schweifte andächtig über die runde Kuppel des barocken Gebäudes, das sich wie ein Wasserschloss auf der vor ihr liegenden Museumsinsel erhob, während sie über die Worte nachdachte, die sie gerade gelesen hatte. Am Morgen, auf dem Weg in das Café, in dem sie jetzt saß, hatte sie in der Nähe der Hackeschen Höfe einen kleinen Laden entdeckt, der auf Notizbücher und Stifte spezialisiert war. Spontan war sie eingetreten und hatte sich ein handgefertigtes Tagebuch mit weichem Ledereinband, einen neuen Bleistift und einen hochwertigen Kugelschreiber gekauft. Sie lächelte bei dem Gedanken, dass diese schönen Gegenstände jetzt gleich zum Einsatz kommen würden.

Wollte sie einen Beitrag zu Leonardos Buch leisten, wäre es sinnvoll, sich ihre Gedanken dazu zu notieren und vielleicht auch ein paar Skizzen anzufertigen. Sie zeichnete gern. Als Jugendliche hatte sie sogar Unterricht genommen – offenbar ein Interesse, das sie mit Leonardo teilte.

Begeistert von der Idee, das Konzept der Bank des Lebens auf sich selbst anzuwenden, kopierte sie zunächst die fünf Hauptkonten, die »Big Five of Life«, in ihr Notizbuch und begann dann, aus dieser neuen Perspektive über ihr Leben nachzudenken. Es dauerte nicht lang, bis ihr auffiel, dass sie in mehr als einem der Konten rote Zahlen schrieb.

»Die Hoffnung stirbt zuletzt!« Sie seufzte.

Es überraschte sie nicht, dass das Konto, um das es am besten bestellt war, zugleich dasjenige war, dem sie seit Jahren am meisten Aufmerksamkeit geschenkt hatte – die Arbeit. In den letzten zehn Jahren hatte sie sich international als Beraterin, Executive Coach, Buchautorin und Vortragsrednerin etablieren können. Ihre Arbeit war intellektuell anregend und bot endlose Möglichkeiten zur Weiterentwicklung. Und obwohl sie sich nie wirklich um ihre Finanzen gekümmert hatte, bedeutete dieser Erfolg, dass es auch in dieser Hinsicht keinen Grund zur Sorge gab, selbst wenn sie sich manchmal sagte, dass sie dringend mit der Planung ihrer finanziellen Zukunft beginnen sollte. Sprich, zwei der fünf Lebensbereiche wiesen einen positiven Saldo auf, wobei einer davon in Zukunft mehr Zeit benötigen würde. Vielleicht war ihre

Situation insgesamt doch nicht so schlimm, wie sie zunächst gedacht hatte. Erleichtert lächelnd nippte sie an ihrem Cappuccino. Doch was war mit den weniger positiven Bereichen? Obwohl sie sich als Jugendliche und später an der Universität eines großen Freundes- und Bekanntenkreises erfreut hatte, war sie als Erwachsene an einem Punkt angelangt, an dem sie sich sozial regelrecht gestrandet fühlte. Sicher, es gab da eine Handvoll guter Freundinnen und inspirierender Kollegen, doch die waren auf der ganzen Welt verstreut. Was ihr fehlte, war eine Community vor Ort. Die hatte sie weder in Berlin noch anderswo. Ihren akademischen und beruflichen Interessen folgend, war sie seit Jahren von einer Stadt zur nächsten gezogen, genau wie ihre Eltern es während ihrer gesamten Kindheit getan hatten. Sie hatte sich zwar immer schnell eingelebt, aber es gab nun keinen Platz, an dem sie sich wirklich zu Hause fühlte. Doch statt sich mit den tiefer liegenden Gründen ihrer inneren Leere auseinanderzusetzen, hatte sie mehr und mehr Zeit in die Arbeit und ihre Weiterbildung investiert und war, ohne es wahrhaben zu wollen, immer mehr vereinsamt.

Nach der Trennung von Ruben, oder genauer: den Trennungen von Ruben, hatte sie sich nicht mehr motivieren können, gut für sich zu sorgen. Es fing mit Comfort Food an, ging mit Netflix weiter und hörte mit »Keinen Sport mehr machen« auf. Sie fühlte sich einsam und körperlich und psychisch so unwohl wie seit Langem nicht mehr. Beim Blick auf ihre Skizze runzelte sie die Stirn. Drei von fünf Konten waren im Minus! Und zwar deutlich!

Wie hatte sie in den letzten Jahren ihre Zeit und Energie investiert, um dieses verheerende Ergebnis zu erzielen? Nachdenklich strich sie mit dem Finger über den weichen Ledereinband ihres Notizbuches. Wäre ihre gesamte Zeit ein Kuchen, vielleicht eine schöne Schwarzwälder Kirschtorte, wie ihre Großmutter sie früher oft für sie gebacken hatte, müsste sie sich die Frage stellen: Wie hatte sie ihre Kuchenstücke verteilt?

Unwillkürlich dachte sie an Ruben, ihren Exgeliebten. Ruben, der Mann mit der tiefen Stimme und dem schönsten Körper, den sie je berührt hatte. Der Mann, der sie offenbar nicht geliebt hatte, auch wenn es sich oft so angefühlt hatte. Sie hatte Ruben sehr viel von ihrer Aufmerksamkeit gewidmet. Ohne Frage hatte dieser gut aussehende Angeber über Jahre einen großen Teil ihres Kuchens gegessen. Sogar wenn er nicht da war, hatte seine Abwesenheit ihre Aufmerksamkeit gefesselt. Sophia schluckte. Das bedeutete doch, dass nicht nur Ruben sich ihres Kuchens bemächtigt hatte – sie hatte ihm selbst die Kuchenstücke regelrecht hinterhergeworfen! Das war noch erbärmlicher! Sophia schüttelte den Kopf und biss sich auf die Unterlippe. Und ihre Freunde und Familie hatte sie obendrein vernachlässigt. Kein Wunder, dass sie auch in diesem Lebensbereich so schlecht abschnitt.

Das nächste große Stück ihres Kuchens hatte sie ihrer Arbeit gewidmet – zumindest schien dies eine sinnvolle Art, ihre Zeit zu investieren. Darauf konnte sie doch wirklich stolz sein! Denn auch in diesem Bereich gab es endlose Möglichkeiten, Zeit zu verschwenden. Man denke bloß an all die E-Mails, die Tag für Tag Milliarden von Menschen die Zeit stahlen. War das eine Tragödie, eine Komödie oder eine Mischung aus beidem? Ganz zu schweigen von der Qualität dieser E-Mails. Sie erinnerte sich an ein Zitat, welches neben Mark Twain noch anderen Autoren zugeschrieben wurde: »Wenn ich mehr Zeit gehabt hätte, hätte ich Ihnen einen kürzeren Brief geschrieben.« Leider hatten viele Leute heutzutage nicht das Gefühl, genug Zeit zu haben, bevor sie ihre Mitmenschen mit irrelevanten oder unvollständigen Informationen versorgten, und dabei in der Regel mehr Leute einkopierten als nötig. Dazu kamen die unzähligen Besprechungen von morgens bis abends. Nicht umsonst lud Sophia ihre Kunden regelmäßig ein, die Meetingkultur in ihrer Organisation zu überprüfen. Welche Besprechungen waren sinnvoll? Wer sollte teilnehmen? Welche dieser Veranstaltungen konnten ersatzlos gestrichen werden?

Es gab in der Arbeitswelt in der Tat unzählige Aktivitäten, die weder effektiv noch effizient noch unterhaltsam waren. Und da alle das spürten, glaubten sie, Zeit anderswo einsparen zu müssen. Eine der beliebtesten Methoden hierfür war das Multitasking, die Illusion, zwei oder mehr Aufgaben gleichzeitig erledigen zu können. In Wirklichkeit wechselte das Gehirn in hoher Geschwindigkeit von einer Sache zur nächsten, was zu schlechterer Arbeitsqualität und vielen unnötigen Fehlern führte. So verschwand all die eingesparte Zeit und ward nie wieder gesehen, was die meisten Menschen aber gar nicht merkten, da sie ja so in Eile waren. Sophia schüttelte erneut den Kopf. Was für ein Wahnsinn! Natürlich war ihr das selbst auch schon passiert, aber als Business Coach hatte sie einen großen Vorteil. Da es ihre Aufgabe war, andere dabei zu begleiten, ihre Zeit im Job möglichst gewinnbringend einzusetzen, war es für sie selbstverständlich, sowohl ihre täglichen Arbeitsroutinen als auch ihre mittel- und langfristigen beruflichen Ziele und Wünsche regelmäßig zu überprüfen.

Sie schaute sich wieder ihre Skizze an. Wenn man vom Schlafen einmal absah, war damit der Kuchen schon größtenteils verteilt. Wenn sie ehrlich zu sich selbst war, musste sie zugeben, dass die verbleibenden Kuchenkrümel und Restchen für Einkaufen, Netflix-Gucken und sonstige Bildschirmzeit draufgegangen waren. Statt sich mit sich selbst und ihrer neuen Umgebung auseinanderzusetzen, hatte sie versucht, sich abzulenken, was die Situation nicht besser gemacht hatte. Eine ausgewogene Zeitinvestitionsstrategie würde wahrscheinlich nicht nur anders aussehen, sondern hoffentlich auch andere Ergebnisse bringen! Sie musste nach vorne schauen! Alles andere würde sie nicht weiterbringen.

Sophia seufzte noch einmal und streckte sich. Jedes Mal, wenn Leonardo mit ihr Kontakt aufnahm, tauchten in ihrem Kopf mehr Fragen als Antworten auf. Eine gute Sache, wenn man dabei war, Neuland zu entdecken, würde sie zu ihren Kunden in einer solchen Situation sagen. Sie grinste. Vielleicht sollte sie in Zukunft darauf achten, weniger belehrend und neunmalklug zu sein. Entschlossen stand sie auf. Sie würde das Ganze erst einmal sacken lassen.

Nachdem sie ihr Frühstück bezahlt und mit Liam, dem jungen Kellner, einem Austauschstudenten aus Sydney, ein paar Worte gewechselt hatte, verließ sie das Café. Vor ein paar Monaten hatte sie sich einen Stadtführer über Berlin und Umgebung gekauft, der seitdem ein einsames Dasein auf ihrem Wohnzimmertisch gefristet hatte. Sie faltete die Karte des Viertels auf und entschloss sich nach kurzem Überlegen, nach rechts abzubiegen. In England hatte die Erkundung Londons mit dem Fahrrad zu ihren Lieblingshobbys gehört, und heute konnte sie nicht verstehen, warum sie nicht früher begonnen hatte, diese lebendige Stadt zu entdecken.

Als Sophia schließlich nach einem längeren Spaziergang erschöpft am Brandenburger Tor ankam, setzte sie sich spontan auf den Bürgersteig und beobachtete, wie Touristengruppen aus aller Welt an ihr vorbeizogen. Sie erinnerte sich vage, wie sie als Kind vor dem Mauerfall schon einmal hier gewesen war, aber vielleicht bildete sie sich das auch nur ein. Ihre Eltern, die damals mit ihr in Westdeutschland lebten, wollten den Tag bei ihrer Großmutter in

Ostberlin verbringen. Doch am Grenzkontrollpunkt Friedrichstraße hatte es, wie so oft damals, Schwierigkeiten gegeben, und Sophia erinnerte sich, wie sie anschließend mit ihren Eltern in gedämpfter Stimmung irgendwo hier in der Nähe an Panzersperren, Stacheldraht und der unheimlich wirkenden Betonmauer entlangspaziert war.

Und nun, Jahrzehnte später, war sie wieder am Brandenburger Tor, durch das heutzutage Menschen aus aller Welt fröhlich hindurchschlendern konnten, als wäre es das Normalste überhaupt. Trotz der Brutalität des Krieges, der Teilung durch die Mauer und den Herausforderungen der Wiedervereinigung blickte Berlin weiterhin nach vorne.

Wenn diese Stadt sich immer wieder neu erfinden konnte, könnte sie dann nicht dasselbe tun? Mindestens dieses eine Mal! Das müsste doch möglich sein.

Sophia blickte in den blauen Himmel über Berlin, als könnte sie von dort Beistand erwarten, und lächelte in Vorfreude auf Leonardos nächsten Brief und das, was vor ihr lag.

– 9 –

Leonardo:
Unsere Gesundheit

>*»Wer keine Zeit für seine Gesundheit hat,*
muss sich später viel Zeit für seine Krankheit nehmen.«

– SEBASTIAN KNEIPP

Liebe Sophia,
ein weiterer sonniger Morgen in Santa Barbara hat begonnen. Große, weiße Wolken ziehen träge über den Himmel, und mein Blick wandert voller Dankbarkeit für die mir noch geschenkte Lebenszeit hinaus aufs Meer. Sicherlich kommen Ihnen diese Worte inzwischen bekannt vor. Um der Wahrheit die Ehre zu geben – ich könnte jeden meiner Briefe damit beginnen, Ihnen von der atemberaubenden Aussicht von unserer Terrasse zu erzählen. Nach so langer Zeit, in der ich nicht in der Verfassung war, diese Schönheit wahrzunehmen, atme ich nun in tiefen Zügen die frische, salzige Luft ein und genieße dieses wunderbare Fleckchen Erde. Unser kleines Haus am Meer war für uns ein Leben lang ein Quell großer Freude, oder zwei Leben lang, um genau zu sein. Und ich wäre gerne dabei, wenn Sie es zum ersten Mal mit eigenen Augen sehen. Auch wenn es dazu vielleicht nicht mehr kommen wird.

Gestern hatte ich einen Termin in der kardiologischen Abteilung meines Krankenhauses hier in Santa Barbara. Zu meiner großen Erleichterung hatte der Arzt gute Nachrichten für mich. Mein Herz schlägt wieder gleichmäßiger, und ich fühle mich stark genug, um zu tun, was ich mir vorgenommen habe, auch wenn ich nach wie vor das Gefühl habe, keine Zeit zu verschwenden zu wollen.

Lassen Sie mich deshalb gleich mit der Vorstellung des ersten Elements der »Big Five of Life« bei der Bank des Lebens beginnen: unsere Gesundheit. Auch wenn es uns nicht immer bewusst ist, jede Sekunde des Tages wird von unserem körperlichen Zustand beeinflusst. Wenn es uns nicht so gut geht, wir vielleicht einfach nur müde und erschöpft sind, erscheint uns die Welt oft in dunkleren Farben, unsere Gedanken und Emotionen trüben sich ein. Manchmal wissen wir nicht einmal, warum.

Natürlich gibt es auch den gegenteiligen Effekt: Fühlen wir uns körperlich stark, tauchen Optimismus, Freude und Glücksgefühle scheinbar aus dem Nichts auf und tragen uns durch den Tag. Aber es ist noch weit mehr als das. Wenn dieses Großkonto bei der Bank des Lebens schließt, sind wir bankrott. Ohne Wenn und Aber. Wie der Philosoph Arthur Schopenhauer es einst so treffend formulierte: »Gesundheit ist zwar nicht alles, aber ohne Gesundheit ist alles nichts.«

Deshalb rate ich als selbsternannter Direktor der Bank des Lebens – Sie wissen mittlerweile, wie sehr ich diese Metapher mag – dringend dazu, dieses Konto nie zu lange aus den Augen zu verlieren. Wer in diesem Bereich zu arg ins Defizit rutscht, gefährdet alles andere mit. Natürlich wissen wir das alle, aber wir handeln nicht unbedingt danach.

Für meine Frau war dies jedoch das zentrale Anliegen. Ihr ganzes Sein drehte sich um die Frage, wie sie die Menschen dabei unterstützen könnte, mehr für ihre Gesundheit zu tun. Sicher fragen Sie sich jetzt, warum das so war. Darüber habe ich auch viel nachgedacht. Im Leben gibt es bestimmte Momente, Phasen und Ereignisse, die sich nachhaltig auf die Person auswirken, zu der wir nach und nach werden. Sie beeinflussen, oft ohne dass wir uns dessen bewusst wären, woran wir glauben, wie wir empfinden und welche Entscheidungen wir treffen. Für Barbara war es der frühe Verlust der Eltern, der den größten Einfluss darauf hatte, wie sie ihr Leben führte. Mit gerade einmal siebzehn Jahren verlor sie erst ihre Mutter, die einem Herzinfarkt erlag, als sie die Treppe zu ihrem Haus hinaufstieg, und wenige Monate später ihren Vater an den Folgeerkrankungen eines schweren Diabetes.

Wie Sie sich vorstellen können, zog ihr das buchstäblich den Boden unter den Füßen weg. Aber trotz, ja vielleicht gerade wegen ihrer Trauer schloss Barbara die Highschool und das College mit Auszeichnung ab und erkämpfte sich anschließend ein Stipendium an einer der renommiertesten medizinischen Fakultäten Kaliforniens. Nach dem Abschluss begann sie, in einer allgemeinmedizinischen Praxis in Santa Barbara zu arbeiten. Das war ungefähr ein Jahr, nachdem wir uns in San Francisco kennengelernt hatten. Ich erkannte schon damals, wie fest entschlossen sie war, ihr Leben der Medizin und ihren Patienten zu widmen.

So unbehaglich mir anfangs die Aussicht erschien, New York den Rücken zu kehren, entschloss ich mich schnell, nach Santa Barbara umzusiedeln, um unserer Beziehung eine Chance zu geben. Die Gegend wurde nicht umsonst als die amerikanische Riviera bezeichnet, und ich betrachtete den Umzug dorthin als Gelegenheit, mich wieder mit meinen italienischen Wurzeln zu verbinden. Malerisch an der Küste des Pazifiks gelegen, umrahmt von den Santa-Ynez-Bergen, war Santa Barbara damals noch ein ruhiger und für uns erschwinglicher Ort. Es kursierten ständig Gerüchte, dass der eine oder andere berühmte Hollywoodstar in diesem oder jenem Restaurant gesichtet worden sei, aber ohne ein Vermögen zu investieren, konnten wir von meinen ersten Ersparnissen unser kleines Haus am Meer kaufen. Von außen betrachtet wirkten wir in diesen frühen Jahren wahrscheinlich noch wie ein ungewöhnliches Paar. Ich, um Lockerheit bemüht, verzichtete sonntags auf das Tragen einer Krawatte, während Barbara in ihrem Aussehen mehr an eine Bohemienne denn an eine junge Ärztin erinnerte. Aber in unseren Ansichten und Werten waren wir uns nah. Wir waren jung, verliebt, arbeiteten hart in unserem jeweiligen Job und waren zufrieden damit, was wir gemeinsam erreichten.

Allerdings ist im Leben für gewöhnlich nichts in Stein gemeißelt, das haben Sie sicherlich auch schon erlebt, liebe Sophia. Nach diesen ersten unbeschwerten Jahren begannen sich die Dinge langsam, aber sicher zu verändern. Eines Tages, als wir am Strand spazieren gingen, teilte Barbara mir mit, was ihr durch den Kopf ging.

»Ich habe an einer der renommiertesten medizinischen Fakultäten der Welt studiert, aber im Grunde habe ich keine Ahnung, wie ich meinen Patienten wirklich helfen kann.«

»Wie meinst du das?«

»Im Grunde bin ich doch nichts als eine Art ›Drogendealer‹, Leonardo.«

Verdutzt schaute ich sie an. Ihre Worte und ihr melodramatischer Tonfall brachten uns beide zum Lachen. Aber sie meinte es ernst.

»Ganz ehrlich. Ich mache das, wozu ich ausgebildet wurde: Krankheiten diagnostizieren und meinen Patienten die Medikamente verschreiben, die zu ihrem Krankheitsbild passen. Bestimmt mache ich das gut, aber es fühlt sich nicht richtig an.«

Die Sonne ging schon unter, der Strand war fast leer, und wir spazierten mit den Füßen im Wasser Richtung Pier.

»Weißt du, ich frage mich oft, ob der Tod meiner Eltern durch bessere, mehr oder andere Medikamente vermeidbar gewesen wäre. Ich kann es mir nicht vorstellen. Ganz ehrlich, wäre es nicht klüger gewesen, nach den Ursachen Ihrer Beschwerden zu suchen, statt über Jahrzehnte hinweg Medikamente zu verschreiben, die lediglich die Symptome ihrer Krankheiten linderten?«

Ich fühlte mit meiner Frau. Ich wusste, wie sehr sie der frühe Tod ihrer Eltern noch immer schmerzte. Und wie immer bewunderte ich ihre Ernsthaftigkeit in Bezug auf ihren Beruf. Ich sagte ihr, dass ich sie, falls sie noch einmal zur Universität gehen wolle, voll und ganz unterstützen würde.

Aber Barbara war nicht überzeugt.

»Besteht die Definition von Wahnsinn laut Albert Einstein nicht darin, immer wieder das Gleiche zu tun und andere Ergebnisse zu erwarten?«

Sie blieb stehen und starrte aufs Meer. Mit dem Rücken zu mir sprach sie weiter, sodass ich sie kaum hören konnte.

»Einige der intelligentesten Leute des Landes unterrichten an den medizinischen Fakultäten unserer renommierten Universitäten. Leute, die viel klüger sind als ich! Dennoch glaube ich nicht, dass ich dort die Antworten finden würde, nach denen ich suche. Nicht, dass ich überhaupt wüsste, welche Fragen ich stellen sollte.«

Sie seufzte, und wir gingen schweigend weiter am Strand entlang.

Ein paar Monate nach diesem Gespräch beschloss Barbara, mit Tom, dem Besitzer der Arztpraxis, in der sie arbeitete, zu sprechen. Zu ihrer großen Überraschung schlug er ihr vor, ein mehrmonatiges, unbezahltes Sabbatical einzulegen, um sich weiterzubilden. Das Problem war nur, dass sie noch gar nicht wusste, wie und wofür sie diese Zeit nutzen und welche Richtung sie einschlagen sollte. Um sich Klarheit zu verschaffen, studierte sie unzählige Fachzeitschriften und Magazine, besuchte Bibliotheken in Santa Barbara und Los Angeles und sprach mit Freunden und Kollegen aus der medizinischen Fachwelt. Die Antwort fand sie schließlich dort, wo sie es am wenigsten erwartet hatte: bei einem formellen Abendessen meiner Bank, zu dem eingeladen wurde, um den Erfolg eines US-weiten Projekts zu feiern, an dem ich beteiligt gewesen war.

Barbara hatte mich an jenem Abend nur widerwillig begleitet. Wie schon gesagt, sie mochte die Bankenwelt nicht. Und als sich spät am Abend unser CEO zu uns an den Tisch gesellte, merkte ich gleich, dass sie nicht in der Stimmung zum Small Talk war.

Nach ihrem Beruf gefragt fing sie an – wie ich fand, etwas aus dem Kontext gerissen –, offen die Schulmedizin zu kritisieren, und zwar in einer Art und Weise, als ob der Chef unserer Bank höchstpersönlich für die Missstände verantwortlich wäre. Ich nippte nervös an meinem Weinglas. Sehr zu meiner Erleichterung stellte ich fest, dass dieser unbeeindruckt vom Habitus meiner Frau freundlich reagierte.

»Sie müssen unbedingt meinen Schulfreund Aaron treffen, Barbara. Er ist Professor an der Fakultät für Gesundheitswissenschaften in Jerusalem. Nicht gerade um die Ecke. Aber Sie beide scheinen viel gemeinsam zu haben.«

Nach einer kurzen Pause fuhr er fort: »Aaron wird in zwei Wochen in New York sein, um seine Eltern zu besuchen. Sie sind schon sehr alt. Vielleicht kann ich Sie beide in Kontakt bringen.« Er lächelte. »Aber ich muss Sie warnen: Aaron ist ein bisschen ... alternativ unterwegs, wenn man das so sagen kann.«

Mir entfuhr unwillkürlich ein Lachen, da ich wusste, wie wenig Barbara das beunruhigen würde. Ich sah meine Frau liebevoll an. Ihre blauen Augen strahlten vor Begeisterung, und auch ich war glücklich. Der Abend verlief besser als erwartet, und wie sich bald herausstellen sollte, war auf unseren CEO Verlass.

Zwei Wochen später klingelte abends bei uns das Telefon. Professor Aaron Antonovsky persönlich war am Apparat und lud Barbara nach einem längeren Gespräch ein, auf einem Kongress zur ganzheitlichen Medizin in Jerusalem über ihre Erfahrungen als Allgemeinärztin in den USA zu berichten. Ein befreundetes Ärzteehepaar aus Brooklyn, das ursprünglich auf dem Rednerplan stand, hatte sein Engagement aufgrund unvorhergesehener Umstände absagen müssen. Barbara und ich grinsten uns an. Uns war klar, dass wir uns eine solche Chance nicht ungenutzt entgehen lassen würden.

* * *

Schon kurze Zeit darauf ging es los, und dieser unerwartete Aufenthalt in Israel kam uns unwirklich, ja geradezu surreal vor. Wir hätten nie geahnt, wie aufregend es sich anfühlen konnte, in die Fußstapfen anderer Leute zu treten, wenn diese zu Orten führten, die zu sehen wir uns nie erträumt hätten. Mit der Übernahme des Vortrags auf dem gesundheitswissenschaftlichen Kongress in Jerusalem übernahmen wir nämlich zugleich das Sightseeing-Abenteuer, das das Ehepaar aus Brooklyn minutiös geplant hatte und nun selbst nicht in Anspruch nehmen konnte. Wir genossen diese ungewöhnlichen Tage, die auf wundersame Weise auf unsere Bedürfnisse zugeschnitten zu sein schienen, in vollen Zügen. Bald erfuhren wir, was für ein atemberaubend schönes und interessantes Land Israel war. Als wir durch die Straßen der antiken Stadt Jerusalem spazierten, die Klagemauer bestaunten und exotische Museen erkundeten, hatten wir das Gefühl, in der Zeit hin und her zu reisen. Im Toten Meer planschten wir wie die Kinder und rieben uns die Haut mit einem Schlamm ein, der uns um Jahre zu verjüngen schien. Als wir anschließend durch die bezaubernden Straßen von Tel Aviv schlenderten und die fantastischsten Falafel der Welt und eine große Auswahl an exotischen Köstlichkeiten aßen, fühlten wir uns zu Gast in einem orientalischen Schlaraffenland. Es war herrlich und anders als alles, was wir bis dahin kannten. Und dies war erst der Anfang von vielen neuen Eindrücken, die, wie sich später herausstellte, unser Leben dauerhaft prägen sollten.

Die Konferenz selbst, der eigentliche Anlass für unsere Reise, fand wenige Tage nach unserer Ankunft an der Universität von Jerusalem statt, wo Aaron und sein Team das Thema Gesundheit tatsächlich auf völlig andere Weise erforschten. Barbara und ich waren beeindruckt von dieser neuen Umgebung, den Werten, die diese Menschen vertraten, und der Bedeutung, die dem Stellen von Fragen beigemessen wurde.

»Es gibt nichts Effektiveres, als die richtigen Fragen zu stellen«, hörten wir Aaron mehrmals sagen. »Fragen können alles verändern! Antworten, so klug sie auch sein mögen, können uns manchmal daran hindern, eine neue oder umfassendere Sichtweise einzunehmen.«

Auch die Konferenz eröffnete er mit einer Reihe von Fragen, die nach seiner Ansicht in der traditionellen Medizin nicht genügend Beachtung fanden. »Was erzeugt Gesundheit? Wissen wir das? Warum sind nur einige von uns krank, obwohl wir alle mit Widrigkeiten zu kämpfen haben? Studieren wir das eingehend genug? Welche Faktoren sorgen dafür, dass Menschen, die unter ungünstigen körperlichen und seelischen Bedingungen leben, trotzdem gesund sind? Warum wird zu diesen wichtigen Fragen so wenig geforscht?«

Was für ein kluger Kopf er war, welche Präsenz er hatte! Im Publikum saßen Menschen aus der ganzen Welt mit jeweils ganz unterschiedlichen Ansichten. Aber sie alle schienen von Aarons Fachwissen, seiner Offenheit und seiner unprätentiös wirkenden Neugier fasziniert zu sein. Barbara war es auch. Im Laufe der Jahre hatte sie einen Großteil des Traumas, ihre Eltern so früh verloren zu haben, in ihre Arbeit kanalisiert. Alles zu tun, um anderen das Schicksal ihrer Familie zu ersparen, war zu ihrer Lebensaufgabe geworden. Während ihres Medizinstudiums hatte sie die Namen und das Wesen unzähliger Krankheiten sowie deren biochemische Realität und zerstörerische Kraft studiert. Sie hatte gelernt, welche Medikamente sie verschreiben musste, um sie unter Kontrolle zu halten. Was sie jedoch nie verstanden hatte, war, wie man die Leiden ihrer Eltern hätte verhindern oder gar heilen können. Waren es allein ihre Veranlagung und Gene gewesen, die zu ihrem frühen Tod geführt hatten? Sie bezweifelte es. Hätten bessere Medikamente sie auf lange Sicht retten können? Auch das stellte sie infrage. Es musste noch mehr zu lernen geben! Und inspiriert von dieser neuen Umgebung tat Barbara genau das.

Während der fünftägigen Konferenz hatte sie das Gefühl, von den Scheuklappen befreit zu werden, die ihr jahrelang die Sicht verstellt hatten. Sie erkannte die Grenzen ihrer bisherigen Interaktionen mit ihren Patienten und lernte das Modell der Salutogenese kennen. Der Begriff setzt sich aus »Salus«, lateinisch für Gesundheit und Wohlbefinden, und »Genesis«, griechisch für Ursprung, zusammen. Er ist das Gegenteil von Pathogenese, die die Grundlage des schulmedizinischen Ansatzes bildet und sich der Erforschung von Krankheiten (lateinisch »Pathos«) verschreibt. Nach und nach erkannte Barbara diesen feinen, aber alles entscheidenden Unterschied zwischen beiden Herangehensweisen und dass dieser zu ganz unterschiedlichen Erkenntnissen und Einsichten führen würde.

Professor Antonovsky hatte in mehreren umfangreichen Studien mit ehemaligen KZ-Gefangenen festgestellt, dass einige dieser Menschen diese schreckliche Zeit überstanden hatten, ohne ihre körperliche und emotionale Gesundheit restlos einzubüßen. Sie verfügten über innere Ressourcen, die es ihnen ermöglichten, das Grauen psychisch bis zu einem gewissen Grad zu verarbeiten und sich körperlich wieder zu regenerieren. Ausgehend von diesen Einsichten ermutigte Aaron Forscher auf der ganzen Welt, diejenigen Faktoren zu erkunden, die Menschen zu mehr Gesundheit und Wohlbefinden verhelfen konnten. Zur Veranschaulichung seiner Vision verwendete er die Metapher eines Flusses, in dem sich jeder von uns zu jedem Zeitpunkt unseres Lebens entweder in Richtung Gesundheit oder in Richtung Krankheit bewegt, je nachdem, welche internen und externen Ressourcen wir aktivieren können und wie wir mit den äußeren und inneren Umständen umgehen, mit denen wir konfrontiert werden.

Für einige von uns, so erklärte er, sei der Fluss des Lebens ungemütlich, wild oder gar vergiftet, für andere ähnele er eher einem Whirlpool in einem Fünf-Sterne-Hotel. Manche Menschen hätten eine vorteilhafte genetische Veranlagung geerbt, andere wiederum hätten diesbezüglich größere Hürden im Leben zu meistern. Aber glücklicherweise, und er wurde nicht müde, dies zu betonen, seien es weder die äußeren Umstände noch die genetische Veranlagung allein, die für den Gesundheitszustand eines jeden Einzelnen verantwortlich seien: Jeder, der in diesem Fluss schwimmt, komme mit persönlichen Eigenschaften daher, mit denen er das Geschehen positiv beeinflussen könne. Erfolgreich hin zu mehr Gesundheit konnten sich oft diejenigen bewegen, die es schafften, ihr Leben anzunehmen, und bereit waren, das Beste aus jeder Situation zu machen; die lernten, interne und externe Ressourcen für sich zu nutzen und den an sie gestellten Anforderungen mutig zu begegnen. Professor Antonovskys Augen strahlten, als er den Konferenzteilnehmern die umfangreichen Forschungsergebnisse präsentierte, die seine Aussagen empirisch belegten, und meine Frau traf er damit mitten ins Herz. Das war es, wonach sie unbewusst seit Jahren gesucht hatte.

* * *

Ich bin mir nicht sicher, Sophia, ob es offensichtlich ist, wie revolutionär diese neue Perspektive war. Für meine Frau veränderte sie alles. Nach unserer Reise passte sie ihre Herangehensweise an die Medizin dieser neuen Sichtweise radikal an. Im Sinne der Salutogenese hoffte sie nun, ihren Patienten einen Mehrwert bieten zu können, indem sie ihnen half, stärkere Schwimmer im Fluss des Lebens zu werden und ihre Gesundheit zu fördern, statt sie erst dann zu behandeln, wenn bereits Krankheiten aufgetreten waren. Mehr und mehr gelangte sie zu der Überzeugung, dass Gesundheit für die meisten Menschen nicht kompliziert sein musste. Sie war sich sicher, dass Millionen von Menschen unnötig litten und sich die überwiegende Mehrheit ihrer Patienten ganz schnell deutlich besser fühlen könnte, wenn sie ihre Lebensweise an die natürlichen Bedürfnisse ihres Körpers und ihrer Genetik anpassen würde.

Im Laufe der Jahre entwickelte Barbara ein spezielles Programm, welches sich auf die Säulen der Gesundheit stützte, die sie als Schlüsselbereiche beim Aufbau und Erhalt von Gesundheit betrachtete. Diese nannte sie: Dr. Ernährung, Dr. Bewegung, Dr. Schlaf und Dr. Entspannung; später gesellte sich zu diesem »Ärztequartett« noch Dr. Fröhlich hinzu, womit die emotionale und mentale Komponente der Gesundheit gemeint war.

Und Barbara, die damals noch recht intuitiv vorging, stellte schnell fest, dass, wenn diese »Ärzte« Hand in Hand zusammenarbeiteten, erstaunliche Resultate zu erzielen waren. Heutzutage wird dieser gesundheitsfördernde Ansatz weltweit durch eine regelrechte Flut von wissenschaftlichen Untersuchungen unterstützt. Erst gestern habe ich wieder einen medizinischen Fachartikel gelesen, in dem anhand einer Metaanalyse belegt wurde, dass lediglich zehn Prozent unserer Gesundheit durch unsere genetische Veranlagung bestimmt werden, während neunzig Prozent von der Art und Weise abhängen, wie wir Tag für Tag unseren Alltag gestalten. So zeigt die Forschung, dass alle großen Krankheiten des 21. Jahrhunderts (Krebs, Herz-Kreislauf-Probleme, Diabetes und Demenz – in Amerika nennen wir sie die »Ugly

Four«) – in engem Zusammenhang mit unserer Ernährung und Bewegung stehen. Was immer wir essen und wie viel wir uns bewegen, beeinflusst unser körperliches und emotionales Wohlbefinden an jedem einzelnen Tag.

Inspiriert durch unsere Reisen bevorzugte Barbara persönlich eine nahöstliche und mediterrane Ernährungsweise. Nach unserer Rückkehr aus Israel begannen wir, abends einfache, gesunde und leckere Gerichte aus aller Welt für uns zuzubereiten. Dies wurde zu einem regelrechten Hobby, was uns noch weiter miteinander verband. Auf den Tisch kamen Gemüse und Salat, einige Früchte; hochwertiges Eiweiß aus Fisch, Bohnen, Linsen, Kircherbsen und Nüssen; gesunde Öle, wie natives Olivenöl oder Avocados, all dies zubereitet mit einer Vielzahl von leckeren Gewürzen.

Ihren Patienten empfahl Barbara eine ähnliche Ernährungsweise. Zudem betonte sie, wie wichtig es sei, viel Wasser zu trinken und gleichzeitig weitestgehend auf Zucker, Alkohol und industriell verarbeitete Lebensmittel zu verzichten. Tatsächlich führte dies dazu, dass viele ihrer Patienten ihre Medikamente reduzieren konnten und teilweise sogar von chronischen Erkrankungen geheilt wurden, die aus Sicht der Schulmedizin als irreversibel galten.

Darüber hinaus verordnete Barbara jedem Patienten ein Bewegungsprogramm. Sie sagte immer, unser Körper sei darauf ausgelegt, sich zu bewegen! Aber die Realität ist eine andere. Viele Menschen verbringen einen Großteil ihrer Zeit im Sitzen, und das beginnt oft tragischerweise gleich nach dem Aufstehen: Wir sitzen am Frühstückstisch, auf dem Weg zur Arbeit, am Schreibtisch, in Meetings und in Zoom-Calls; wir sitzen beim Mittag- und Abendessen, beim Fernsehen und beim Internetsurfen vor dem Schlafengehen – und all dies mit fatalen Auswirkungen auf unsere Gesundheit. Dabei zeigen Untersuchungen eindrücklich, dass bereits moderates Training einen großen Unterschied machen kann. Wer jeden Tag eine halbe bis eine Stunde lang zügig zu Fuß geht und zu Hause vielleicht noch ein paar Kraft- und Dehnübungen macht und dazu drei- bis viermal pro Woche bei einer Alltagsbewegung außer Atem gerät, trägt schon wesentlich zu seiner körperlichen Resilienz bei.

Die dritte Säule von Barbaras Gesundheitskonzept, welches sie über die Jahre immer weiter verfeinerte, ist der Schlaf. Kaum eine Verhaltensweise kann unsere physische und psychische Gesundheit so positiv oder negativ beeinflussen wie er. Im Laufe der Zeit übernahm Barbara die Fünf-Punkte-Strategie eines renommierten Neurowissenschaftlers und Schlafforschers, an die ich mich aus dem Grund gut erinnere, weil ich sie nach wie vor täglich in die Tat umzusetzen versuche:

1. Tageslicht direkt nach dem Aufwachen nutzen, um den zirkadianischen Rhythmus für den Tag positiv zu beeinflussen.
2. Zehn Minuten körperliche Übungen am Morgen, um den Cortisolspiegel zum richtigen Zeitpunkt anzukurbeln.
3. Ausreichende Bewegung über den Tag verteilt, wenn möglich zehntausend Schritte pro Tag.
4. Zwei Stunden vor dem Einschlafen helles Licht und Bildschirme meiden.
5. Im Bett liegend die tiefe Bauchatmung praktizieren und darauf achten, länger aus- als einzuatmen.

Zudem lud Barbara ihre Patienten ein, ganz genau darüber nachzudenken, wie sie grundsätzlich mehr Entspannung und Erholung in ihren Alltag einbauen konnten. Denn nur wer sich ausreichend erhole, sei auch körperlich leistungsfähig, betonte sie mir gegenüber häufig. Diesen Rat fand ich besonders bemerkenswert, da meine Frau ihn persönlich wenig zu berücksichtigen schien, was übrigens nicht folgenlos blieb. Denn mit Dr. Fröhlich und Dr. Entspannung und deren Einflussmöglichkeiten auf die mentale, emotionale und körperliche Gesundheit beschäftigte sich Barbara ausführlich und in der Tiefe erst später im Leben. Nicht zuletzt deshalb möchte ich diesen Themen einen eigenen Brief widmen.

Bei Barbaras Patienten zeigte dieser neue Ansatz gleich in den ersten Jahren nach unserer Israelreise seine Wirkung. Manche, die ihre Anweisungen mit Disziplin und eisernem Willen befolgten, erlebten regelrechte Wunderheilungen. Und das ist keine Übertreibung! Ich erinnere mich persönlich an ein Ehepaar, Donald und Hilary, die eine beeindruckende Liste chronischer Krankheiten innerhalb weniger Monate nahezu heilten. Donald wurde sogar beruflich befördert, was es der Familie ermöglichte, umzuziehen und ihre Kinder in eine bessere und sicherere Schule zu schicken, was in unserem Land ein echtes Anliegen aller Eltern ist. Barbara war überglücklich. Genau aus diesem Grund hatte sie Medizin studiert.

Aber um ehrlich zu sein, war es nur eine Minderheit der Patienten, die diesen Paradigmenwechsel in ihrer Behandlung akzeptierten. Die Mehrheit tat es nicht. Viele fühlten sich durch die unerbetenen Ratschläge meiner Frau kritisiert und von oben herab behandelt. Paradoxerweise war dies nicht der Fall, wenn Barbara sich wie eine traditionelle Ärztin verhielt und einfach ein Medikament verschrieb. Das nämlich wurde in den allermeisten Fällen ohne Widerspruch akzeptiert. Vielleicht lag der große Reiz des traditionellen Ansatzes darin, dass Patienten ihn als effizienter empfanden. Zum Arzt zu gehen, sich ein Medikament verschreiben zu lassen und es einzunehmen, erforderte nicht viel Zeit und Mühe und beeinträchtigte das tägliche Leben kaum.

Ganz anders der von Barbara vorgeschlagene neue Ansatz, der eine erhebliche Motivation zur Änderung der eigenen Einstellungen und Verhaltensweisen erforderte. Ihr wurde bald klar, dass sie auf intelligentere und feinfühligere Weise mit ihren Patienten würde kommunizieren müssen, um ihnen effektiver zu helfen.

»Man tritt nicht als Gast in ein Haus ein und bemerkt als Erstes, dass einem die Tapete nicht gefällt oder die Möbel an der falschen Stelle stehen!«, sagte sie eines Tages und zeigte mit dem Finger auf mich, als wäre ich derjenige gewesen, der dieses Feedback von einem Klienten erhalten hätte. Ich schüttelte amüsiert den Kopf und antwortete, dass ich darüber nachdenken würde.

Aber wir wussten beide, dass in dieser Aussage viel Wahres steckte. Trotz all ihrer guten Absichten hatte meine Frau allzu oft versucht, ihre Patienten zu bevormunden, und sie dadurch in eine innere Abwehrhaltung gebracht, die nicht förderlich für das Lernen, die Einsicht oder die Motivation war. Es war nicht genug, Patienten Instruktionen zu geben und zu erwarten, dass sie diese direkt umsetzen würden, auch wenn genau dies beim Verschreiben von Medikamenten bisher wunderbar funktioniert hatte. Barbaras neue Aufgabe bestand darin, auf eine Weise zu kommunizieren, die wirklich Anklang fand. Ihre Patienten mussten sich bildlich, ja sinnlich vorstellen, ein anderes Leben zu führen – ein Leben voller Energie und Gesundheit, das es ihnen ermöglichen würde zu tun, was sie sich eigentlich von ihrem Dasein erhofft hatten. Viele Menschen wollten sich verändern, und Barbara musste herausfinden, wie sie ihnen auf subtilere Weise helfen konnte, dies auch zu erreichen. »Connect first, educate second« – also erst eine Bindung aufbauen, dann aufklären – war ihr neues Mantra, das sie von einem befreundeten britischen Arzt übernommen hatte, welches sie nun im Umgang mit ihren Patienten stärker berücksichtigen wollte.

* * *

Nun denn, Sophia, der Tag neigt sich dem Ende entgegen, und das Werk für heute ist fast vollbracht. Lassen Sie mich abschließend noch ein paar persönliche Worte an Sie richten. Wie Sie bereits wissen, habe ich mir unsere körperliche Gesundheit immer wie ein Konto bei der Bank des Lebens vorgestellt, bei dem wir täglich Einzahlungen oder Abhebungen vornehmen, die unserem Körper entweder zuträglich oder abträglich sind. Manchmal merken wir gar nichts davon. Wenn wir jedoch zu wenig einzahlen und zu stark ins Defizit gehen, kann unser Körper leicht aus dem Gleichgewicht geraten, und es kann zu negativen Folgen wie mangelnder Energie, Müdigkeit, Stress, geringerer Belastbarkeit, Schmerzen oder chronischen Krankheiten kommen. Bei manchen geht das ganz schnell, während andere mit einem in diesem Lebensbereich angehäuften Schuldenberg scheinbar über längere Zeit ganz gut zurechtkommen. Allerdings müssen die meisten Menschen früher oder später ihre Rechnung begleichen und das Defizit tilgen. Man muss kein Arzt sein, um dies an sich selbst zu beobachten. Bleibt dieses Konto über einen längeren Zeitraum im Minus, führt dies zu einer unerwünschten Minderung der allgemeinen Lebensqualität. Als Banker möchte ich zudem zu bedenken geben, dass die Sollzinsen in diesem Lebensbereich oft exorbitant sind. Wer hat das nicht schon am eigenen Leib erfahren?

Die nachfolgende Tabelle zeigt, wie Barbara und ich versucht haben, täglich auf dieses Konto einzuzahlen. Sie hängt immer noch an unserem Kühlschrank. Seit ich aus dem Krankenhaus entlassen wurde, bemühe ich mich, mich so gut wie möglich daran zu halten.

Dr. Ernährung	Dr. Schlaf
• Viel Wasser trinken! • Gemüse und Obst essen. • Gesunde Eiweißquellen und gesunde Öle nutzen. • Enjoy! Enjoy! Enjoy!	• Tageslicht direkt nach dem Aufwachen • Zwei Stunden vor dem Einschlafen Essen, helles Licht und Bildschirme meiden. • Abends im Bett die tiefe Bauchatmung praktizieren und darauf achten, länger aus- als einzuatmen.
Dr. Entspannung	**Dr. Bewegung**
• Morgenroutine mit Yoga-, Achtsamkeitsübungen und Teetrinken • Spaß haben und lachen. • Zeit für uns, unsere Freunde und Hobbys haben.	• 10.000 Schritte täglich • Yoga- oder Gymnastikübungen täglich • Abends Stretching • 2x pro Woche Krafttraining

Ich habe eine Mission zu erfüllen, und ohne mich zu sehr unter Druck zu setzen, will ich mein Möglichstes tun, um glücklich, gesund und leistungsfähig zu bleiben.

Und deshalb, wenn Sie erlauben, nun zu Ihnen, Sophia. Bevor Sie sich an die Planung und das Schreiben des Buches selbst begeben, frage ich mich, ob Sie sich vielleicht auch persönlich etwas Zeit nehmen möchten, um zu schauen, wie das alles mit Ihnen zusammenhängt.

Denken Sie darüber nach!

> Wie geht es Ihnen gesundheitlich? Wie steht es um Ihr allgemeines, tägliches Energieniveau auf einer Skala von 1–10?
> Nutzen Sie Ihre Zeit und Aufmerksamkeit, um täglich Einzahlungen auf dieses Konto vorzunehmen?
> Oder nehmen Sie wiederholt Abhebungen vor, die Ihr Betriebsvermögen übersteigen?

Es ist wohl so, wie ein berühmter Namensvetter von mir einmal sagte:»Die beste Zeit, das Dach zu reparieren, ist, wenn die Sonne scheint.« Sprich: Auch wenn Sie mit Ihrer Gesundheit momentan zufrieden sind, möchten Sie vielleicht über neue und angenehmere Möglichkeiten nachdenken, um in Zukunft mehr auf dieses Konto einzuzahlen.

Mit in diesem Umschlag finden Sie eine Vorlage mit fünf Fragen, mit denen Barbara ihre Patienten inspirieren wollte, mehr Verantwortung für ihre Gesundheit und ihr tägliches Energieniveau zu übernehmen. Nehmen Sie gerne jedwede Änderungen vor, die Sie für richtig halten.

Meine Frau sagte oft, dass wir selbst die Architekten unseres Körpers sind. Die gute Nachricht ist, dass man in relativ kurzer Zeit viel erreichen kann. In nur drei Monaten können wir durch eine gesündere Ernährung, ausreichend Bewegung, Schlaf und Entspannung und eine positive Grundhaltung buchstäblich jede Zelle in unserem Körper messbar umgestalten und uns insgesamt regelrecht neu erfinden.

Ecco qui! Ich hoffe, das war genug Anregung, um über die Bedeutung dieses ersten und vielleicht wichtigsten Kontos bei der Bank des Lebens nachzudenken, und vielleicht fühlen Sie sich inspiriert, Zeit, Aufmerksamkeit und Herzblut sinnvoll in diesen Teil Ihres Lebens zu investieren.

In meinem nächsten Brief werde ich mich auf das Erkunden des zweiten Elements der »Big Five of Life« bei der Bank des Lebens konzentrieren: unserer Psyche. Je erfahrener Barbara als Ärztin wurde, desto klarer wurde ihr, dass bei der Unterstützung ihrer Patienten oft psychologische Faktoren eine Rolle spielten, und die wollte sie auf einer tieferen Ebene verstehen. Es war in der Tat dieser neue Blickwinkel, der uns die Tür zum nächsten Kapitel unseres Lebens öffnete, welches uns in einen wunderschönen kleinen Ort am Rande des Himalajas führte. Ich freue mich, Ihnen bald davon berichten zu können.

Bis zum nächsten Mal, bleiben Sie gesund!

Hochachtungsvoll,
Ihr Leonardo

— 10 —
Sophia:
Die Versuchung

»Nichts verhindert den Genuss so wie der Überfluss.«
— MICHEL DE MONTAIGNE

»Möchten Sie noch einen Tee?«

Sophia blickte zerstreut auf. »Ja, bitte.«

Sie war von Leonardos Brief so fasziniert, dass es eine Weile dauerte, bis sie zurück in die Realität fand. Nur wenige Wochen nach ihrer Rückkehr aus England mitten in Berlin in einem englischen Teehaus zu sitzen, war an sich schon verwirrend. Ein Gefühl, das dadurch noch verstärkt wurde, dass die Kellnerin sie im besten Oxfordenglisch angesprochen hatte. Sophia lehnte sich in dem bequemen grünen Samtsessel zurück. Nur wenige Berliner wussten von diesem reetgedeckten Häuschen, das versteckt in der nordwestlichen Ecke des Tiergartens, fernab vom Trubel der Stadt, zu finden war. Das Einzige, was jetzt noch fehlte, wäre eine Feuerstelle, dachte Sophia. Dann wäre das britische Flair perfekt. Doch dann erspähte sie am anderen Ende des Raumes einen traditionellen englischen Kamin. Sie lächelte, es gefiel ihr hier.

Als ihr Tee serviert wurde, bewunderte Sophia die Teeblume, die sich in ihrem Glas wie ein kleines Meisterwerk entfaltete. Zum ersten Mal konnte sie die Umrisse einer Idee erkennen, wie aus Leonardos Briefen tatsächlich ein Buch entstehen könnte. Seine Texte waren ganz anders als alles, womit sie sich jemals zuvor als Autorin beschäftigt hatte, aber sie wirkten für sich genommen fast vollständig. Alles, was sie tun müsste, wäre einen Rahmen zu schaffen, der die Briefe in einen inhaltlichen Zusammenhang stellte. Wie sie das konkret angehen könnte, war ihr immer noch ein Rätsel, aber sie war entschlossen, den Weg dorthin zu genießen.

Für heute wollte sie sich aber erst einmal über das eigentliche Thema des Tages Gedanken machen. Sie stellte das Teeglas vorsichtig wieder auf die Untertasse und sah sich das »Energieaudit« an, das Leonardo seinem Brief beigefügt hatte. Sie dachte sorgfältig über jede Frage nach und begann, die Vorlage so gut sie konnte auszufüllen.

Auf einer Skala von 1 bis 10: Wie viel Energie hattest du in den letzten drei Monaten im Durchschnitt? 1 = total erschöpft 10 = voller Kraft und Energie	☹ ☹ ☹ ✗ ☺ ☺ ☺ ☺ ☺ ☺ 1 2 3 4 5 6 7 8 9 10 • Kaum Energie. Fühle mich meistens müde. Oft Kopfschmerzen. Habe zugenommen. Bin nicht mal fit genug, um zu Fuß die Stadt zu erforschen. Jämmerlich!
Wenn du es beeinflussen könntest, wo wärest du gern in drei Monaten?	☹ ☹ ☹ ☹ ☺ ☺ ✗ ☺ ☺ ☺ 1 2 3 4 5 6 7 8 9 10 • Wo ich vor zwei Jahren war. Vielleicht unrealistisch. Aber grobes Ziel: mehr Energie, sehr viel fitter, Wohlfühlgewicht wieder erreichen. • Muss mir mehr Gedanken dazu machen.
Wie können Dr. Ernährung, Dr. Bewegung, Dr. Entspannung und Dr. Schlaf dir helfen, diesem Ziel näher zu kommen?	• Anders essen – wieder so wie früher. • Ich habe schon angefangen, wieder regelmäßiger zu gehen und E-Bike zu fahren. Sollte morgens ein paar Übungen machen! • Früher schlafen gehen. Bildschirmzeit reduzieren. • Entspannen … ABER WIE?
Welche »Geschichte« erzählst du dir, die dich davon abhält, klüger auf dieses Konto einzuzahlen?	• Geschichte: »Ich bin zu müde, um Sport zu machen oder gesünder zu essen. Das Wetter ist schlecht. Heute lass ich es mir noch mal gut gehen. Ab morgen wird alles anders. Es ist sowieso alles egal. Alles nur wegen Ruben!«
Was genau fühlst und denkst du in den Momenten, in denen du Entscheidungen triffst, die dir und deiner Gesundheit schaden? Notiere deine Beobachtungen.	• Gute Frage! • ~~Nächste Woche fange ich an, mir Notizen zu machen.~~ • Ich fange noch heute an, meine Beobachtungen zu notieren. Und ich mache es jeden Tag. Versprochen!

Sophia studierte die Ergebnisse ihrer Überlegungen. »Wer keine Zeit für seine Gesundheit hat, muss später viel Zeit für seine Krankheiten haben.« Da schien viel Wahres dran zu sein. Nur manchmal gab es kein Später. Sie erinnerte sich an einen Freund von Ruben, einen erfolgreichen Investmentbanker aus Manhattan, der in jungen Jahren einen Schlaganfall erlitten hatte, was zu starken körperlichen und psychischen Beeinträchtigungen und schließlich seinem Selbstmord geführt hatte. Natürlich hatte sie keine Ahnung, ob der Schlaganfall durch einen gesünderen Lebenswandel mit weniger Stress, Tabletten und Aufputschmitteln vermeidbar gewesen wäre, aber die Geschichte unterstrich die Bedeutung von Leonardos Brief. Die eigene Gesundheit zu vernachlässigen, war alles andere als vernünftig!

Dennoch hatte Sophia genau das getan: In den letzten Jahren, und insbesondere in den letzten Wochen und Monaten, hatte sie zu viele Abhebungen von diesem Konto vorgenommen, und infolgedessen war ihr Körper aus dem Gleichgewicht geraten. Sie spürte bereits alle möglichen negativen Folgen: wenig Energie, geringere Stresstoleranz und Belastbarkeit, Rückenschmerzen. Tatsächlich erfüllte sie in diesem Lebensbereich die Kriterien eines notorischen Kontoüberziehers. Als Jugendliche war sie das schnellste und sportlichste Mädchen in ihrem Leichtathletikteam gewesen. Und später liebte sie das Klettern, Kajakfahren und Wandern. Aufgrund ihrer athletischen Statur gingen immer noch viele davon aus, dass sie eine Sportskanone sei. Das war aber schon lange nicht mehr der Fall. Im Gegenteil, selbst die ärgste Couch-Potato war im Vergleich zu ihr ein Feuerwerk an Energie.

Sophia rückte ein wenig näher ans Fenster und ließ ihren Blick über den kleinen See schweifen, in dem mehrere Entenbabys fröhlich schnatternd ihrer Mutter folgten. Es war höchste Zeit, ihr Leben wieder in den Griff zu bekommen, und die Verbesse-

rung ihres körperlichen Wohlbefindens schien ein guter Ausgangspunkt dafür zu sein. Sie würde ihre täglichen Abhebungen
von diesem Konto reduzieren, mehr Einzahlungen vornehmen
und insgesamt versuchen, ihren Schuldenberg in diesem Lebensbereich zu reduzieren. Sie nahm den Brief noch einmal zur Hand
und suchte nach der Stelle, die sie besonders inspiriert hatte.

»In nur drei Monaten können wir durch eine gesündere Ernährung, ausreichend Bewegung, Schlaf und Entspannung und
eine positive Grundhaltung buchstäblich jede Zelle in unserem
Körper messbar umgestalten und uns insgesamt regelrecht neu
erfinden.«

Sophia gefiel der Optimismus, den dieser Satz in ihr auslöste. Tatsächlich war sie in den letzten zwei Wochen bereits etwas aktiver
gewesen und zu Fuß oder mit dem Rad in verschiedenen Stadt-
vierteln von Berlin auf Erkundungstour gegangen. Jetzt war es an
der Zeit, ihre Ernährung umzustellen. Natürlich war das leichter
gesagt als getan. Als Psychologin wusste sie, dass es relativ einfach
war, einen guten Plan zu entwickeln. Sehr viel schwieriger war es,
diesen auch in die Tat umzusetzen. Ohne die tiefer liegenden Bedürfnisse zu verstehen, die man mit dem alten destruktiven Verhalten zu stillen versucht hatte, war ein Plan oft schon tot, bevor
er zu Papier gebracht wurde. Sophia bemerkte, dass sie hungrig
war. Komischerweise passierte das immer, wenn sie darüber nachdachte, sich wieder gesünder zu ernähren. Amüsiert stand sie auf,
durchquerte das Café und stellte sich vor das große Frühstücks-
büfett, das dort aufgebaut war. Das Wasser lief ihr im Mund zusammen. Sie stöhnte auf: So viel Essen, einfach so verfügbar!

Jahrtausendelang hatte die Menschheit in einem Mangelzu-
stand existiert, in dem es äußerst schwierig war, sich mit ausreichend Nahrung zu versorgen. Um unter solchen Bedingungen zu

überleben, war das Gehirn darauf programmiert worden, immer nach mehr zu streben und niemals dauerhaft zufrieden mit dem zu sein, was man gerade hatte. Sophia flirtete mit einem Blaubeermuffin, der direkt vor ihr auf der Anrichte stand. Der neurologische Trick hinter diesem Verhalten funktionierte folgendermaßen: Würde Sophia ein Stück Muffin essen, würde sie, ausgelöst durch die Freisetzung von Dopamin in ihrem Gehirn, Freude empfinden. Allerdings würde diese Freude nicht lange anhalten. Ihr Dopaminspiegel würde nämlich schnell wieder unter den Ausgangswert abfallen und in ihr ein kleines Gefühl der Leere erzeugen, was sie veranlassen würde, noch ein Stückchen abzubeißen. Und so weiter und so fort. Lang anhaltende Zufriedenheit war nicht das Ziel des genetischen Spiels.

Sophia begutachtete das beeindruckende Büfett. Ja, was für ein großartiger Trick, wenn man in einer Welt des Mangels lebte, aber war es nicht ein schreckliches System in einer Welt, in der es Essen jederzeit im Überfluss gab?

Da buchstäblich immer alles zur Verfügung stand, konnte man am Ende gar nichts mehr so richtig gut genießen. Schon gar nicht gesunde und natürliche Lebensmittel, da diese nur vergleichsweise geringe Mengen Dopamin im Gehirn freisetzten. Sophia dachte an den Brokkoli in ihrem Kühlschrank, der scheinbar so gar nicht mit den Reizen der modernen Welt mithalten konnte. Sie hatte es ja seit ihrer Ankunft in Berlin am eigenen Leib erlebt. Die anfänglichen Dopaminschübe, die sie sich regelmäßig durch Netflix, Pizza, Schokolade, Kartoffelchips und dergleichen gegönnt hatte, konnten zu Beginn tatsächlich ihre Einsamkeit und ihren Liebeskummer lindern, vor allem am Abend. Doch schon bald wurden diese künstlich induzierten Highs schwächer und kürzer, und die Nachwirkung – das Dopamindefizit – und die damit einhergehenden Gefühle von Leere, Unausgeglichenheit und vermindertem Selbstwertgefühl wurden stärker und länger. Und so hatte Sophia, ohne es zu wollen, das emotionale Loch, in dem sie saß, jeden Tag tiefer gegraben.

Sie kehrte an ihren Tisch zurück und ließ sich zufrieden auf den gemütlichen Samtsessel sinken. Sie hatte der Versuchung widerstanden! Anstelle des Blaubeermuffins hatte sie sich für Naturjoghurt, frische Beeren und eine Schüssel mit Nüssen und Samen entschieden, die sie nun mit ganzer Aufmerksamkeit aß. Sie schloss die Augen. Etwas enttäuschend war das schon. Besonders süß kamen ihr die Beeren nicht vor. Der Muffin wäre sicher auch lecker gewesen. Verrückterweise musste sie sich erst wieder an echtes Essen gewöhnen. Aber sie wusste aus Erfahrung, dass ihr Geschmackssinn sich innerhalb weniger Tage und Wochen umstellen würde, wenn sie standhaft blieb. Und sie wusste auch, dass es ihr damit auf Dauer nicht nur körperlich, sondern auch emotional besser gehen würde. Die Sonne schien durchs Fenster, wie um ihr Mut zuzusprechen.

Als Sophia mit dem Frühstück fertig war, fiel ihr Blick auf eine antike englische Wanduhr auf der anderen Seite des Raumes. Wie, schon so spät?! Sie durchsuchte ihre Jackentaschen nach ihrem Mobiltelefon. Tatsächlich! Sie saß nun bereits über zwei Stunden im Teehaus! Ihr Rücken tat schon weh. Sie steckte Leonardos Brief und ihr schönes ledernes Notizbuch zurück in ihren kleinen Rucksack. Die Frage, was sie in Bezug auf die anderen »Lifestyle-Ärzte« tun könnte, um sich bald wieder besser und stärker zu fühlen, würde sie auf einen späteren Zeitpunkt verschieben.

Als sie wieder mit dem Fahrrad durch den Park fuhr und die frische Luft einatmete, war sie erstaunt, wie grün diese Stadt im Frühling war. Berlin erinnerte sie an London mit den unerwarteten Weiten seiner offenen Parklandschaften und von Bäumen gesäumten Alleen und Seen. Sie vermisste die Stadt immer noch. Aber London war auch der Ort, an dem sich ihre Beziehung zu Ruben wie eine Achterbahnfahrt entwickelt hatte, mit Höhen und Tiefen, die keinen erkennbaren Sinn ergeben hatten. Aber das sollte ihr heute egal sein!

An diesem schönen Frühlingstag hatte sie ein Date mit Dr. Fröhlich, und den wollte sie nicht warten lassen.

11

Leonardo: Unsere Finanzen

*»Du wirst sterben, aber
hast du dich jemals lebendig gefühlt?«*

– IAIN MCGILCHRIST

Liebe Sophia,

stürmisches Wetter heute in Santa Barbara, das ist ein wahrhaft ungewöhnliches Erlebnis im Sommer. Normalerweise sitze ich beim Schreiben gerne draußen auf unserer Terrasse. Es gibt mir das Gefühl, Barbara nahe zu sein, wenn ich über den Strand schaue, die Spaziergänger beobachte und meinen Blick übers Meer schweifen lasse. Aber heute ist alles anders. Die Sicht ist stark eingeschränkt, und der übliche fröhliche Klangcocktail bleibt auf das Geräusch des Regens reduziert, der laut aufs Dach prasselt. Aber verstehen Sie mich nicht falsch, Sophia, ich finde es schön, dass es regnet. Wenn Sie an einem Ort leben, an dem die Sonne dreihundert Tage im Jahr scheint, ist ein bisschen Regen eine willkommene Abwechslung für Mutter Natur und mich gleichermaßen. Und wohlbemerkt, mein Leben fühlt sich wieder sinnerfüllt an, in einer Weise, die ich noch vor ein paar Monaten nicht für möglich gehalten hätte. Ich sitze am Küchentisch vor einem Glas frischem Ingwertee und vielen leeren Seiten, mit denen ich mittlerweile befreundet zu sein scheine. Mein Papierkorb ist immer noch neidisch, aber er gewöhnt sich langsam an die neue Realität. Die Dinge ändern sich, so wie es immer ist. Und dabei muss ich Ihnen sagen, dass auch ich heute eine Überraschung für Sie bereit habe.

Meine ursprüngliche Idee war, mich in diesem Brief auf das zweite Element der »Big Five of Life« bei der Bank des Lebens zu konzentrieren: unsere Psyche – die innere Welt unserer Gedanken und Emotionen, Motivationen, Träume und so weiter. Aber das muss nun warten. In der Zwischenzeit musste ich auf eine Reihe neuer Medikamente umgestellt werden, und es wird wohl eine Weile dauern, bis sich mein Körper daran gewöhnt hat und ich mich wieder stärker fühle. Um diese Down-Zeit dennoch bestmöglich zu nutzen, habe ich beschlossen, mich zunächst mit einem anderen Element der »Big Five« zu befassen: unseren

Finanzen, der Grundlage für unser materielles Wohlergehen also. Bei diesem Thema fühle ich mich versiert. Es war schließlich das Fach, mit dem ich mich mein Leben lang beschäftigt habe.

Eins will ich vorwegnehmen: Ich hatte Freude an meiner Arbeit als Finanzberater, ob für den durchschnittlichen Mittelschichtsmenschen zu Beginn meiner Karriere oder die wohlhabenderen Klienten, die ich später betreut habe. Dennoch beabsichtige ich nicht, in diesem Brief finanzielle Ratschläge zu erteilen. Ohne Kenntnis der jeweiligen persönlichen Verhältnisse wäre das verantwortungslos. Mein Anliegen ist lediglich, ein Bewusstsein für dieses Konto bei der Bank des Lebens zu schaffen und Sie und andere zu motivieren, diesen Lebensbereich im Auge zu behalten und wenn nötig neu zu ordnen.

Gleichwohl ich zugeben muss, dass dies in vielerlei Hinsicht nicht das wichtigste Thema im Leben ist. Betrachtet man das Gesamtbild, kann man sehen, dass andere Elemente der »Big Five of Life« wie beispielsweise unser physisches und psychisches Wohlbefinden einen größeren Einfluss auf unsere Lebensqualität haben. Und doch bin ich zutiefst davon überzeugt, dass unsere Finanzen es verdienen, zumindest zeitweise ein Platz in der ersten Reihe unserer Aufmerksamkeit zu erlangen. Und da meine Biografie so eng mit diesem Fachbereich verknüpft ist und er mein Denken so maßgeblich geprägt hat, werde ich die Gelegenheit nutzen, auch ein wenig über mich und mein Leben zu reflektieren, wenn Sie gestatten. Vielleicht ist das auch eine gute Möglichkeit, dass Sie mich etwas besser kennen- und verstehen lernen.

* * *

In gewisser Weise begann für mich alles mit dem Streit meiner Eltern über meinen Namen: John Leonardo, sicherlich für die meisten eine seltsame Kombination. Meine Eltern waren Ende der 1930er-Jahre von Italien in die USA eingewandert und hatten sich in New York niedergelassen. Meine Mutter hatte erst wenige Jahre zuvor ihrer deutschen Heimat den Rücken gekehrt, und sie hätte nie im Traum daran gedacht, sich so kurze Zeit später auf ein solches Unterfangen einzulassen, doch die extreme Armut im Süden Italiens trieb meine Eltern zu dieser Entscheidung. Als ich in New York City geboren wurde, war der große Wunsch meiner Mutter, dass ich mich so schnell wie möglich an die amerikanische Kultur gewöhne möge. Sie empfand Amerika immer noch als fremdes Land und sie wollte, dass wenigstens ich mich irgendwo zu Hause fühlen sollte. John hielt sie daher für einen guten Namen. Für meinen Vater hingegen war der Aufenthalt in New York ein großes Abenteuer, wenn auch ein beschwerliches. Auch war ihm daran gelegen, die Verbundenheit zur Heimat zu pflegen, weshalb es ihm passend schien, seinen Sohn nach dem großen italienischen Künstler und Universalgelehrten Leonardo da Vinci zu benennen. Da meine Eltern beide einen starken Willen hatten, wurde ich schließlich John Leonardo getauft. Meine Mutter war zunächst erleichtert und später enttäuscht, als sie bemerkte, dass die italienische Nachbarschaft in New York mich allein mit meinem zweiten Vornamen ansprach, aber im Laufe der Zeit stellte sie fest, dass sich ihr Wunsch trotzdem erfüllte.

Meine Kindheit war in vielerlei Hinsicht eine glückliche. Wir führten kein übliches Großstadtleben. Der Spitzname unseres Viertels, »Little Italy«, beschrieb die Atmosphäre, in der ich aufwuchs. Wir lebten mitten in New York in einem neapolitanischen Dorf mit eigener Sprache, eigenen Bräuchen und kulturellen Institutionen. Und obwohl es damals das ärmste Viertel der Stadt war und viele Einwohner schon bald nach ihrer Ankunft nach Brooklyn und an andere, großzügigere Orte zogen, gefiel es mir dort sehr.

Diese frühen Jahre meines Lebens waren geprägt von Freundschaft und kleinen Alltagsabenteuern. Was mich jedoch bedrückte, war mit anzusehen, wie schwer es meine Eltern hatten. Manchmal übernahm meine Mutter drei verschiedene Reinigungsjobs. Sie war ständig erschöpft. Und das Gleiche galt auch für meinen Vater. Obwohl er so hart arbeitete, reichte sein Lohn meist nicht einmal bis zum Monatsende. Ich verabscheute die Vorstellung, dass meine schöne, zierliche Mutter die Toiletten fremder Menschen putzte, und ich grübelte ständig nach, wie ich meine Eltern aus dieser Misere befreien könnte. Meinen Vater machte ich nicht für die Situation verantwortlich. Seine Mission war aus meiner Sicht erfüllt, indem er uns ein Nest gebaut hatte, in dem wir alle überleben konnten. Die Verantwortung, das finanzielle Wohlergehen unserer Familie auf die nächste Stufe zu heben, lag auf meinen Schultern. So sah ich es. Und da es Geld war, was uns fehlte, beschloss ich, dahin zu gehen, wo Geld im Überfluss existierte. Es gibt keine Worte, um das tiefe Gefühl der Zufriedenheit zu beschreiben, das ich empfand, als ich viele Jahre später in der Lage war, finanziell für meine Eltern zu sorgen. Wir haben nie explizit darüber gesprochen, aber ich glaube, meine Mutter hat in ihren letzten Jahren endlich ihren inneren Frieden gefunden, eine Vorstellung, die mich noch heute berührt.

* * *

Da Sie nun wissen, liebe Sophia, warum ich mich zu diesem Beruf hingezogen fühlte, möchte ich Ihnen von einer kurzen Begegnung erzählen, die großen Einfluss darauf hatte, welche Art von Banker ich werden wollte. Denn diesbezüglich gibt es große Unterschiede.

Es geschah in den ersten Jahren meiner beruflichen Laufbahn

in New York City, als ich das Privileg hatte, mir eine Rede von Ken Honda, einem der erfolgreichsten Investoren unserer Zeit, anhören zu dürfen. Mein Chef hatte mich beauftragt, ein paar Notizen für ihn zu machen, und schon die Eröffnungszeile von Herrn Hondas Rede beeindruckte mich so sehr, dass ich sie Wort für Wort aufschrieb, was mein Chef später mit einem abfälligen Kopfschütteln abtat. Der Satz lautete: »Von all den Idioten, die ich in meinem Leben getroffen habe, und Gott weiß, es waren viele, glaube ich, dass ich selbst der größte war.«

»Was für ein Mann«, dachte ich in diesem Moment und fragte mich, ob ich jemals den Mut aufbringen würde, vor einem derart illustren Kreis meine Gedanken so offen auszusprechen. Als ich die Gesichter im Publikum betrachtete, kamen jedoch Zweifel auf, ob dies tatsächlich eine so gute Idee wäre. Aber Herrn Honda schien das nicht zu kümmern, denn er fuhr ungerührt fort und erzählte uns zuerst von seiner Kindheit.

Seine Eltern waren Einwanderer aus Japan. Durch Studium und harten Einsatz hatte sich sein Vater erfolgreich zum Buchhalter in Manhattan hocharbeiten können. Als Junge hatte Herr Honda den Kunden seines Vaters oft Tee serviert, wenn sie ihn in seinem Büro besuchten, eine Tätigkeit, die ihn zu überraschenden Erkenntnissen geführt hatte. Denn bei diesen Gelegenheiten war ihm aufgefallen, dass einige Kunden seines Vaters in ständiger Aufregung und Sorge um ihre Finanzen waren. Unabhängig von ihrer finanziellen Situation wirkten sie nicht glücklich, und in ihrem angespannten Zustand trafen sie häufig Entscheidungen, die zu Verlusten führten. Im Gegensatz dazu bauten die mehr in sich ruhenden, am Geist des Zen orientierten Kunden seines Vaters ihr Vermögen auf nachhaltigere Weise auf und wurden dabei immer reicher, und das nicht nur in finanzieller Hinsicht. Wohlstand bemaß sich für sie nicht allein am Kontostand, sondern war ein Mittel zur Ermöglichung von Dingen, die ihnen am Herzen lagen.

»Nun würden Sie vielleicht annehmen, dass diese Einsichten und die daraus resultierende Weisheit mich ein Leben lang begleitet hätte«, sagte Herr Honda und ließ seinen Blick über das Publikum gleiten – alles erfahrene Investmentbanker. »Aber das war nicht der Fall!«

Er schüttelte den Kopf, bevor er fortfuhr.

»Die Wahrheit ist, dass ich in all den Jahrzehnten, die ich in der Bankenbranche tätig war, nur an eins denken konnte, und das war MEHR. Ich war blind für das, was das Leben zu bieten hatte und im Gegenzug von uns erwartete. Heute kann ich Ihnen sagen, nur wenn Sie Geld als ENERGIE betrachten ...« Er machte eine Pause. »Nur dann werden Sie echte Freiheit erlangen.«

Im Publikum breitete sich ein unruhiges Gemurmel aus. Ich sah die skeptischen Gesichter der einflussreichen Banker in ihren teuren Anzügen, die auf der glamourösesten Etage unseres Gebäudes mit Blick über Manhattan saßen und es bereuten, ihre kostbare Zeit für diesen Unsinn zu verschwenden, statt an ihren wichtigen, großen Deals zu arbeiten.

»Welches Gras hat er geraucht?«, hörte ich einen in der Bank hoch angesehenen Kollegen flüstern, und meinen Chef lachte leise als Antwort. Aber Herr Honda fuhr mit ruhiger Ernsthaftigkeit fort und empfahl uns allen, eine andere Herangehensweise an das Thema Geld zu entwickeln.

»Laden Sie Ihr Geld mit positiver Energie auf, dazu rate ich Ihnen dringend«, sagte er. »Es gibt glückliches Geld. Man erwirtschaftet es, indem man in Unternehmen mit einem positiven Zweck investiert, eine Vergütung von zufriedenen Kunden oder Arbeitgebern erhält und die Arbeit selbst uns mit Sinn erfüllt. Sie verstehen, was ich meine.«

Er hielt für einen Moment inne.

»Umgekehrt ...« Herr Honda zeichnete eine weite Geste in den Raum, die uns alle miteinschloss.».... gibt es zahlreiche Beispiele für unglückliches Geld, das mit unethischen Mitteln erwirtschaftet wurde. Sie investieren in Aktien, die Leid in der Welt verursachen, Sie erhalten von einem Arbeitgeber Gehalt für einen Job, den Sie nicht mögen, und so weiter und so fort.«

Er hielt erneut inne, als sei er dabei, ein weiteres Geheimnis zu lüften.

»Die gleiche Währung, die gleichen Dollarnoten, aber ein völlig anderes Ergebnis. Wenn Sie Geld aus Habgier, Frustration oder Verzweiflung in Umlauf bringen, ist es unglückliches Geld. Im Gegensatz dazu ist Geld, das in Menschen und Dinge von übergeordnetem Wert investiert wird, glückliches Geld.«

Ich erinnere mich an den Gesichtsausdruck all dieser hoch qualifizierten Finanzexperten, die den Kapitalismus damals wie eine Religion verehrten. Und obwohl auch mich die Worte von Ken Honda überraschten – rückblickend waren es die Worte eines Pioniers. Mittlerweile wächst das Interesse an neuen Formen des nachhaltigen Investierens. Durch die Kombination traditioneller und innovativerer Ansätze verfolgen Investoren, von globalen Institutionen bis hin zu Privatpersonen, einen ethischeren Ansatz zur Erreichung ihrer Anlageziele, der nicht nur wirtschaftliche, sondern auch soziale und ökologische Belange berücksichtigt. Aber damals war das noch völlig unbekannt. Und als Herr Honda dann über die »School of Hope« in Afrika sprach, als ein Beispiel dafür, wie man einen Teil seines Geldes wieder auf positive Art und Weise in die Gesellschaft zurückinvestieren könne, schien ihm kaum noch einer zuzuhören. Ich hing jedoch an seinen Lippen, und es waren besonders die letzten Sätze seines Vortrags, die mir für immer in Erinnerung blieben: »Manche Menschen sind so arm, dass das Einzige, was sie besitzen, Geld ist!«

Herr Honda hielt ein letztes Mal inne, um diese Botschaft wirken zu lassen, bevor er mit einer Frage endete, die mich bis ins Mark traf: »Sie wollen doch nicht, dass Ihnen das auch passiert?« Das Publikum begann, höflich zu applaudieren. Wäre Herr Honda nicht ein so legendärer Investor gewesen, hätten sich die Anwesenden wohl kaum die Mühe gemacht, überhaupt auf ihn zu reagieren. Obgleich er offensichtlich eine Schraube locker hatte, er war in der Branche doch zu einflussreich, um ihn zu ignorieren. Ich allerdings empfand etwas ganz anderes. Herr Honda hatte mich mit seiner Rede tief beeindruckt. Und obwohl ich in unserer Bank noch ganz unten auf der Karriereleiter stand, wandte ich mich respektvoll an ihn, als ich ihn später am Tag das Büro des CEO verlassen sah. Ich spurtete zum Aufzug, stellte mich neben ihn und bombardierte ihn nervös mit Fragen. Und Herr Honda, der überhaupt nicht auf meine Fragen zu antworten schien, lud mich ein, ihn beim Spaziergang durch die Straßen von SoHo, wo seine Eltern nach ihrer Einwanderung aus Japan gelebt hatten, zu begleiten.

»Leonardo, als ich meinen Job bei der Bank aufgab, war ich arm, und das meine ich wirklich ernst. Ich hatte Talent und Glück, habe hart gearbeitet und war schließlich überaus erfolgreich. Aber mein Herz war leer. Heute bin ich davon überzeugt, dass es bessere Wege gibt, um reich zu werden.«

Es gab lange Pausen in unserem Gespräch. Als wir schließlich zu einem Kino kamen, in dem ein Film mit dem Titel »Jenseits von Afrika« angekündigt wurde, blieb Herr Honda stehen und betrachtete lange das Plakat. Nach einem weiteren Moment des Schweigens erzählte er mir von seinen Wohltätigkeitsprojekten in Kenia und den Safaris, die er unternommen hatte.

»Gehen Sie und besuchen Sie die ›School of Hope‹. Es wird Ihnen mehr über das Leben und den Reichtum beibringen, als es irgendein Finanzinstitut auf der Welt jemals tun könnte. Sollten Sie heiraten und Ihre Frau ebenso neugierig und aufgeschlossen sein wie Sie, nehmen Sie sie mit nach Kenia, machen Sie eine Safari in der Masai Mara, bevor sich alles ändert. Und besuchen Sie die ›School of Hope‹. Wenn Sie es tun, rufen Sie mich an. Ich werde Sie mit Menschen in Kontakt bringen, deren Bekanntschaft Sie reicher machen wird, als jeder Geldbetrag es zu tun vermag.«

Nun, ich würde gerne sagen, dass ich nach dieser Begegnung sofort eine andere Sichtweise auf meine Karriere eingenommen hätte. Das war nicht der Fall. Der weise alte Mann und seine Vorstellungen über glückliches und unglückliches Geld, die »School of Hope«, die leuchtenden und farbenfrohen Bilder Afrikas, gingen mir zwar weiter durch den Kopf. Doch als erst Wochen und dann Monate vergingen, geschahen andere aufregende Dinge in meinem jungen Leben, und diese kurze Begegnung geriet mehr und mehr in den Hintergrund.

Das änderte sich jedoch Jahre später, genau an dem Tag, als ich Barbara fragte, ob sie meine Frau werden wolle. Ich hatte es nicht geplant, aber in den Stunden nach meinem Heiratsantrag erzählte ich Barbara von Ken Honda und seinem Vortrag und überraschte uns beide gleichermaßen mit der freudigen Nachricht, dass ich sie als Hochzeitsgeschenk nach Kenia auf eine Safari einladen würde. Ich wollte, dass wir ein außergewöhnlich reiches Leben führen, in dem außergewöhnliche Dinge passieren. Und obwohl Barbara dem Reiseziel skeptisch gegenüberstand, nahm sie beide Vorschläge lächelnd an.

* * *

Die Reise nach Afrika traten wir ein Jahr später an, und schon im Anflug auf Nairobi verliebten wir uns in die epische Landschaft Kenias mit seinen warmen, roten Farben. Auf dem Weg durch den langen Korridor im Flughafen wurden wir uns jedoch rasch der eigentlichen Bedeutung des Wortes »Transit« bewusst. Wir bewegten uns von einem Ort zum anderen, in unserem Fall von einem Kontinent zum nächsten. Man hätte meinen können, dass das Flugzeug diesen Sprung bereits bewältigt hätte, aber solange wir an Bord waren, hatten wir noch immer der wohlbehüteten westlichen Welt angehört. Nun tauschten wir das Bekannte gegen das Unbekannte, einen Deal, an dem Barbara und auch ich plötzlich unsere Zweifel hatten.

Die Flughafenhalle war voll von exotischen Menschen und Dingen, Gerüchen und Geräuschen. Wir sahen Hühner in kleinen Körben, und kleine Ferkel liefen frei herum. Was uns sofort auffiel, waren die vier Türme, die von oben bis unten mit Koffern vollgepackt waren. Sie sahen wie riesige Käfige aus.

»Wenn man bedenkt, wie viele Koffer jedes Jahr verloren gehen, ist es überraschend, dass es nicht mehr Türme wie diese gibt. Vielleicht gibt es auch Türme für verlorene Socken. So lustig.«

»In der Tat sehr lustig«, antwortete Barbara und sah mich von der Seite her an. Dem amerikanischen Rucksacktouristen neben ihr schenkte sie keine Beachtung. »Können wir jetzt bitte unsere Koffer holen?«

Wie sich herausstellte, konnten wir das nicht. Leider gehörte auch Barbaras Koffer zum vermissten Gepäck. Vor meinem inneren Auge sah ich, wie er mit Hunderten von anderen in einem solchen Turm gelandet war. Das war gelinde gesagt kein guter Start für unsere Reise. Und obwohl die nette Dame hinter dem

Lost-Baggage-Schalter uns versicherte, dass sie alles tun würde, um den Koffer zu finden, konnte ich sehen, dass Barbara nicht überzeugt war.

In dieser Situation fühlte ich mich ermutigt, meine Frau an die Worte unserer Agentin im Reisebüro zu erinnern: »Wenn Sie eine Reise nach Afrika unternehmen, ziehen Sie Ihr afrikanisches Gewand an und genießen Sie die Fahrt.« Meine Worte verfehlten leider die beabsichtigte Wirkung.

»Wie wunderbar, Leonardo.« »Du hast dich so schnell angepasst, du wirkst schon fast wie ein Einheimischer«, zischte sie etwas ungehalten, aber doch so leise, dass die Dame hinter der Theke uns nicht hören konnte. »Mein Koffer ist schon weg! Was ist das Nächste, was wir verlieren werden? Unser Leben?!«

Das war etwas dramatisch, aber ich beschloss, meine Frau gegen ihren Protest in den Arm zu nehmen. Es war Zeit, den Flughafen mit oder ohne vollzähliges Gepäck hinter uns zu lassen und den angenehmen Teil unserer Reise zu beginnen. Und endlich, als wir im Taxi durch den betonierten Großstadtdschungel von Nairobi fuhren, begannen wir uns zu entspannen. Die Stadt galt damals als das schlagende Herz Kenias. In der kurzen Zeitspanne von hundert Jahren hatte sie sich auf ehemals unbewohntem Sumpfland zu einer geschäftigen modernen Metropole entwickelt.

Nach dem stressigen Auftakt am Flughafen waren wir beide erleichtert, dass das kleine Cottage, das ich als erste Unterkunft gebucht hatte, in einem wunderschönen, ruhigen Vorort der Stadt lag. Inmitten eines alten Gartens mit hundert Jahre alten Bäumen, riesigen Kakteen und einer großen Vogelpopulation wirkte es wie eine Oase. Auch das im Kolonialstil eingerichtete Cottage selbst war sehr ansprechend. Es hatte hohe Decken, einen Kamin, einen schönen Steinboden und eine Holzveranda, die uns einlud, zu entspannen und die Vögel, Schmetterlinge und Blütenpracht im Garten zu genießen. Doch das Beste sollte noch kommen. Was Barbara nicht wusste, war, dass dieser Ort eine faszinierende Geschichte hatte. Als sie in unserem Cottage auf dem Bett saß, entdeckte sie eine Broschüre, die auf dem Nachttisch lag.

»Die Anlage hier heißt ›Karen Blixen Cottages‹. Hat sie etwa hier gelebt?«

Ich nickte und strahlte sie an. Einen Monat vor unserer Abreise hatte ich einen Kinoabend für uns beide organisiert, und wir hatten uns gemeinsam »Jenseits von Afrika« angesehen, den Film, den mir Ken Honda damals empfohlen hatte. Und dies war der Ort, wo die echte Karen Blixen, deren Leben als Vorlage für den Film gedient hatte, ihre Farm gehabt hatte.

Ich sah Barbara erwartungsvoll an. Sie strahlte.

»Erzähl mir alles, was du weißt.«

Barbara liebte es, mir beim Geschichtenerzählen zuzuhören. Als sie es sich auf dem Bett gemütlich gemacht hatte, begann ich ihr, von Baronesse Blixen zu erzählen, jener dänischen Aristokratin, die in Afrika nach einer Art von Reichtum gesucht hatte, die ihre luxuriöse Herkunft ihr nicht hatte bieten können. Auf dem afrikanischen Kontinent hatte sie eine Form von Glück gefunden, welches in Geld nicht zu bemessen war.

Die Realität des modernen Kenia stand natürlich im Widerspruch zu dem filmischen Bild, von dem wir träumten. Barbara wies auf all die Probleme hin, mit denen die meisten afrikanischen Länder zum Zeitpunkt unserer Reise konfrontiert waren: der Zusammenbruch von Tradition und Stammeskultur, Armut, politische Krisen, Korruption, der Wandel grundlegender Werte sowie die Dezimierung der großartigen Wildtiere, die durch die Gebiete des afrikanischen Kontinents streiften. Natürlich wusste ich, dass sie recht hatte. Aber wir waren in den Flitterwochen, und ich flehte sie an, eine Pause von diesem Teil der Realität zu nehmen und sich stattdessen einfach auf die Schönheit des Landes einzulassen. Rückblickend bin ich froh, dass uns genau das gelungen ist.

* * *

Die zweite Etappe unserer afrikanischen Flitterwochen führte uns in den Masai-Mara-Park. Als Barbara und ich am ersten Morgen bei Sonnenaufgang vor unser Zelt traten, wurden wir von unserem Guide Badu begrüßt, der bereits eine Tasse Kaffee für uns zubereitet hatte. Die malerische Aussicht über den Sand River und die benachbarten grasbewachsenen Hügel und Ebenen war berauschend, und Badu erzählte uns von dem Reichtum der Natur. Besonders ausführlich sprach er über die sogenannten »Big Five«, seinen Lieblingstieren: Elefanten und Löwen – er öffnete den Mund und gab ein so realistisches Brüllen von sich, dass wir lachen mussten –, Leoparden, Büffel und Nashörner. »Ohne die ›Big Five‹ wäre Afrika nicht dasselbe«, behauptete er, und seine Augen leuchteten.

Ich hatte gedacht, dass ich gut auf diese afrikanische Safari vorbereitet gewesen wäre. Ich hatte die empfohlene Kleidung für uns gekauft, dazu ein Fernglas und eine gute Kamera; und ich war bereit, alles in mich aufzunehmen. Worauf ich aber nicht vorbereitet war, war das Gefühl, tatsächlich auf Safari zu sein. Es ist schwer zu beschreiben, Sophia, aber wenn man in diesem Fahrzeug sitzt, nur wenige Meter von diesen wilden Tieren in der afrikanischen Savanne entfernt, dann hält die Zeit scheinbar an, und eine tiefe Ruhe breitet sich aus. Die schiere Größe und Schönheit dieser Landschaft ist so atemberaubend, dass man sich wie ein winziges Sandkorn in einem großen Universum fühlt.

Abends, wenn die Sonne hinter dem Hügel verschwand und sich der Schatten über die gesamte Ebene senkte, genoss Barbara es, Zeit auf der Terrasse unserer Lodge zu verbringen, wo sie den Zebras beim Fressen in der Nähe unseres Lagers zusah, wie sie ihre Köpfe senkten und mit dem Schweif wedelten. Ich hingegen ging mit Badu ans Lagerfeuer, um ein oder zwei Gin Tonic zu trinken, und hier lernte ich Leboo und Mingati kennen, zwei Massaimänner, die kamen, um das Lager in der Nacht zu beschützen.

An unserem letzten Abend konnte ich nicht umhin, die beiden mit Fragen zu ihrer Lebensweise zu bombardieren. Leboo, der halb Massai und halb Engländer war, fungierte freundlicherweise als Übersetzer. Die Massai waren außergewöhnliche Menschen. Sie stammten aus einfacheren Zeiten und lebten seit Hunderten von Jahren in Ostafrika. Und obwohl einige ihrer Bräuche umstritten waren, war ich von ihnen fasziniert. Als Leboo mir verriet, dass Mingati der schnellste Jäger seines Dorfes sei, fragte ich, wie er barfuß und nur mit einem Stock in der Hand Tiere jagen konnte. Mingati schwieg eine Weile, bevor er antwortete, dass ein mutiges Herz und stille Füße die wichtigsten Eigenschaften eines Jägers seien. Dann stand er auf und begann, um das Lagerfeuer herum zu tänzeln, wobei seine Füße kaum den Boden berührten. Er bedeutete mir, es ihm gleichzutun, was ich natürlich machte, wobei ich so gut es ging versuchte, seine eleganten, leichtfüßigen Bewegungen nachzuahmen, während Leboo mich korrigierte. Was ich nicht wusste, war, dass Barbara uns von der Terrasse aus beobachtete.

»Bitte, Leonardo, schleich doch noch einmal wie ein Massai um unser Bett herum, es sieht so echt aus«, spottete sie, als wir zu Bett gingen, was uns beide zum Lachen brachte.

Die dritte und letzte Etappe unserer Afrikareise führte uns nach Kisumu, einer Stadt am Ufer des Victoriasees, wo wir tatsächlich die »School of Hope« besuchten. Ich erinnere mich noch genau, wie wir uns zum ersten Mal dem gelben Schulgebäude näherten, das ich von den Bildern her kannte, die Herr Honda vor all den Jahren bei seinem Vortrag gezeigt hatte. Laute, fröhliche, afrikanische Musik lud uns ein, noch bevor wir das Gebäude betraten. Einen Monat vor unserem Besuch war ein Neubau für die weiterführenden Schulklassen fertiggestellt worden, und an diesem Tag wurde den vielen Helfern und Spendern mit einer besonderen Veranstaltung gedankt. Durch die große Tür gelangten wir in den Innenhof, der wie ein Freilichttheater dekoriert war.

Überall begrüßten Kinder die Besucher und tanzten in einem solch fröhlichen Rhythmus, dass Barbara und ich den Blick kaum von ihnen abwenden konnten. Sie schienen so glücklich zu sein, dass es ansteckend war. Nach dem Mittagessen wurde das neue Gebäude offiziell eingeweiht, und wir trafen zum ersten Mal Natalie, die Direktorin der »School of Hope« – eine warmherzige, starke Frau, die jeden Tag im Hintergrund dafür kämpfte, dass alles funktionierte. Wir fanden heraus, dass sie gute Erinnerungen an Herrn Honda hatte, der einige Jahre zuvor leider verstorben war. Bei einer gemeinsamen Tasse Kaffee sprachen wir über seine Vorstellungen vom glücklichen und unglücklichen Geld. Und obwohl sie offen genug war, um zuzugeben, dass sie den Wert dieses Konzepts zunächst in einem Land wie Afrika infrage gestellt hatte, teilte sie uns mit, wie seine Denkweise sie bis heute inspirierte.

* * *

Herr Honda hatte behauptet, dass eine Reise nach Afrika mir mehr über die Schaffung von Wohlstand beibringen würde, als die Finanzbranche es jemals tun könnte. Damit hatte er sicherlich recht, auch wenn es für mich auf den ersten Blick nicht gleich offensichtlich war. Nach und nach verstand ich jedoch, warum es nicht ausreichte, Geld gewinnbringend zu investieren und zu vermehren, noch nicht einmal, um nur in diesem einen Lebensbereich Erfolg zu haben. Natürlich könnte ich meinen Kunden helfen, bessere Anlageentscheidungen zu treffen, aber wenn sie nicht bereit wären, sich tiefer mit dem Thema auseinanderzusetzen, könnte ihr Streben nach MEHR leicht zu einem Kampf werden, der ins Leere führte.

Das mag nebulös klingen, und ich gebe zu, dass ich anfangs nicht besonders erfolgreich war, diese Gedanken mit meinen Klienten zu teilen. Was mir schließlich half, sie effektiver zu vermitteln, war, mich auf die von Ken Honda vorgenommene Unterscheidung zwischen »Money IQ« (finanzielle Intelligenz) und »Money EQ« (emotionale finanzielle Intelligenz) zu berufen.

Im Laufe der Jahre verstand ich jedoch, dass es sich dabei um zwei Seiten ein- und derselben Medaille handelte, obwohl ich mich selbst vor meiner Reise nach Afrika ausschließlich mit der logischen, rationalen Herangehensweise beschäftigt hatte. Dann aber, sehr zu meiner eigenen Überraschung, wie ein Mann, der plötzlich merkt, dass er sich zu einer reiferen Version seiner selbst entwickelt hat, sorgte diese andere emotionale Seite für den Durchbruch, nach dem ich unbewusst gesucht hatte.

Nach meiner Rückkehr aus Kenia begann ich über Herrn Hondas Frage nachzudenken, wie meine Einstellung zum Geld wirklich aussah. Als junger Bankier aus New York, dessen Eltern die Weltwirtschaftskrise und die Armut in drei verschiedenen Ländern erlebt hatten, vergaß ich nie die schlaflosen Nächte, in denen ich meine Mutter und meinen Vater über unsere Geldnöte hatte diskutieren hören. Und obwohl der daraus resultierende Schmerz die

Antriebskraft war, die mir half, mir meinen beruflichen Weg zu ebnen, führte er mich nun in die entgegengesetzte Richtung. Mir wurde klar, dass ich in einem Dauergefühl des Mangels feststeckte. Ein sicherer Weg, Abhebungen von diesem Konto bei der Bank des Lebens vorzunehmen, ohne dass es mir überhaupt bewusst gewesen war.

Denn wenn ich im Laufe meiner Bankkarriere eines gelernt habe, dann ist es Folgendes: Ob Menschen das Gefühl haben, genug zu besitzen, darüber entscheidet nicht ihr Kontostand. Die Forschung zeigt eindeutig, dass Glück nicht proportional zu den finanziellen Mitteln wächst, sobald diese über einen bestimmten Betrag hinausgehen, der die Kosten einer normalen Mittelschichtexistenz zufriedenstellend abdeckt.

Ich erinnere mich noch gut an eine Zeit, als ich als Finanzberater für eine junge Frau arbeitete, die aus einer wohlhabenden Familie stammte, die bereits seit Generationen im Hotelgewerbe ein Vermögen machte. Trotz des großen finanziellen Reichtums fühlte sie sich nie wirklich sicher. Sie hatte das Gefühl, erst selbst eine Milliarde Dollar mit ihrer eigenen Marke verdienen zu müssen, bevor sie sesshaft werden und inneren Frieden finden konnte. Eine wahre Geschichte! Selbst wenn man alles Geld der Welt hat, hindert das die Menschen nicht daran, sich finanzielle Sorgen zu machen, vor allem dann nicht, wenn man sich auf das konzentriert, was man *nicht* hat. Sind sie Multimillionär und starren eifersüchtig auf die Superjachten der Milliardäre – und ja, es gibt solche Menschen, ich habe einige von ihnen getroffen –, welchen Sinn hat das Ganze dann?

Wissen Sie, Sophia, in unserer Bank half ich meinen Kunden, wohlhabender zu werden. Das bedeutete für die meisten von ihnen, finanzielle Mittel und materielle Besitztümer anzuhäufen. Daran ist auch nichts verkehrt. Und trotzdem, was uns Afrika und das Leben mich lehrten, war, dass es viele andere Formen von Reichtum gab, wie die Nähe zur Natur, Glaube und Spiritualität, das Gefühl von Gemeinschaft, das Gefühl, körperlich und geistig stark zu sein, sowie ganz grundsätzlich das Leben im Hier und Jetzt.

Allerdings möchte ich eins nicht verschweigen: Auch wenn Geld nicht *per se* der magische Schlüssel zu einem glücklichen, sinnerfüllten Leben ist, kann der chronische Mangel daran das Leben stark beeinträchtigen. Sie können ein gutes Leben führen, aber wenn Sie Zahnschmerzen haben, ist es unmöglich, dies zu ignorieren. Das Gleiche gilt auch für schwerwiegende finanzielle Probleme. Deshalb ist es so wichtig, Ordnung in diesen Bereich des Lebens zu bringen, um Chaos und Unglück zu vermeiden. Ob Sie Lehrer, Astronautin, Krankenpfleger oder Unternehmerin sind, jeder Mensch ist aus meiner Sicht gut beraten, die volle Verantwortung für diesen Lebensbereich zu übernehmen. Das gilt selbst dann, wenn einem das Leben nicht auf dem Silbertablett präsentiert wurde. Und am besten ist es, damit schon in jungen Jahren zu beginnen.

* * *

Lassen Sie uns deshalb zu guter Letzt noch einen Blick auf die rationale Seite dieses Themas werfen. Als Finanzberater lernte ich schon früh in meiner Karriere, Menschen zu helfen, Geld für den Ruhestand anzulegen, Steuerlasten zu minimieren und kluge Investitionsentscheidungen zu treffen. Allerdings ändern sich die Märkte ständig. Steuergesetze, Anlagestrategien, Käufertrends und Handelsdynamik passen sich unentwegt an. Und so wie ich Ihnen in meinem vorigen Brief keine konkreten Gesundheitsratschläge habe geben wollen, werde ich Sie auch jetzt nicht dazu drängen, in eine bestimmte Anlageklasse zu investieren, Goldbarren unter Ihrer Matratze zu verstecken oder sich nach Immobilien umzuschauen.

Stattdessen möchte ich Ihnen fünf grundlegende Gedanken mit auf den Weg geben, über die es sich nachzudenken lohnt, wenn Sie in Zukunft Einzahlungen auf Ihr Finanzkonto bei der Bank des Lebens tätigen möchten.

1. Legen Sie sich ein solides Grundwissen zu

Unter den exakt gleichen Lebensbedingungen sind Menschen mit einem höheren Money IQ in der Lage, finanzielle Entscheidungen zu treffen, die sich zu ihren Gunsten auswirken. Aus meiner Sicht handelt es sich hierbei um eine so wesentliche Eigenschaft, dass sie in der Schule gelehrt werden sollte, was natürlich für alle Elemente der »Big Five of Life« gilt. Wie kommt es, dass wir die Schule verlassen, ohne über die Grundkenntnisse und das kleine Einmaleins in den Bereichen Gesundheit, Psychologie, Beziehungen, Arbeit und Finanzen zu verfügen, die wir brauchen, um ein gesünderes, sinnerfüllteres und erfolgreicheres Leben zu führen?

Wenn Sie also wie viele andere Menschen das Gefühl haben, dass Ihnen das nötige Wissen fehlt, um Ihre persönlichen Finanzen zu gestalten, empfehle ich Ihnen, sich an jemanden zu wenden, der sich in der Materie auskennt und dessen Einkommen nicht an den Verkauf bestimmter Finanzprodukte gebunden ist. Andernfalls könnte diese Person trotz bester Absichten voreingenommen sein. Darüber hinaus rate ich dringend, einige grundlegende Bücher zu diesem Thema lesen. Mit dem so erworbenen Hintergrundwissen sind Sie besser in der Lage, mit Ihrer Finanzplanung zu beginnen.

2. Starten Sie mit Ihrer persönlichen Finanzplanung jetzt

Egal, ob Sie frisch von der Universität kommen oder sich dem Ende Ihrer Karriere nähern, Sie haben immer die Möglichkeit, Ihre finanzielle Zukunft positiv zu beeinflussen. Der erste Schritt besteht darin, sich einen Überblick über Ihre aktuelle Situation zu verschaffen. Finden Sie also zunächst heraus, was Sie brauchen, um finanziell abgesichert zu sein.

Wie viel Geld geben Sie im Monat für die Grundkosten aus?

1. Miete oder Hypothekenrate für das Eigenheim
2. Lebensmittel
3. Nebenkosten
4. Fahrtkosten
5. Versicherungen
6. Andere notwendige Dinge

Bei den meisten von uns machen diese sechs Kategorien etwa 65 bis 75 Prozent der Gesamtausgaben aus.

Wenn Sie die Zahlen addieren und die Summe mit zwölf multiplizieren, wissen Sie, was Sie im Jahr verdienen müssen, um basierend auf Ihrem aktuellen Lebensstandard finanzielle Sicherheit zu erreichen.

Als Nächstes rechnen Sie aus, wie viel Sie im Monat für Freizeitaktivitäten, Restaurantbesuche, Kleidung und Ähnliches ausgeben. Multiplizieren Sie die Summe dieser Kosten ebenfalls mit zwölf und addieren Sie das Ergebnis zu den zuvor ermittelten jährlichen Grundkosten. Dazu kommen dann noch größere, nicht regelmäßige Ausgaben, wie beispielswese für Urlaub und Reisen.

Ziehen Sie ein Resümee: Wie viel verdienen Sie? Wie viel brauchen Sie? Wie passen diese Zahlen zusammen?

3. Setzen Sie sich Ziele, die zu Ihnen passen

Sollten Sie je einen Finanzberater aufsuchen, wird Ihnen dieser höchstwahrscheinlich die Frage stellen, welches Ihre finanziellen Ziele sind. Auch wenn es manchmal hilfreich ist, nach Beispielen oder Richtlinien zu suchen, sollten Sie nicht einfach den Plan eines anderen übernehmen. Es geht darum, wie Sie Ihr Leben gestalten und leben möchten! Überlegen Sie also, was zu Ihnen und Ihren Bedürfnissen passt, und versuchen Sie, eine Finanzstrategie zu entwickeln, die auch Ihre Hobbys, Leidenschaften und Urlaubspläne berücksichtigt. Fragen Sie sich vor diesem Hintergrund: Wie viel Geld brauche ich, um gut leben zu können und finanziell abgesichert zu sein? Was sind meine Träume und Ambitionen für meine finanzielle Zukunft?

Vertrauen Sie Ihrer Intuition. Es ist sehr hilfreich, sich über solche Zahlen im Klaren zu sein, auch wenn das Ganze im ersten Moment entmutigend wirken mag. Bleiben Sie dran! Eine solide Analyse liefert Ihnen die Basis für eine Finanzplanung, die es Ihnen erlaubt, Ihre finanziellen Erwartungen, Wünsche und Ziele in die Realität umzusetzen. Die meisten Menschen verbringen mehr Zeit mit der Planung ihres Urlaubs als mit der Festlegung ihrer finanziellen Ziele. Aber diese Art von Klarheit kann Ihre Entscheidungsfindung auf konstruktive Weise beeinflussen und zu mehr Seelenfrieden führen.

4. Leben Sie wie ein Zenmillionär

Wenn Sie wie der sprichwörtliche Zenmillionär leben möchten, ist es wichtig, im Rahmen Ihrer Möglichkeiten zu leben und die Grenzen intelligent zu erweitern. Das heißt, wenn Sie sich Geld leihen, dann nur aus den richtigen Gründen: zur Finanzierung Ihrer Weiterbildung, zum Kauf einer Immobilie, zum Aufbau eines Unternehmens. Einen Kredit aufzunehmen, um Konsum zu finanzieren, ist aus der Sicht eines Bankers der alten Schule wie mir ein absolutes No-Go. Vielleicht klingt das altmodisch, aber ich weiß, dass viele meiner jüngeren Kollegen da draußen in diesem Grundsatz immer noch mit mir übereinstimmen. Konsumschulden machen arm!

Deshalb ist mein Rat: Geben Sie weniger aus, als Sie verdienen, investieren Sie einen Teil Ihres Verdienstes klug und erlernen Sie Fähigkeiten, die es Ihnen ermöglichen, ein gutes Einkommen zu erzielen! Dieser Ansatz ermöglicht es Ihnen, Fortschritte zu machen und gleichzeitig ein ausgeglichenes Leben zu führen. Natürlich ist das ständige Streben nach mehr eine Antriebskraft, die vielen Menschen zum finanziellen Erfolg verhilft. Aber ihr ein Leben lang zu folgen, ist ein riskantes Spiel, wenn Ihnen nicht rein am finanziellen Erfolg, sondern auch an einer wachsenden Lebensqualität gelegen ist.

5. Nutzen Sie die Kraft des »achten Weltwunders«

Wie bereits erwähnt, möchte ich mich nicht im Detail in Ihre persönlichen Finanzstrategien einmischen. Wollen Sie Ihr Geld jedoch effektiv für sich arbeiten lassen, müssen Sie das nutzen, was Albert Einstein als achtes Weltwunder bezeichnete: den Zinseszins. Denn Zinseszins entsteht dann, wenn die Zinsen, die Sie beispielsweise durch einen ETF-Fond, der die gesamte Weltwirtschaft abbildet, verdienen, automatisch reinvestieren, wodurch Sie noch mehr Zinsen auf das nun vergrößerte Vermögen erhalten. Lesen Sie den Satz gerne zweimal. Wie Benjamin Franklin einmal sagte: »Geld macht Geld. Und das Geld, das Geld verdient, bringt noch mehr Geld.« Je früher Sie dieses magische Prinzip anwenden, desto besser.

Um das Prinzip zu veranschaulichen, betrachten wir zwei Brüder, William und James, und ihre beiden unterschiedlichen Ansätze, Geld für ihren Ruhestand anzusparen.

> William spart ab seinem zwanzigsten Lebensjahr jährlich 4.000 US-Dollar. Im Alter von vierzig Jahren hört er auf zu investieren. Über einen Zeitraum von zwanzig Jahren summiert sich Williams Gesamtinvestition somit auf 80.000 US-Dollar.

> Sein Bruder James spart ab seinem vierzigsten Lebensjahr jährlich 4.000 US-Dollar. Mit 65 Jahren hört er auf zu sparen. Über einen Zeitraum von fünfundzwanzig Jahren summiert sich James' Gesamtinvestition also auf 100.000 US-Dollar.

Die Frage ist: Welcher Bruder hat im Rentenalter mehr Geld auf dem Konto, wenn man ihre Renditen vergleicht? William, der in zwanzig Jahren 80.000, oder James, der in fünfundzwanzig Jahren 100.000 US-Dollar investiert hat?

Die Antwort lautet: William. Obwohl er insgesamt den kleineren Betrag investiert hat, kommt er am Ende auf rund 2,5 Millionen Dollar, während sich James mit weniger als 400.000 Dollar begnügen muss. Da William schon früh begonnen hat, den Zinseszins für sich zu nutzen, verdiente er 600 Prozent mehr als sein Bruder, obwohl er über einen kürzeren Zeitraum hinweg genau den gleichen Betrag pro Jahr investiert hat. Auch wenn die in dieser Beispielrechnung verwendeten Zinssätze etwas hoch angesetzt sein mögen, verdeutlicht sie doch das Prinzip. Deshalb rate ich Ihnen, nutzen Sie diese Einsichten für sich, auch wenn Sie nicht mehr in Ihren Zwanzigern oder Dreißigern sind. Es ist nie zu spät, das achte Weltwunder für sich arbeiten zu lassen.

* * *

All das mag sich nach viel Arbeit anhören, und zu Beginn kann dies tatsächlich der Fall sein, vor allem, wenn Sie noch nicht über das nötige Grundwissen in diesem Bereich verfügen. Haben Sie sich jedoch erst einmal auf die persönliche Finanzplanung eingelassen und eine Strategie aufgesetzt, ist der Zeitaufwand begrenzt. Im Gegensatz zu den anderen Elementen der »Big Five of Life« erfordert dieses Konto an der Bank des Lebens nur wenig Aufmerksamkeit, sobald es solide eingerichtet ist. Oft reicht es aus, die gewählten Strategien ein- oder zweimal im Jahr zu überprüfen und zu sehen, was Sie anpassen möchten.

Und nun zurück zu Ihnen, Sophia:

Welche innere Einstellung haben Sie zu Geld und Reichtum?

Verfügen Sie über die nötigen Kenntnisse und Fähigkeiten, um diesen Bereich Ihres Lebens sinnvoll zu gestalten?

Haben Sie einen Finanzplan für sich ausgearbeitet und aufgesetzt?

Und wissen Sie zu schätzen, was Sie haben?

Im Laufe der Jahre habe ich viele Menschen kennengelernt,

die mithilfe eines unterdurchschnittlichen, durchschnittlichen oder hohen Einkommens hervorragend gelebt haben. Je länger ich lebe, desto klarer wird mir, was für ein großartiger Psychologe Herr Honda war, als er behauptete, Menschen hätten in ihrem Leben nur eine Beziehung, die alles andere beeinflusst: Ob wir an unseren materiellen Reichtum, unsere Familie, unsere Arbeit oder unsere Gesundheit denken – wir stehen immer zuallererst in einer Beziehung zu uns selbst. Und diese Beziehung bestimmt, wie wir die Welt um uns herum wahrnehmen und interpretieren.

Viele Menschen, die nach immer mehr Geld und materiellen Besitztümern streben, zielen oft unbewusst darauf ab, eine innere Leere, einen Mangel an Anerkennung, Liebe, Selbstakzeptanz und Sicherheit zu füllen. Doch diese Löcher in ihrer Seele lassen sich nicht mit finanziellen Mitteln stopfen. Was auch immer Sie im Leben erreichen möchten, Sophia, stellen Sie sicher, dass Sie das eigentliche Leben nicht verpassen, um einmal sagen zu können, dass Sie sich wirklich lebendig gefühlt haben. Immer und immer wieder.

Wenn Sie mich heute fragen, ob ich lieber jung und arm oder reich und alt wäre, ich würde mich für jung und arm entscheiden. Denn am Ende wird uns allen klar, dass unsere Zeit alles ist, was wir jemals besaßen.

Es grüßt Sie herzlich
Leonardo

12

Sophia: Lebensgeister

»Reich ist, wer weiß, dass er genug hat.«
— LAOTSE

Es war ein bewölkter Tag im Mai, und Sophia saß im Five Elefant in Kreuzberg, das damit warb, den besten afrikanischen Kaffee der Stadt zu servieren. Das ehemals ärmste Viertel der Stadt beherbergte inzwischen unzählige Museen, Galerien sowie viele der angesagtesten Cafés und Restaurants Berlins. Leonardos Brief über seine Reise nach Afrika hatte Sophia erneut staunen lassen. Manchmal fragte sie sich, wie es kam, dass dieser alte Herr ihr so vertraute, zumal er immer noch keinen direkten Kontakt zu ihr aufgenommen hatte. Wann würden sie telefonieren oder sich zu einem Zoom-Call oder dergleichen verabreden?

Ein paar Wochen zuvor hatte Sophia ihre norwegische Kollegin Anicken kontaktiert, um mehr Licht in die Angelegenheit zu bringen. Unter dem Vorwand, ein arbeitsbezogenes Thema zu besprechen, hatte sie beiläufig die kurze Begegnung mit Leonardo zur Sprache gebracht. Schließlich war Anicken die einzige Person, die sie kannte, die Leonardo ebenfalls persönlich getroffen hatte. Sophia hatte jedoch um den heißen Brei herumgeredet, denn sie wollte, dass die Briefe ihr Geheimnis blieben, und so hatte Anicken nur noch einmal bestätigt, was sie ihr Wochen zuvor bereits mitgeteilt hatte. Leonardo sei ein zuvorkommender älterer Mann gewesen, den sie in guter, aber letztlich auch nur vager Erinnerung hatte.

Sophia sah sich in dem Café mit seiner minimalistischen Einrichtung und den für Berlin so typischen riesigen Fenstern um. Wie war es möglich, dass jetzt gleich zwei Banker buchstäblich durch ihr Leben geisterten?

Einer, vermutlich in seinen Neunzigern, weise und freundlich; der andere, ein Mann in den besten Jahren, schön und unberechenbar. Und beide waren in Sophias Leben an- oder abwesend, wie es ihnen beliebte. Das gefiel ihr im Grunde gar nicht. Nachdenklich nippte sie an dem äthiopischen Kaffee, gewürzt mit Kar-

damom, Zimt, frisch geriebenem Ingwer, vermischt mit aufge-
schäumter Milch. Es war doch seltsam, dass sie beide Männer am
Flughafen beziehungsweise beim Fliegen kennengelernt hatte.
Doch während Leonardo sein Zusammentreffen mit Sophia of-
fensichtlich geplant hatte, war die Begegnung mit Ruben reiner
Zufall gewesen.

Damals hatte sie in einem kleinen, wunderschönen Ort namens Henley-on-Thames am Stadtrand von London gelebt. Sie
erinnerte sich, dass sich der Umzug dorthin wie eine beruhigende
und gleichzeitig aufregende Reise in die Vergangenheit angefühlt
hatte. Henley-on-Thames, welches sich malerisch an einen der
romantischsten Flussabschnitte der Themse schmiegt, erlebt jeden Sommer das Spektakel der Henley Royal Regatta, die wohl
berühmteste ihrer Art auf der Welt. Sophia staunte nicht schlecht,
als der kleine Ort kurz nach ihrer Ankunft von einem Tag auf
den anderen von einer Unzahl gut aussehender und durchtrai-
nierter Ruderer überschwemmt wurde, und vornehm aussehende
Familien unterstützt von ihren Butlern neben ihren Rolls-Royce
auf den Parkplätzen der Stadt zu picknicken begannen. Die
Pracht der zu bewundernden Hüte erinnerte sie an Fernsehbilder
von der unweit gelegenen Royal-Ascot-Rennbahn, auf dem all-
jährlich ein nicht minder berühmtes Pferderennen ausgetragen
wurde. Sophia hatte es geliebt, in Großbritannien zu leben. Für
sie hatte es sich wie eine Befreiung angefühlt, ihre deutsche Heimat für ein paar Jahre hinter sich zu lassen, vor allem beruflich. In
Deutschland hätte sie einen bestimmten Abschluss in Betriebs-
wirtschaftslehre gebraucht, um die Stelle zu bekommen, die man
ihr in England an der international renommierten Business
School angeboten hatte. Sophia hatte aber lieber alles studiert,
was sie interessierte, bevor sie sich für ihren ersten Job bewarb. In
England jedoch wurde dieser polyakademische Ansatz, wie ihre

neue Vorgesetzte Sophia ihren eigenen Lebensweg mit einem Augenzwinkern beschrieb, wertgeschätzt. Und ein paar Jahre später bat ihr der CEO einer skandinavischen Unternehmensberatung einen attraktiven Job in London selbst an – eine Herausforderung, die Sophia gerne annahm. Von da an arbeitete sie als internationale Beraterin und flog um die ganze Welt, um ihre Klienten zu besuchen. Auf einem dieser Flüge von Kopenhagen nach London saß Ruben neben ihr. Sehr zu ihrer Überraschung fragte dieser hellblonde Überfliegertyp mit seinen strahlend blauen Augen sie nach ihrer Telefonnummer. Er war Däne, lebte in London und war als Investmentbanker für einen führenden globalen Investmentmanager als Managing Director tätig. Obwohl Sophia nicht damit gerechnet hatte, noch einmal von ihm zu hören, rief er sie tatsächlich an, und weil sie beide Weihnachtsgeschenke für ihre Familien zu Hause brauchten, trafen sich zu einem Einkaufsbummel bei Harrods. Von da an waren sie ein Paar.

Sophia schaute auf den Finger, an dem sie noch vor Kurzem den wertvollen Ring getragen hatte, den Ruben ihr zu ihrem ersten Jahrestag geschenkt hatte. Wie eine Naturgewalt hatte er in ihrem Leben Einzug gehalten: charismatisch, lustig und manchmal ziemlich dominant. Er konnte sehr liebevoll sein, hatte aber auch kein Problem damit, anderen ihre Grenzen aufzuzeigen, wenn er meinte, sie hätten seine Freundlichkeit nicht verdient, oder wenn sie ihm beim Erreichen seiner Ziele im Weg standen. Sophia war anders gestrickt. Auch sie konnte sich gut durchsetzen, aber ihre Empathie machte ihr das Leben zuweilen schwer. So sensibel zu sein, war ein zweischneidiges Schwert. Es war der Aspekt ihrer Persönlichkeit, der sie in ihrem Beruf so erfolgreich machte, aber gleichzeitig ein »energieeffizientes Funktionieren im Leben«, wie Ruben es ausdrückte, unterminierte. Vielleicht war es rückblickend doch keine so große Überraschung, dass sie nicht zusammengepasst hatten.

Und nun trat mit Leonardo ein weiterer Banker auf den Plan, der sie dazu drängte, mehr Verantwortung für ihre persönlichen Finanzen zu übernehmen. Genau das hatte Ruben auch getan, als sie noch in London lebte und beschloss, ihr eigenes Unternehmen zu gründen und sich selbstständig zu machen. Ruben war nicht mehr da! Aber unabhängig von seiner An- oder Abwesenheit in ihrem Leben – es stimmte. Sie hatte sich über ihre finanzielle Zukunft bisher tatsächlich zu wenig Gedanken gemacht.

Sophia schaute aus dem Fenster. In den letzten Wochen hatte sie eine Reihe von Routinen etabliert, um wieder fitter und gesünder zu werden, was bereits viele positive Auswirkungen zeigte. Mit den Themen Ernährung und Sport kannte sie sich studienbedingt wirklich gut aus, und es hatte ihr zuvor in erster Linie an Motivation und Antrieb gemangelt. Anders sah es im Bereich ihrer persönlichen Finanzen aus. Dort war sie im Grunde Anfängerin, von ein paar Kenntnissen aus ihrem amerikanischen MBA-Studium einmal abgesehen.

Was sie jedoch interessant fand, war, sich mit der Psychologie des Geldes und mit Ken Hondas Unterscheidung zwischen »Money EQ« und »Money IQ« zu beschäftigen. Diese Überlegungen stimmten auch mit dem überein, was Sophia im Laufe der Jahre in ihrer Coachingpraxis beobachtet hatte. Egal, was die Menschen erreichten, ob sie den beruflichen Jackpot knackten, einen riesigen Bonus erhielten oder als Millionäre früh in den Ruhestand gingen, dauerhaftes Glück war anscheinend nicht zu erwarten. Selbst wenn die beruflichen und finanziellen Erfolge gewaltig waren, waren die Momente der Freude und des Hochgefühls ihrer Klienten gewöhnlich flüchtig. Und da sie momentan an einem Vortrag zum Thema »The Neuroscience of Leadership« arbeitete, hatte sie sich auch aus neurowissenschaftlicher Perspektive mit diesem Phänomen befasst. Verantwortlich dafür schien ein guter Bekannter zu sein: der winzige Neurotransmitter Dopamin, dessen Spiegel unaufhörlich wie eine Wippe hin- und herschwang. Das Erreichen eines Happiness-Plateaus, auf dem man sich buchstäblich auf seinen Lorbeeren ausruhen konnte, war ganz offensichtlich nicht Teil des evolutionsbiologischen Plans. Der Mensch war dazu geschaffen, nach etwas zu streben. Wie viel Geld man auch hatte, wie hoch der Kontostand auch war, ohne sinnvolle Ziele, auf die man im Alltag hinarbeiten konnte, fühlten sich die Menschen leer und energielos. Und die einzig vernünftige Lösung für dieses Problem bestand offensichtlich darin, das eigene Gefühl der Zufriedenheit genau an dieses ständige Streben zu knüpfen. Das Ankommen an sich würde nie mit dem Gefühl der Vorfreude mithalten können, das sich einstellte, während man auf ein Ziel hinarbeitete. Diesem Naturgesetz konnte man sich nicht entziehen. Und selbst der Gewinn eines Oscars würde dies nicht ändern, wie Sophia, die bereits mit einem der Preisträger gearbeitet hatte, aus Erfahrung wusste.

Sophias Blick war auf die handgeschnitzte hölzerne Giraffenstatue gerichtet, die in der Nähe ihres Tisches stand, aber sie sah durch sie hindurch. Sie dachte nach. Natürlich gab es auch die andere Seite der Gleichung, die Leonardo als »Money IQ« oder »finanzielle Intelligenz« bezeichnet hatte. Obwohl Sophia gut genug im Geldverdienen war, hatte sie sich bisher wenig um ihre finanzielle Zukunft gekümmert oder sich die Zeit genommen, ihr Geld sinnvoll anzulegen. Das Thema hatte sie schon immer abwechselnd gelangweilt oder als bedrohlich empfunden, und so hatte sie sich über die Jahre davor gedrückt. Aber sie war fest entschlossen, das zu ändern. Sie liebte es zu lernen. Vielleicht könnte sie ja eine gewisse Neugier für dieses Thema wecken, wenn sie sich erst einmal damit beschäftigte. Sie hatte sich bereits am Vortag zwei Einsteigerbücher über finanzielle Freiheit und persönliche Finanzplanung gekauft. Die würde sie als Erstes lesen. Dann würde sie ihre Zahlen, wie von Leonardo vorgeschlagen, einmal zu Papier bringen, um zu sehen, wo sie stand. Auch hatte sie im Internet nach möglichen Finanzcoaches in Berlin gesucht, deren Dienstleistungen nicht an den Verkauf bestimmter Finanzprodukte geknüpft waren. Das war doch mal ein guter Anlass, die Seiten zu wechseln, was das Coaching anging. Aber zuerst wollte sie sich in den Bereich »Personal Finance« einlesen und sich einen Überblick verschaffen.

Sie lächelte und dachte wieder an Herrn Honda und seine Ideen rund um glückliches und unglückliches Geld. Waren Ruben jemals solche Gedanken durch den Kopf gegangen, wenn er seine Kunden beriet? Ob es ihr gefiel oder nicht, die Antwort war wahrscheinlich ja. Er war nicht so skrupellos, wie sie ihn gerne darstellte. Denn die Wahrheit war normalerweise nie so einseitig, wie das enttäuschte Herz eines Liebenden es sehen wollte. Und in einer Zeit, in der sich die meisten Paare nach der Trennung gegenseitig des Narzissmus bezichtigten, mochte es doch mehr Sinn ergeben, sich auf die eigene Weiterentwicklung und Reflektion zu konzentrieren.

Sophia trank ihren Kaffee aus, bezahlte und stieg wieder auf ihr Fahrrad. Sie trat in die Pedale und bewunderte die grünen Ufer des Kanals, der mitten durch Kreuzberg verlief. Menschen aus aller Herren Länder tummelten sich in Cafés, Geschäften und Restaurants. Sie mochte diese Gegend, die eine andere Energie hatte als die durchrenovierten Straßen am Prenzlauer Berg oder in Berlin-Mitte, wo sie normalerweise die meiste Zeit verbrachte. Als sie schon fast wieder zu Hause war, musste sie plötzlich daran denken, wie sie selbst einige Jahre zuvor in Dänemark das Haus von Karen Blixen besucht hatte, denn auch sie hatte den Film »Jenseits von Afrika« schon als Kind mit ihren Eltern gesehen. Auf Rubens Empfehlung war sie im Anschluss an einen Businesstrip mit dem Zug von Kopenhagen nach Rungsted, einem kleinen Ort am Meer, gefahren und vom Zentrum aus etwa eine Meile durch den Wald gelaufen. Sophia erinnerte sich, mit wie viel Interesse sie sich das kleine Haus und besonders das Arbeitszimmer angesehen hatte, in dem Karen Blixen ihre international bekannten Geschichten über Afrika geschrieben hatte. Damals hatte sich Sophia gefragt, ob sie sich eines Tages auch einer kreativeren Form des Schreibens widmen würde. In jungen Jahren hatte sie davon geträumt, Künstlerin, Musikerin, Malerin oder Schriftstellerin zu werden. Aber sie hatte bezweifelt, dass ihr Talent dafür ausreichen würde. Und jetzt war sie hier, mitten in Berlin, und grübelte über den Brief eines alten Investmentbankers nach, der einmal das afrikanische Anwesen einer Autorin besucht hatte, deren dänisches Zuhause Sophia selbst Jahre später mit Ehrfurcht und Neugierde betreten hatte. Und nun bat er sie, an einem Projekt teilzunehmen, dass ihr die Kunst des kreativen Schreibens näherbringen könnte.

Das Leben war ein Mysterium. Anders konnte man das Ganze nicht begreifen.

— 13 —
Leonardo: Unsere Psyche

»Du wirst morgen sein, was du heute denkst.«
— **Buddha**

Liebe Sophia,

guten Morgen aus Santa Barbara. Mögen Sie Palmen? Ich habe einen Gärtner gebeten, an der Stelle, an der einst unser japanisches Teehaus stand, zwei kleine Exemplare zu pflanzen. Für mich ist es ein beruhigender Gedanke, dass diese Bäume hier wachsen und gedeihen werden, während ich dabei bin zu verschwinden und Barbara in die Weiten des Universums zu folgen. Scherzhaft habe ich die Palme, die näher an unserem Haus steht, Leonardo und die andere, näher zum Strand stehende, Barbara genannt. Sie fragen sich vielleicht, wie ein alter Mann einen so kindlichen Humor haben kann, und die Wahrheit ist: Während mein Körper altert, lebt das Kind in mir auf. Barbara und ich haben darüber viel diskutiert. Zu Beginn unseres Lebens glauben wir, dass sich alles in unserem Inneren anders anfühlen würde, wenn wir erst einmal erwachsen sind. Aber das stimmt nicht, unsere Identität wächst wie ein Baum. Das Alte bleibt, und Neues kommt hinzu.

Lassen Sie mich deshalb gleich zum Thema dieses Briefes kommen. Wie Sie wissen, Sophia, ist es nicht das erste Mal, dass ich ansetze, diesen Brief über eins der vielleicht komplexesten Elemente der »Big Five of Life« bei der Bank des Lebens zu schreiben: unsere Psyche, unsere Seele, unseren Geist. Es gibt viele Worte, um unsere Innenwelt und das, was in ihr vor sich geht, zu beschreiben. Dennoch ist konzeptionelle Perfektion für unsere Mission nicht das höchste Ziel. Nehmen wir einfach an, dass unsere Psyche eine Reihe von Aspekten umfasst, wie zum Beispiel unsere Gedanken und Emotionen, unsere Wahrnehmung, unseren Glauben, unsere Identität und Persönlichkeit, das Bewusste und Unbewusste. Wie auch immer Sie es betrachten, in diesem Bereich des Lebens dreht sich alles um die unsichtbaren Dynamiken, die die inneren Filter bestimmen, durch die wir unser Leben und alles um uns herum erfahren und betrachten.

Dies ist ein Thema, das auch aus der Perspektive eines Bankers hochinteressant ist. Die Bereiche Finanzen und Psychologie hängen stärker miteinander zusammen, als es auf den ersten Eindruck erscheinen mag. Und auch Barbaras Interesse an psychologischen Themen nahm im Laufe der Zeit immer mehr zu. Sie hatte sich über Jahre gefragt, warum der Zusammenhang zwischen psychischer und körperlicher Gesundheit in der medizinischen Ausbildung so wenig Beachtung fand. Eines Tages, als sie zufällig Alex, einem alten Bekannten aus der Zeit ihres Medizinstudiums, über den Weg lief, wurde dieses Interesse weiter genährt. Alex arbeitete immer noch bei demselben Pharmaunternehmen, das sowohl meiner Frau als auch ihm nach Abschluss des Studiums einen Job angeboten hatte. Sie verabredeten sich in unserem Lieblingsrestaurant auf dem berühmten Pier von Santa Barbara, und während sie vor der majestätischen Kulisse der Santa-Ynez-Berge mit Blick auf den Bootshafen zu Abend aßen, hörte Barbara aufmerksam zu, was Alex von den Herausforderungen in seinen aktuellen Projekten zu berichten hatte.

»Es lief alles so gut. Aber jetzt scheint Mr. Placebo unsere Pläne zunichtezumachen. Ich hasse diesen Typ!«

Barbara schaute ihn verwirrt an. »Von wem sprichst du?« Sie war sich nicht sicher, ob sie ihren Studienkollegen richtig verstanden hatte.

Alex blickte sie erstaunt an. »Früher nannten wir dich Speedy Babs, weil du dich mit Überschallgeschwindigkeit durch alle Bücher gefressen hast. Enttäusche mich jetzt bitte nicht.«

Barbara, die diesen Spitznamen noch nie zuvor gehört hatte, begann aus vollem Herzen zu lachen, und als sie sich schließlich beruhigte, sagte sie in lauter, fröhlicher Stimme: »Ich hatte es akustisch nicht verstanden! Du meinst den Placeboeffekt.«

»Richtig, meine Liebe. Du musst auf dich aufpassen!«

Alex ahmte Besorgnis nach und berührte sie an der Schulter. Es war wie früher, dachte Barbara, als Alex schon fortfuhr.

»Ob du es glaubst oder nicht, in unserer klinischen Forschung ist der Placeboeffekt eines der ärgerlichsten Probleme überhaupt. Es ist kein Geheimnis, dass wir in unserer Branche gutes Geld verdienen, und ich würde lügen, wenn ich behaupten würde, dass mir meine Arbeit keinen Spaß macht. Allerdings stehen wir unter einem enormen Druck, profitabel zu sein und unsere Aktionäre zufriedenzustellen. Natürlich wollen wir den Menschen helfen, aber wie in jedem anderen Unternehmen haben auch wir Ziele, die erreicht werden müssen. Und wenn ich mir dieses Jahr ansehe, wird es hart für uns. Wir haben drei vielversprechende Medikamente in der Pipeline, und nun scheint uns unser guter alter Freund Placebo ein Hindernis nach dem anderen in den Weg zu legen.«

Schon während ihres Medizinstudiums war Barbara von der Idee fasziniert gewesen, dass etwas so Harmloses wie eine Zuckerpille tatsächlich Schmerzen lindern oder den Genesungsprozess beschleunigen konnte, allein aufgrund der Erwartung, dass dies passieren würde.

»Kaum zu glauben, dass die wörtliche Übersetzung des lateinischen ›Placebo‹ ›ich werde gefallen‹ heißt?«

Alex seufzte. »Mir gefällt es nicht, das kann ich dir sagen!«

Er lachte und boxte ein paarmal in die Luft, als würde er gegen einen unsichtbaren Gegner kämpfen. Barbara zeigte sich gebührend amüsiert über seine Clownerei, doch ihr Interesse war geweckt.

»Aber mal im Ernst: Wie erklärst du dir den Placeboeffekt aus wissenschaftlicher Sicht?«, fragte sie.

»Aus wissenschaftlicher Sicht?« Alex zuckte mit den Schultern. »Da gibt es nichts zu erklären. Es ist alles pure Einbildung!«

Er hielt inne, wie um seine Gedanken zu sortieren. Dann schlug er zum ersten Mal den Ton des erfahrenen Forschers und Mediziners an, der er wirklich war.

»Unsere Hypothese ist, dass der Placeboeffekt durch die selbsterfüllenden Effekte von Reaktionserwartungen entsteht. Der Glaube des Patienten, dass er sich anders fühlen wird, führt dazu, dass es ihm tatsächlich anders geht. Die Überzeugung, eine aktive Behandlung erhalten zu haben, bewirkt genau die Veränderungen, von denen er annimmt, dass sie sich durch die tatsächliche Behandlung einstellen würden.«

Nach einer weiteren Pause fuhr Alex fort:

»In gewisser Weise ist das alles nur psychologischer Unsinn, und trotzdem ruiniert es meine Deadline!«

Barbara schüttelte den Kopf, und beide lachten wieder. In mancherlei Hinsicht war Alex nicht gerade der tiefsinnigste Mensch, dem sie je begegnet war, aber sie schätzte ihn sehr. Er war ein erfahrener Wissenschaftler und konnte im Laufe der Jahre über erstaunliche Erfolge berichten. Barbara hingegen arbeitete mit echten Patienten, und noch mehr als generische Beweise interessierte sie das Schicksal eines jeden Einzelnen. Und vielleicht war es fürs Erste ihre Aufgabe, und nicht seine, über den tieferen Sinn dieses Gesprächs zu reflektieren.

* * *

In den kommenden Wochen versuchte Barbara, genau das zu tun. Und sie fand bald heraus, dass der Placeboeffekt nicht ausschließlich in den Köpfen der Menschen stattfand, wie Alex behauptet hatte, sondern im Körper Veränderungen hervorrief, die mit konservativer, klinischer Diagnostik messbar waren. Menschen, die Placebos einnahmen, zeigten positive Veränderungen des Blutdrucks, der Herzfrequenz, der Gehirnchemie, der Bluttestergebnisse. Operationen konnten verhindert und Depressionen gelindert werden. Und es gab auch das umgekehrte Phänomen. Der sogenannte Noceboeffekt, auf Lateinisch »Ich werde schaden«, schien ebenso einflussreich zu sein wie sein gutmütigerer Verwandter. In einer der medizinischen Studien ließ man die Teilnehmer in dem Glauben, dass sie giftigem Efeu ausgesetzt wurden. Allein die Erwartung einer Reaktion reichte aus, um einen sichtbaren Ausschlag, Furunkel unter der Haut sowie Juckreiz und andere Symptome hervorzurufen. Und als man das Experiment umkehrte und einer Gruppe von Menschen, die gegen diese Substanz sogar allergisch waren, mitteilte, dass es sich um eine völlig harmlose Pflanze handele, mit der ihre Haut eingerieben wurde, reagierte weniger als jeder Sechste darauf. Barbara war fasziniert, fragte sich aber auch zugleich, was sie mit all diesen neuen Erkenntnissen Sinnvolles anfangen sollte.

»Und was jetzt, Leonardo?« Ich wusste, das war eine rhetorische Frage. Wir hatten gerade unser Abendessen mit frischem Salat, gebackenem Lachs und einem Glas Rotwein aus dem Napa Valley beendet. Ich sah Barbara erwartungsvoll an. Nach Wochen des Lesens und Forschens war dies der Moment der Synthese, das spürte ich. Und meine Frau enttäuschte mich nicht.

»Diese Studien zeigen deutlich, dass wir über die biologischen Mechanismen verfügen, um uns selbst zu heilen. Und dies durch die bloße Kraft unserer Gedanken. Allein die Einstellung und inneren Überzeugungen können die physiologische Realität eines Menschen verändern. Das ist revolutionär, und doch scheint es niemanden zu interessieren!«

Ich nickte, und Barbara fuhr fort.

»Überlege mal, wie viel mehr Ärzte erreichen könnten, wenn sie versuchen würden, diesen Effekt zu aktivieren.«

Sie hielt inne.

»Aber braucht es wirklich eine Zuckerpille, um das hinzube-kommen? Oder könnten wir den Menschen beibringen, das Glei-che zu erreichen, ohne dass wir sie erst austricksen müssen?« Ich nahm einen Schluck aus meinem Weinglas und blickte wie Barbara aufs Meer. Dies war kein Dialog im eigentlichen Sinn, aber ich fand es schön, meiner Frau den Raum zum Denken zu geben, der ihr guttat.

»Was wäre, wenn wir anfangen würden, an uns selbst zu glau-ben? Was wäre, wenn wir lernen würden, uns in den gleichen Zu-stand zu versetzen wie jemand, der ein Placebo eingenommen hat?«

In diesen Momenten erinnerte Barbara mich an einen Was-serfall. Ein Gedanke folgte dem anderen, eine Frage führte zur nächsten. Wir beide mochten diese Momente.

Als wir etwas später die Küche aufräumten, fragte ich sie, ob sie glaube, dass der Placeboeffekt auch ein anderes Licht auf Aaron Antonovskys Arbeit werfen würde. In diesem Moment hörte ich ein schepperndes Geräusch, und als ich mich umschaute, sah ich, dass mein Lieblingsweinglas zerbrochen auf dem Boden lag.

»Was für einen wundervollen Ehemann der liebe Gott mir ge-schenkt hat.« Mit einer theatralischen Geste nahm Barbara meine Hand. »Das ist großartig. Wir müssen darüber reden, Leonardo.«

Sie umarmte mich, während ich innerlich schon auf dem Sprung war, den Staubsauger zu holen, um die Scherben vom Bo-den zu saugen, die sie bereits vergessen hatte.

Lange Zeit konnte Barbara nicht aufhören, über dieses Thema nachzudenken. Wenn die menschliche Psyche so mächtig war, warum versuchte die Schulmedizin dann nicht, den Placeboeffekt bewusster zu nutzen, anstatt ihn wie ein unnützes Ärgernis abzu-tun? Hatte nicht auch Professor Antonovsky mit seiner Forschung genau auf diese psychologischen Aspekte hingewiesen? Warum hatte sie das bisher eigentlich weitestgehend ignoriert? Es tauchte eine Reihe neuer Fragen auf, und obwohl es offensichtlich war, dass Barbara nicht in der Lage sein würde, sie alle innerhalb eines Lebens eingehend zu erforschen, wollte sie irgendwo beginnen. Die Kraft der Gedanken konnte nicht einfach ignoriert werden, wenn man versuchte, eine gute Ärztin und Heilerin zu sein, soviel stand fest.

* * *

Diesmal beschloss Barbara, doch noch einmal an die Universität zu gehen. Nachdem sie ihr Arbeitspensum erheblich reduziert hatte, schrieb sie sich für ein akademisches Studium der Psychologie ein. Zurück auf dem Campus, genoss sie es anfangs, wieder in die Welt der Bücher und der Wissenschaft einzutauchen. Ihr Geist nahm dankbar jede noch so kleine Information auf, über die sie stolperte. Selbst dass man sie aufgrund ihres Alters oft für die Professorin des Kurses hielt, den sie gerade besuchte, störte sie überhaupt nicht. Doch eines Tages hatte sie eine Art Déjà-vu. Als sie das Buch eines berühmten Psychologen las, der die wissenschaftliche Gemeinschaft aufforderte, sich wieder vermehrt der Verbesserung des normalen Lebens zuzuwenden, statt sich ausschließlich auf psychische Funktionsstörungen zu konzentrieren, wurde ihr plötzlich klar, dass alle Kurse, die sie bisher besucht hatte, auf die Kehrseite des psychologischen Funktionierens ausgerichtet waren. Eine psychische Krankheit nach der anderen war unter die Lupe genommen worden. Sie war überrascht, wie wenig ihr aufgefallen war, dass sie nicht hatte finden können, wonach sie ursprünglich gesucht hatte.

Als sie diese Beobachtungen mit einigen ihrer Professoren teilte, war deren Resonanz jedoch nicht so positiv, wie sie es erwartet hatte. Im Gegenteil, selbst diejenigen, die Barbara zuvor wegen ihrer Berufserfahrung respektiert hatten, distanzierten sich zunehmend von ihr. Aber meine Frau war keine junge Studentin mehr, und obwohl diese Reaktionen sie überraschten und auch kränkten, gab sie nicht auf. Die klinische Psychologie, wie sie an der Universität gelehrt wurde, erfüllte einen Zweck, da war sie sich sicher, aber es gab dabei eine Seite, die vernachlässigt wurde, und sie erkannte die ihr bereits geläufige Dynamik. Während das Erforschen und Behandeln von Krankheiten in der westlichen Medizin und Psychologie gut etabliert zu sein schienen, hinkte das Verstehen und Fördern von Gesundheit in beiden Bereichen noch hinterher. Sie fragte sich, ob ihre Zeit auf dem Campus früher als erwartet zu Ende gehen würde – doch dann änderte sie plötzlich ihre Meinung.

An einem sonnigen Herbsttag hörte Barbara mit, wie sich zwei Studenten, die vor ihr her über den Campus schlenderten, über einen neuen Gastdozenten unterhielten. Sein Name war Daniel Goleman. Er hatte seine Dissertation in Psychologie an der Harvard-Universität verfasst und Gerüchten zufolge bereits als Journalist bei der New York Times gearbeitet. Als Barbara später an diesem Tag Goleman in einem feuerwehrroten VW über den Campus fahren sah, ahnte sie, dass dieser Typ etwas anderes bieten würde als das, was sie in den ersten Jahren ihres Studiums erlebt hatte. Und so war es auch.

Das Seminar selbst war ein Überraschungspaket. Daniels Vorlesungen konzentrierten sich hauptsächlich auf die asiatische Psychologie. Er sprach über das buddhistische psychologische System sowie verschiedene Meditationspraktiken und wies auf die Möglichkeit hin, Persönlichkeitsmerkmale infolge konsequenter geistiger und spiritueller Übungen zu verändern, was in der westlichen Psychologie als unmöglich galt. Besonders anschaulich beschrieb er seine ausgedehnten Reisen nach Indien, die ihn wesentlich geprägt hatten. Inspiriert durch Daniels Vorträge lasen Barbara und ich gemeinsam sein Buch »The Science of Meditation«, und wir fragten uns, ob wir einiges von dem, worüber er sprach, nicht aus erster Hand erfahren könnten.

Kurz entschlossen, wie wir damals noch waren, planten wir für den folgenden Sommer eine Reise nach Dalhousie, einem wunderschönen Dorf in den Ausläufern des Himalajas, umgeben von schneebedeckten Hügeln und grünen Tälern, um dort zehn Tage lang ein Retreat zu besuchen, das Daniel uns empfohlen hatte. Gleich bei der Ankunft wurden wir über das besondere Schlafarrangement informiert. Ich wurde gebeten, in einem Zelt für Männer und Barbara in einem für Frauen zu schlafen. Wir waren damals noch recht jung, und ich hatte auf ein wenig Zweisamkeit mit meiner Frau gehofft. Bevor ich mich jedoch beschweren konnte, wurden wir in das Prinzip des »edlen Schweigens« eingewiesen, was bedeutete, dass uns während der gesamten zehn Tage kein Wort über die Lippen kommen sollte. Auch wenn das einer gewissen Komik nicht entbehrte – ich war frustriert. Barbara und ich hatten uns jedoch schon so lange auf diese Reise vorbereitet, dass ich versuchte, die Situation zu akzeptieren, wie sie war. Leichter gesagt als getan!

Jeden Morgen gingen wir in den Meditationsraum, wo wir uns auf ein Kissen setzten, das während der zwölf Meditationsstunden, die der Tagesplan vorsah, unser Zuhause sein sollte. Während wir in der üblichen halben Lotusposition verharrten, bestand unsere Aufgabe in den ersten Tagen darin, uns auf das Gefühl einzustimmen, wie unser Atem durch unsere Nasenflügel in den unteren Teil des Bauches floss, welcher sich beim Einatmen leicht anhob und beim langsamen Ausatmen wieder senkte. Das war's. Mehr gab es nicht zu tun. Meine Beine und mein Rücken schmerzten bald so sehr, dass ich ungeduldig wurde. Manchmal musste ich mir ein verzweifeltes Kichern verkneifen. Ich war froh, dass meine Kollegen von der Bank mich nicht sehen konnten. Die Kosten-Nutzen-Analyse dieser Übung wäre sicher nicht zu meinen Gunsten ausgefallen. Wir hatten so viel Energie, Zeit und Geld investiert, um hier, am anderen Ende der Welt, still dazusitzen, bis Muskelgruppen krampften, von deren Existenz ich nichts geahnt hatte. Da es mir absolut unmöglich war, nur meinen Atem zu beobachten, begann ich, meine Gedanken genauer unter die Lupe zu nehmen. Dabei machte ich eine interessante Entdeckung. In mir gab es eine Stimme, die unentwegt ohne Sinn und Verstand vor sich hinplapperte und von einem Thema zum nächsten sprang. Unser spiritueller Lehrer musste das geahnt haben, denn nach Tagen des Schweigens sagte er plötzlich:

»A wandering mind is an unhappy mind.«

Ein Lächeln huschte über mein Gesicht. Ich fühlte mich ertappt und versuchte wieder, mich auf meinen Atem zu konzentrieren, was mir aber weiterhin nur zeitweise gelang. Doch langsam, sehr langsam begannen sich die Dinge zu ändern. Ich bemerkte, dass es einen Ort in meiner Seele gab, von dem aus ich meine Gedanken, Emotionen und Körperempfindungen beobachten konnte, ohne mich völlig damit zu identifizieren. Besser kann ich es nicht ausdrücken. Sie schwebten vorbei wie Wolken am Himmel. Und während mich die Muskelkrämpfe bisweilen immer noch plagten, gelang es mir mehr und mehr, mich auf den Rhythmus meiner Atmung einzulassen. Nach und nach bekam ich nun Einblicke in ein neues Wohlbefinden. Ohne es anfangs zu merken, befand ich mich zeitweise in einem Zustand völliger Versunkenheit und empfand tiefen inneren Frieden.

Am Ende des zehntägigen Retreats erlaubte mir diese Art von Präsenz, ohne jegliches Gefühl von Unbehagen stundenlang zu sitzen. Barbara erging es genauso. Die Zeit selbst schien ihre Eigenschaften verändert zu haben. Wir fühlten uns gesegnet mit einem inneren Zustand, den wir in dieser Intensität noch nie zuvor erlebt hatten. Erst als wir zurück in die USA reisten und aufgrund verspäteter und ausgefallener Flüge auf mehreren Flughäfen strandeten, begann dieses innere Hochgefühl langsam zu verebben. Als wir zu Hause erneut zu meditieren begannen, erlebten wir abermals die heilende Wirkung der Praxis auf unseren Körper und unseren Geist. Allerdings war es nicht einfach, den gleichen Zustand völliger Glückseligkeit wieder zu erreichen. Manchmal verglichen wir das Ganze mit einer Reise in ein fremdes Land. Obwohl wir wussten, dass es existierte, und zwar in uns selbst, funktionierte das Transportsystem, das uns dorthin bringen sollte, nicht so schnell, wie wir es uns gewünscht hätten.

* * *

Man kann nicht zweimal in denselben Fluss steigen, wusste Heraklit bereits vor über zweitausend Jahren, und diese Erfahrung machte auch Barbara nach ihrem Wiedereinstieg in die Vollzeitbeschäftigung nach fast drei Jahren Studium, Reisen und Teilzeitarbeit. Frisches Wasser floss durch das Flussbett unseres Lebens, und auch in uns selbst hatten sich die Dinge verändert, größtenteils zum Besseren. Die Arztpraxis zog laufend mehr Patienten an, und Tom, Barbara und ihr neuer Kollege Sendhil, der während Barbaras Studium zum Team gestoßen war, waren immer beschäftigt. Das Gute an der Erweiterung des Teams war, dass sich jeder nach seinen individuellen Stärken und Interessen aufstellen konnte. Tom interessierte sich hauptsächlich für traditionelle Medizin, die natürlich weiterhin benötigt wurde, während Sendhil und Barbara sich auf Ernährungs- und Lifestylemedizin spezialisierten. Barbara war begeistert von dem neuen Wind, der in der Praxis wehte. Doch schon wenige Monate nach ihrer Rückkehr stießen Barbara und Sendhil auf ein immer wiederkehrendes Problem, das sie nicht lösen konnten. Sie unterschieden zwischen drei Typen von Patienten. Die erste Kategorie bestand aus denjenigen, die sich eine Diagnose, das richtige Medikament und eine konventionelle Behandlung wünschten, aber an keinerlei Änderungen ihres Lebensstils interessiert waren. In die zweite Kategorie fielen jene, die offen dafür waren, auf eine neue Art und Weise Verantwortung für ihre Gesundheit zu übernehmen. Scheinbar ohne großes Aufheben passten sie ihre Lebensweise den Erfordernissen ihres Körpers an, was oft zu erstaunlichen Ergebnissen führte. Zur dritten und letzten Kategorie zählten diejenigen, die zwar ebenso guten Willens waren, denen es aber trotz bester Absichten nicht gelang, ihr Verhalten dauerhaft mit ihren Zielen in Einklang zu bringen. Es war diese dritte Kategorie, auf die sich Barbara und Sendhil nun konzentrieren wollten. Wie konnten sie jenen Menschen helfen, die sich und ihr Verhalten verändern wollten, es aber einfach nicht schafften?

Inspiriert von unseren Erfahrungen in Dalhousie entwarf Barbara eine Achtsamkeitsübung, bei der es darum ging, ganz bewusst die eigenen Gedanken, Gefühle und Handlungen zu beobachten und sich hierzu Notizen zu machen. Beim Durchlesen der Ergebnisse wurde ihr klar, dass sich viele ihrer Patienten, darunter auch die scheinbar fröhlichen und optimistischen, oft in einem angespannten inneren Zustand befanden. In diesem Zustand hatten sie tendenziell negative oder hinderliche Gedanken über sich selbst, andere Menschen oder die Situation, in der sie sich befanden. Dies wiederum löste störende Emotionen aus, denen oft destruktives Verhalten, wie emotionales Essen oder Medienkonsum, folgte, was zu noch größerer Frustration führte.

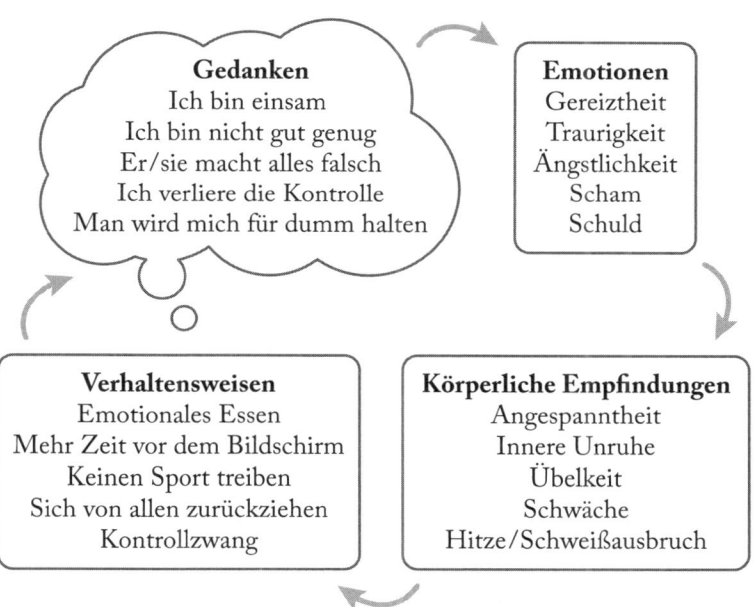

Gedanken
Ich bin einsam
Ich bin nicht gut genug
Er/sie macht alles falsch
Ich verliere die Kontrolle
Man wird mich für dumm halten

Emotionen
Gereiztheit
Traurigkeit
Ängstlichkeit
Scham
Schuld

Verhaltensweisen
Emotionales Essen
Mehr Zeit vor dem Bildschirm
Keinen Sport treiben
Sich von allen zurückziehen
Kontrollzwang

Körperliche Empfindungen
Angespanntheit
Innere Unruhe
Übelkeit
Schwäche
Hitze/Schweißausbruch

Der innere Dialog, den viele Menschen mit sich selbst führten, war oft auf beinahe tragische Weise selbstsabotierend, und lange war keine Lösung in Sicht, wie Barbara und Sendhil ihre Patienten besser unterstützen könnten. Doch nach und nach traten Erkenntnisse aus dem Bereich der neurowissenschaftlichen Psychologie zutage, die mehr Aufschluss darüber gaben, warum Menschen denken, wie sie denken, fühlen, wie sie fühlen und handeln, wie sie handeln, und wie sie dies beeinflussen können.

Um diese wichtigen Informationen auf allgemein verständliche Art und Weise zu vermitteln, habe ich, einem kreativen Einfall folgend, für den nun folgenden Teil meines Briefes die Dialogform gewählt. Ich habe dazu meine Nachbarin Isabel befragt, die in Malibu am Institut für Neurowissenschaften in der Gehirnforschung arbeitet, und unser Gespräch aufgezeichnet. Lassen Sie uns also gemeinsam versuchen, das Geheimnis zu lüften, wie es jedem von uns gelingen kann, echte Veränderungen herbeizuführen, wenn wir uns das wirklich wünschen.

Die Anatomie unserer Gedanken und Emotionen

»Isabel, was sind Gedanken und Emotionen aus neurowissenschaftlicher Sicht? Kannst du uns das bitte in einfachen Worten erklären?«

Isabel lachte. »Das ist eine komplexe Frage, Leonardo! Aber mal sehen, wie weit wir kommen.«

Sie richtete sich auf, als wollte sie sich innerlich ordnen, bevor sie zu erklären begann.

»Unser Gehirn besteht aus Milliarden von Nervenzellen. Wir nennen sie Neuronen. Damit Menschen denken, fühlen oder handeln können, müssen diese miteinander kommunizieren.«

Isabel hielt inne, während ich in mein Notizbuch schrieb.

»Kommunikation bedeutet in diesem Zusammenhang, dass eine Nervenzelle einen chemischen Stoff – einen sogenannten Neurotransmitter – freisetzt, den die nächste Nervenzelle dann aufnimmt, und so weiter und so weiter. Wenn dieselben Nervenzellen häufig miteinander kommunizieren – zum Beispiel, wenn wir immer wieder denselben Gedanken denken –, stärken sich die synaptischen Verbindungen zwischen diesen Zellen und bilden eine gut ausgebaute Nervenbahn.«

Isabel gab mir Zeit, meine Notizen zu beenden.

»Stell dir unser Gehirn als ein dynamisches, vernetztes Stromnetz vor, in dem Milliarden von Nervenbahnen jedes Mal aufleuchten, wenn wir etwas denken, fühlen oder tun. Einige dieser Nervenbahnen sind besonders stabil. Das sind unsere Gewohnheiten – unsere etablierten Denk-, Gefühls- und Handlungsweisen. Diese Nervenbahnen sind wie ›Autobahnen‹ in unserem Gehirn, die immer und immer wieder benutzt werden, auch wenn es vielleicht gerade nicht hilfreich oder sinnvoll ist.«

»Kannst du das an einem Beispiel erläutern?«, fragte ich.

»Nun, wenn jemand von sich glaubt, nicht gut genug zu sein, nicht liebenswert genug, nicht kompetent oder intelligent genug, haben sich diese Glaubenssätze im Gehirn regelrecht eingegraben. Wir haben dann diese innere Stimme im Kopf, die uns mit stets ähnlichen negativen Gedanken und Überzeugungen von morgens bis abends das Leben schwer macht. Die meisten von uns sind sich dessen aber nicht wirklich bewusst.«

»Gibt es auch eine positive Variante davon?«, wollte ich wissen.

»Ja, umgekehrt funktioniert es auch. Wenn wir als Kind oder junger Erwachsener ein hohes Maß an Selbstvertrauen und Selbstliebe aufgebaut haben, wird dieses uns höchstwahrscheinlich unabhängig von unseren Lebensumständen auf Dauer erhalten bleiben, da die entsprechenden Nervenbahnen sich manifestieren konnten.«

»Wie interessant, Isabel! Und wie hängen unsere Gedanken und Emotionen miteinander zusammen?«

Isabel verschränkte die Finger ineinander. »Gedanken und Emotionen sind untrennbar miteinander verbunden! Jedes Mal, wenn wir einen Gedanken haben, produziert unser Gehirn nicht nur die bereits erwähnten Neurotransmitter, die sich entlang der Nervenbahnen von einer Zelle zur anderen bewegen, sondern auch weitere Botenstoffe, welche in unserem Körper die Emotion auslöst, die dem Gedanken entspricht, den wir gedacht haben.«

»Was sind das für Botenstoffe?«

»Die bekanntesten sind Dopamin – das ist das Molekül für Antrieb und Motivation; Oxytocin – das Molekül für Bindung und Vertrauen; Serotonin – das Molekül für Glück, Zufriedenheit und Anerkennung; und Endorphin – das Molekül für Resilienz und Schmerztoleranz. Das ist quasi unsere hauseigene Apotheke, mit der wir unsere Stimmung aufhellen können.«

»Und wie geht das?«

»Das ist meistens gar nicht so schwer, wie man meinen könnte, Leonardo. Dopamin setzen wir frei, wenn wir eine Aufgabe erfüllen oder ein Ziel anstreben, weshalb ich den meisten Menschen dazu raten würde, den Tag immer produktiv zu beginnen, selbst jenen, die gerade ohne feste Arbeit sind. Es kann schon damit anfangen, das eigene Bett zu machen. Kleine Erfolge reihen sich an die nächsten Erfolge … Wichtig ist, dass man sie auch als Erfolg wahrnimmt. Dabei entsteht Energie, die uns durch den ganzen Tag trägt.«

»Es stimmt also, wenn man sagt, die längste Reise beginnt mit dem ersten Schritt«, warf ich ein.

Isabel nickte.

»Schauen wir uns an, welche Rolle die einzelnen Neurotransmitter dabei spielen. Da wäre zunächst das Oxytocin. Es wird freigesetzt, wenn wir uns anderen Menschen nahefühlen. Das können wir natürlich auch selbst beeinflussen. Es entsteht aber auch, wenn wir eine Massage bekommen oder ein heißes Bad nehmen. Oxytocin lässt uns zur Ruhe kommen und trägt zur Entspannung bei. Das ist auch im Arbeitsalltag wichtig. Wenn Menschen kreativ und innovativ arbeiten wollen, brauchen sie hierfür eine geschützte Umgebung.«

Isabel schaute mich prüfend an. »Bin ich dir zu schnell?«

»Nein, das kann ich gut nachvollziehen«, versicherte ich ihr.

»Genauso wichtig ist Serotonin«, fuhr sie fort. »Es entsteht beispielsweise, wenn wir uns darauf konzentrieren, dankbar zu sein für das, was wir haben, und uns nicht darauf fokussieren, was wir nicht haben. Mit Dankbarkeit starten und beenden wir idealerweise den Tag. Denn während uns Dopamin vorantreibt, mehr zu tun und zu erreichen, bringen uns Oxytocin und Serotonin dazu, uns fallen zu lassen und zufrieden damit zu sein, wie es ist. Das ist gerade am Abend wichtig, für unsere Erholung und eine tiefere Entspannung im Schlaf.«

Nach einer Pause fuhr Isabel fort.

»Und dann ist da noch das Endorphin. Dessen Ausschüttung ist allerdings nicht so einfach anzusteuern. Denn Endorphine bilden sich erst, wenn wir Ziele mit Ausdauer über einen längeren Zeitraum verfolgen und bereit sind, währenddessen auch unangenehme Gefühle zu akzeptieren und auszuhalten. Daher ist es so wichtig, Kinder nicht vor allem im Leben zu schützen, was schwierig oder unangenehm für sie sein könnte.«

Das Leben in der Schleife

»Das klingt alles wunderbar, Isabel, aber warum fällt es Menschen oft so schwer, sich zu ändern, selbst wenn sie es wirklich wollen?«

»Zum einen ist es so, dass unser Gehirn nicht dafür konzipiert ist, uns dauerhaft glücklich zu machen. Die meisten Menschen leben in einem inneren Seinszustand des leichten oder mittleren Leidens. Aus evolutionärer Sicht ist dies sinnvoll. Die Hauptaufgabe unseres Gehirns besteht darin, Probleme so früh wie möglich zu erkennen, um sie aus dem Weg zu räumen und so unser Überleben zu sichern.«

»Und können wir daran etwas ändern?«

»Absolut! Aber dazu braucht es Ausdauer und Willenskraft. Du musst dir das so vorstellen, Leonardo: Wir leben in einer Art Dauerschleife der ewig gleichen Gedanken, Gefühle und Gewohnheiten.«

»Der Mensch ist also aus neurowissenschaftlicher Sicht ein Gewohnheitstier.«

Isabel lachte. »Ja, so könnte man es sagen. Wenn das Gehirn merkt, dass der Körper etwas fühlt, generiert es einen Gedanken, der zu diesen Emotionen passt. Und umgekehrt: Das Denken erzeugt Emotionen, und Emotionen bestimmen unsere Gedanken. Das ist eine Schleife, die sich über Jahre festigt. Irgendwann hat sich dieser Zyklus so stark etabliert, dass ein gewohnheitsmäßiger Seinszustand entsteht, in dem wir zu den immer gleichen Gedanken, Gefühlen und Verhaltensweisen neigen und somit die Erfahrung schaffen, die wir unser Leben nennen. Und das alles wird vor allem aus unserem Unterbewusstsein heraus gesteuert.«

»Ich weiß nicht, ob ich dir folgen kann ...« Ich hob entschuldigend die Hände.

»Vielleicht ist es zur Vereinfachung hilfreich, dir vorzustellen, dass wir zwei Bewusstseinsebenen haben. Es ist wie bei einem Eisberg. Die Spitze, die oberhalb der Wasserlinie – also im sichtbaren Bereich – liegt, repräsentiert das Bewusstsein, wo die mentalen Prozesse stattfinden, über die wir auf rationale Weise nachdenken und sprechen können. Unter Wasser – also im unsichtbaren Bereich – befindet sich jedoch der viel größere Teil des Eisbergs. Er steht für das Unterbewusstsein, das die überwiegende Mehrheit unserer Gedanken, Gefühle und Verhaltensweisen steuert, die sich ständig wiederholen. Bis zu neunzig

Prozent der Gedanken, die wir jeden Tag denken, ähneln den Gedanken, die wir gestern dachten und morgen und an jedem weiteren Tag in der Zukunft denken werden. Gleiches gilt für unsere Gefühle. Untersuchungen zeigen, dass erstaunliche sechzig Prozent unserer täglichen Handlungen reine Routine und nicht das Ergebnis bewusster Entscheidungsfindung sind.«

»Ist das nicht ein Fehler in der Konzeption unseres Gehirns?«

»Nicht wirklich. Selbst die intelligentesten Menschen können in ihrem Bewusstsein nur eine sehr begrenzte Menge an Informationen parallel verarbeiten, weshalb das Gehirn ständig bemüht ist, alles, was sich wiederholt, im ältesten Teil des Gehirns zu speichern, um die jüngeren Regionen für höhere Funktionen freizuhalten. Die meiste Zeit des Tages operieren wir im Autopilotmodus, was es uns ermöglicht, uns ständig weiterzuentwickeln.«

»Wie meinst du das?«

»Kannst du dich noch daran erinnern, wie du Autofahren gelernt hast? Wie angespannt du das Lenkrad festgehalten und jede Aktion sorgfältig ausgeführt hast? Später springen wir auf den Fahrersitz und düsen los, ohne darüber nachzudenken. Diese Leichtigkeit gewinnen wir, weil unser Gehirn für die Erledigung dieser Aufgabe eine Vielzahl neuronaler Bahnen angelegt hat, die im Hintergrund agieren. Sobald dies geschehen ist, haben wir wieder Kapazitäten frei, um neue, komplexe Fertigkeiten dazuzulernen.«

Neue Gewohnheiten schaffen

»Ich verstehe. Aber bedeutet das, dass wir dazu verdammt sind, für den Rest unseres Lebens mit denselben, einmal angelegten Nervenbahnen zu leben?«

»Ja und nein. Heutzutage wissen wir, dass sich das Gehirn im Laufe unseres Lebens ständig verändert. Dies nennt man Neuroplastizität. Wenn bestimmte Gedanken, Emotionen oder Verhaltensweisen oft genug wiederholt werden, entstehen neue Nervenbahnen, die in unserem Gehirn mehr Platz erhalten. Und die Nervenbahnen, die wir seltener nutzen, treten allmählich in den Hintergrund. Ganz verschwinden sie jedoch nicht. Was beispielsweise erklärt, warum ein ehemaliger Alkoholiker den Alkohol ein Leben lang meiden sollte. Einmal geformte Gewohnheiten können auf magische Art und Weise von einem Tag zum anderen wieder unser Handeln dominieren, obwohl wir glaubten, sie hinter uns gelassen zu haben.«

»In der Tat sehr interessant. Doch wie können Menschen dieses Wissen für sich in der Praxis nutzen?«

Isabel nahm einen Schluck Wasser und griff nach ihrem Stift. »Mithilfe der Habit Loop.«

Mit schnellen Strichen brachte sie folgende Skizze zu Papier:

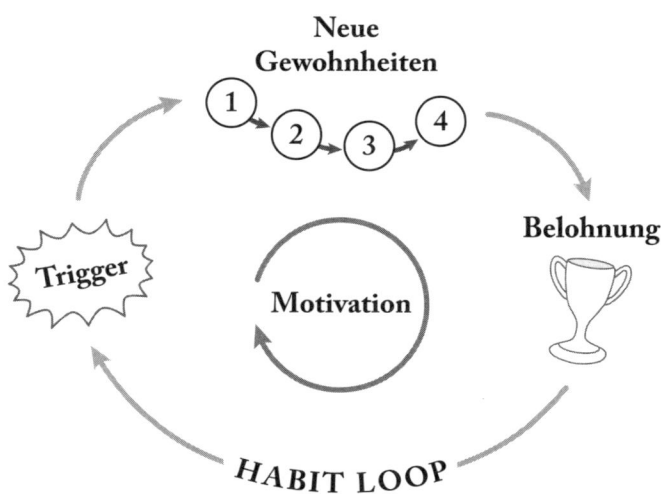

»Gewohnheiten beginnen in der Regel mit einem Trigger, der das Gehirn in einen unbewussten Verarbeitungsmodus versetzt«, erklärte sie. »Dieser bestimmt automatisch, welche Gewohnheit zum Zuge kommen soll. Der Auslöser für eine Gewohnheit kann alles Mögliche sein. Gefühle wie Freude, Traurigkeit oder Ärger können bestimmte Verhaltensweisen auf den Plan rufen. Aber es kann auch ein Ort sein, eine bestimmte Zeit oder bestimmte Menschen, die uns triggern und veranlassen, uns auf eine bestimmte Art und Weise zu verhalten.«

»Und wir merken noch nicht einmal, dass wir derart gesteuert werden? Mal im Ernst: Wenn so viele unbewusste Mechanismen im Spiel sind, haben wir da überhaupt eine Chance, neue Gewohnheiten zu etablieren?«

»Doch, das haben wir durchaus! Das Wichtigste ist eine gute Vorbereitung. Nehmen wir an, wir möchten unsere Ernährung umstellen. Ob dieses neue Verhaltensmuster tatsächlich Fuß fassen kann, hängt vor allem von zwei Faktoren ab:

Der erste Faktor ist unsere Motivation. Um das Etablieren einer neuen Gewohnheit wahrscheinlicher zu machen, ist es wichtig, uns immer wieder bildlich, ja sinnlich vorzustellen, was genau wir uns davon erhoffen.

Der zweite Faktor ist die Leichtigkeit: Wenn es zu schwierig ist, eine neue Verhaltensweise zu praktizieren, stehen die Chancen auf Erfolg schlecht. Die Dinge müssen einfach und unkompliziert sein, damit die Änderung funktioniert. Wenn ich mir die Zutaten für ein gesundes Frühstück schon am Abend bereitstelle oder die Sporttasche schon mit ins Büro nehme, kann dies zum Trigger dafür werden, dass ich mich an meine neue Vereinbarung mit mir selbst halte.«

»Und was ist mit der Belohnung?«, fragte ich.

»Die Belohnung ist der Grund, warum das Gehirn entscheidet, dass es etwas bringt, die neue Verhaltensweise in eine Routine zu verwandeln. Als Preis für die Mühe können beispielsweise das gesteigerte Selbstwertgefühl und die heiße Dusche nach dem Training winken, oder der Stolz, etwas geschafft zu haben. Wenn ich meine Ernährungsgewohnheiten umstellen möchte, ist es wichtig, dass das neue Essen auch lecker ist. Zudem sollte man sich immer wieder auch die mittel- und langfristigen Vorteile der neuen Gewohnheit sinnlich vorstellen.«

Ich nickte, auch wenn ich auf eine einfachere Lösung gehofft hatte. Isabel lächelte.

»Ich sage nicht, dass sich Veränderungen allein dadurch mühelos umsetzen lassen, dass man über die ›Habit Loop‹ Bescheid weiß. Aber sobald die notwendigen Synapsen im Gehirn geschaffen sind, um diese neuen Gedanken, Emotionen und Verhaltensweisen auszuführen, wird es von Tag zu Tag einfacher.«

Ein guter Schlusssatz, wie wir beide fanden, und ich hoffe, dass Isabels Ausführungen für unsere künftigen Leser nützlich sein werden.

* * *

Für Barbara und Sendhil veränderten Einsichten wie diese vieles. Je mehr die beiden über die Funktionsweise des Gehirns lernten, desto besser konnten sie ihre Patienten verstehen. Eines Tages, während einer Pause bei unserem üblichen Zirkeltraining im Fitnessstudio, hatte meine Frau eine Idee, die sich als äußerst hilfreich erweisen sollte: »Wie wäre es mit einem Fitnesstraining fürs Gehirn?« Sie legte ihr Handtuch auf eine der Bänke, und wir setzten uns.

»Jetzt wo wir die Prinzipien der ›Habit Loop‹ kennen, könnten wir dieses Wissen doch gezielter nutzen. Was denkst du, Leonardo?«

Ich überlegte kurz und nickte. Ich hatte auch schon ähnliche Gedanken gehabt. Und in der Folge wurden im Peak Health Center monatliche Workshops angeboten, welche die Patienten dabei unterstützten, mithilfe der »Habit Loop« die von ihnen gewünschten Lifestyleänderungen vorzubereiten und durchzuführen. Da mich das Thema ebenso faszinierte wie Barbara, half ich regelmäßig bei deren Durchführung. Mir machte diese Arbeit großen Spaß, und der Erfolg stellte alle unsere Erwartungen in den Schatten. Die Quote derer, die es schafften, ihren Lebensstil zu ändern und mit einer neuen Art von Leben zu beginnen, stieg dramatisch an.

* * *

Aber das war nur der Anfang. Ganz im Sinne der »Big Five of Life« erkannten wir, wie wichtig es war, unsere Psyche als eigenständiges Großkonto bei der Bank des Lebens zu betrachten und Eltern und Lehrer zu ermutigen, Kinder beim Aufbau synaptischer Verbindungen im Gehirn zu begleiten, die für und nicht gegen sie arbeiten. Von den Naturwissenschaften bis hin zu den Sprachwissenschaften, viele Inhalte, die in der Schule gelehrt werden, geraten in Vergessenheit, kaum dass die entsprechende Prüfung bestanden ist. Die psychologische Prägung, die aus diesen Jahren resultiert, bleibt jedoch ein Leben lang erhalten. Und obwohl wir wissen, dass eine innere Landschaft aus Selbstzweifeln, Minderwertigkeitskomplexen und Ängsten auch später noch positiv beeinflusst werden kann, wissen wir auch, wie viel Zeit, Mühe und Selbstdisziplin dies erfordert und dass wir selbst dann in alte Muster zurückfallen können, wenn es uns gelingt.

Wenn Kinder schon in jungen Jahren ein starkes Selbstbewusstsein entwickeln, wenn sie lernen, einen positiven inneren Dialog zu führen und achtsam mit sich und anderen umzugehen, werden sie davon ihr Leben lang profitieren. Warum sich also nicht auf das Wesentliche konzentrieren, solange das Gehirn noch so formbar ist?

Für Barbara und mich wurden die morgendlichen Achtsamkeitsübungen zu unserer Art, Einzahlungen auf dieses Konto bei der Bank des Lebens vorzunehmen. Wenn ich eine einzige Gewohnheit empfehlen sollte, die es sich im Leben anzueignen lohnt, um die eigene Lebensqualität zu verbessern, dann ist es, eine Möglichkeit zu finden, sich in der Tiefe zu entspannen und einen Platz in der Seele zu finden, von dem aus man die eigenen Gedanken und Emotionen beobachten kann, ohne sich völlig mit ihnen zu identifizieren. So simpel sich das anhört, so wirkungsvoll ist es.

Und deshalb nun, wenn Sie erlauben, zu Ihnen, liebe Sophia:

Wie pflegen Sie Ihre Psyche, um dem Leben tagtäglich aufs Neue zu begegnen?

Nutzen Sie Ihre Zeit und Aufmerksamkeit, um regelmäßig kleine Einzahlungen auf dieses Konto zu leisten?

Oder nehmen Sie wiederholt Abhebungen vor, die Ihren Seelenfrieden stören?

Denken Sie darüber nach. Es gibt unzählige Möglichkeiten, wie wir unseren Geist und unsere Seele nähren können, um positive Gedanken, Emotionen und Handlungen zu ernten, die letzten Endes darüber bestimmen, wie wir unser Leben insgesamt erleben und wahrnehmen. Aber die Wahrheit ist, dass die meisten von uns diesbezüglich wenig oder gar keine Zeit investieren, was im Grunde eine Tragödie ist. Jede Sekunde unseres Lebens wird von der »Software« beeinflusst, die zwischen unseren Ohren im Betrieb ist. Wenn das Betriebssystem unserer Smartphones alle paar Wochen aktualisiert wird, sollten wir dann nicht auch für uns selbst an besseren Programmen arbeiten?

Angesichts meines hohen Alters wage ich die These aufzustellen, dass es sich unabhängig von Alter oder Lebensumständen lohnt, über diese Frage nachzudenken.

Mit herzlichen Grüßen,
Ihr Leonardo

— 14 —
Sophia:
Mauern im Kopf

»Das größte Hindernis bist du selbst.«

— Brianna West

Sophia blickte über die Weinbergterrassen hinauf zu dem gelben Schloss, dass in der Sonne regelrecht zu leuchten schien. Die Ansicht erinnerte sie an Versailles, das pompöse Château des Sonnenkönigs in der Nähe von Paris. Sanssouci am Stadtrand von Potsdam war eine verspieltere Version seines französischen Vorbilds und spiegelte den Wunsch des preußischen Königs Friedrich wider, ohne Sorgen zu leben: *sans souci,* wie der Name besagte. Eine Weile stand sie vor dem riesigen Fontainenrondell und schaute zu, wie das Wasser munter in die Höhe sprudelte. Ein Anblick, den Friedrich der Große, der das Schloss und die umliegenden Parkanlagen einst erbauen und anlegen ließ, nie selbst hatte genießen können, da die Ingenieure vor dreihundert Jahren noch nicht hinreichend mit der Hydraulik vertraut gewesen waren.

Am frühen Morgen hatte es leicht geregnet, und Sophia setzte sich auf die noch etwas feuchten Stufen der Treppe, die zum Schloss hinaufführte, um sich Leonardos neuesten Brief noch einmal in Ruhe anzuschauen. So viele Seiten. So viel Leben. So viel Inspiration. Es stimmte, die meisten psychologischen und neuropsychologischen Inhalte waren nicht gänzlich neu für sie. Allerdings hatte Leonardo eine Art, Geschichten zu erzählen, die auch sie dazu inspirierte, noch einmal sorgfältig die »Software zwischen Ihren Ohren« zu überprüfen. Sie fand den Ausdruck passend. Und in der Tat, als sie in den letzten Wochen ihre eigenen Gedanken genauer beobachtet hatte, war ihr aufgefallen, was für ein Sklaventreiber diese Stimme in ihrem Kopf wirklich war. Obwohl sie es besser wusste, setzte sie sich ständig unter Druck. Sie beantwortete E-Mails, führte Telefonate, konzipierte Workshops und hüpfte von einer Videokonferenz zur nächsten. Sie hatte es eilig, aber nicht immer aus guten Gründen, außer der Stimme in ihrem Kopf, die ihr sagte, sie solle sich beeilen, schneller sein und mehr tun.

Als Sophia ein paar Regentropfen im Gesicht spürte, stand sie auf. Sie schaute skeptisch gen Himmel. Es war Zeit, wieder auf ihr Fahrrad zu steigen. Sie wollte schließlich noch einen anderen Ort besuchen: Klein Glienicke, ein kleines Dorf, das sie faszinierte, seit sie zum ersten Mal von seiner Geschichte gehört hatte. Im Zuge der Teilung Deutschlands war dieser winzige Ort zu einer eingeschlossenen Insel Ostdeutschlands innerhalb Westberlins geworden, was ihm damals den Spitznamen »Blinddarm der DDR« eingebracht hatte. Fast vollständig von der Mauer umgeben, führte die einzige Zufahrt über eine schmale, gerade einmal fünfzehn Meter breite Straße in das Dorf hinein. Die Mauer kletterte buchstäblich an einer Seite des kleinen Orts in die Höhe und schlängelte sich dann so eng um Klein Glienicke herum, dass sie den einen oder anderen einstigen Nachbarn voneinander trennte, um auf der anderen Seite unmittelbar am Straßenrand entlang wieder aus dem Dorf hinauszuführen. Draußen lag das verbotene Gebiet Westdeutschlands, innen das Hoheitsgebiet Ostdeutschlands.

Etwa dreißig Minuten später kam Sophia an der kleinen Brücke an, die nach Klein Glienicke führte. Sie stieg vom Fahrrad ab und lehnte es an einen Holzzaun. Durch die wenigen Straßen des Dorfes schlendernd, fiel es ihr nicht schwer, sich vorzustellen, wie bedrückend es für die Bewohner gewesen sein musste, im Schatten der riesigen Betonmauer zu leben, ständig überwacht von den Grenzschutzbeamten, die das Recht hatten, zu jeder Tages- und Nachtzeit zu klingeln, um die Keller zu überprüfen und sicherzustellen, dass alle Leitern auch sicher weggeschlossen waren.

Nach der Wende berichteten viele Dorfbewohner, dass sie sich wie Gefangene gefühlt hatten. Bei nicht wenigen von ihnen wurde die sogenannte »Mauerkrankheit« diagnostiziert, eine psychi-

sche Erkrankung, die auf die deprimierende Situation des Einge-
mauertseins zurückzuführen war. Kein Wunder, dachte Sophia.
Sie konnte nicht begreifen, wie man hier hatte leben können. Und
was sie fast noch mehr beschäftigte, war die Tatsache, dass nach
dem Fall der Mauer viele Menschen weiterhin an derselben
Krankheit litten. Während die Mauer draußen entfernt worden
war, blieben die Mauern in den Köpfen der Leute bestehen. Die
Mauerkrankheit erwies sich als noch robuster als die Mauer selbst.
Sophia blieb stehen und starrte mit zusammengekniffenen Augen
die schmale Straße entlang, die einst die einzige war, die aus Klein
Glienicke herausgeführt hatte, als sich ihr plötzlich eine Frage
aufdrängte:

*Haben wir nicht alle Mauern im Kopf, die dort in der Vergangenheit
errichtet wurden und uns jetzt grundlos einengen?*

Es gab zahlreiche Möglichkeiten, das eigene Leben zu leben und
zu verbessern. Die Chancen waren nicht gleichmäßig oder gar
gerecht verteilt. Dennoch hatte jeder Mensch die Macht, das ihm
zugeteilte Kartenblatt unter den gegebenen Bedingungen so gut
wie möglich auszuspielen und zu sehen, wie weit er kommen
konnte. Aber viele taten das leider nicht, weil sie von negativen
Glaubenssätzen, eingefahrenen Denkmustern und vielerlei Ängsten und anderen Emotionen zurückgehalten wurden. Natürlich
gab es diese Emotionen aus einem bestimmten Grund. Traurigkeit, Angst, Wut, Scham, Zweifel, Furcht – sie alle waren dazu da,
dem Menschen etwas beizubringen. Und dennoch, irgendwann
war es an der Zeit, diese inneren Mauern einzureißen und sich aus
einengenden Fesseln zu befreien. Wie aber konnte man einem
Geiselnehmer entkommen, der so mächtig war wie die negative,
ängstliche und nörgelnde Stimme im eigenen Kopf?

Als Sophia sich Tage zuvor nach einem inspirierenden Ort umgeschaut hatte, um noch einmal über Leonardos Brief nachzudenken, hatte sie von den mutigen Menschen gelesen, die versucht hatten, aus Klein Glienicke auszubrechen. Wie die Familie mit kleinen Kindern, die durch einen langen, selbst gegrabenen Tunnel entkam, der vom Keller ihres Hauses zum Gelände eines anderen, auf westdeutschem Gebiet stehenden Gebäudes führte. Bei ähnlichen Versuchen waren vor und nach ihnen Menschen getötet oder verhaftet worden. Der Ausbruch aus einem gewohnten inneren emotionalen und mentalen Zustand konnte ebenfalls schwierig sein, aber zumindest war damit meist kein Risiko für Leib und Leben verbunden. Wer es versuchte, könnte scheitern, könnte es aber immer wieder versuchen. Oft gab es wenig zu verlieren, aber viel zu gewinnen.

Dennoch gingen viele nicht so damit um. Sie saßen in Sophias Coachingsitzungen und sagten ihr, dass erst dieses oder jenes passieren müsse, damit es ihnen wieder gut gehen könne. Es gab unzählige Bedingungen, die erfüllt werden müssten, damit sie zufrieden sein könnten. Nun, der weise Mensch würde eines Tages aufstehen und sagen: »Ich habe ein Problem, und das Problem ist nicht die Außenwelt. Das Problem ist, dass mein Verstand mich nicht in Ruhe lässt.« Mark Twain hatte es einmal sehr passend beschrieben: »In meinem Leben habe ich unvorstellbar viele Katastrophen erlitten. Die meisten davon sind nie eingetreten.«

Sophia schmunzelte darüber, wie lächerlich das Ganze eigentlich war. Wenn der linke Arm sich plötzlich unkontrolliert auf und ab bewegte, würde man sofort einen Arzt aufsuchen. Aber wenn der Geist dasselbe tat, waren wir normalerweise entweder so beschäftigt, dass wir es nicht einmal bemerkten, oder wir akzeptierten es einfach. Es war, als ob man einen schlecht gelaunten Affen in seinem Kopf beherbergte, der immerzu hin- und hersprang. Es war ein ständiges Geplapper, Nachdenken, Planen, endloses Wiederholen der gleichen Gedanken und unaufhörliches Sichsorgen über alles, was schiefgehen konnte, bereits schiefgelaufen war oder in Zukunft schiefgehen würde. Geriet dieser innere Dialog allzu sehr außer Kontrolle, konnte es vorkommen, dass ein Mensch zum Therapeuten ging oder einen Yogakurs besuchte, um mehr inneren Frieden zu finden. Die meisten aber akzeptierten, dass ihre Gedanken ruhelos von einem Ort zum anderen wanderten und ihnen das Leben erschwerten. Wer könnte es ihnen verdenken?

Sophia zögerte einen Moment, dann wandte sie sich nach rechts und ging weiter die Straße entlang, die einst die Außengrenze von Klein Glienicke gebildet hatte. Auch sie wusste aus Erfahrung, wie schwer es war, die eigenen Gedanken durch schiere Willenskraft zu ändern. Es konnte sich anfühlen, als würde man versuchen, Nebel mit den bloßen Händen einzufangen, weshalb auch sie ihren Kunden empfahl, sich mithilfe der »Habit Loop« aus dieser Dauerschleife zu befreien. Sophia glaubte nicht an positives Denken *per se*. Es gab eine Zeit und einen Ort dafür. Aber der Verstand arbeitete ständig. Unweigerlich tauchten alle möglichen Gedanken auf, auch negative, und der Versuch, sie zu unterdrücken, machte die Sache oft noch schlimmer. Was sie ihren Klienten jedoch empfahl, war, zum Beobachter der eigenen Gedanken und Gefühle zu werden und dann mit den kleinen irritierenden Dingen zu arbeiten, die sich ihnen jeden Tag in den Weg stellten, und diese als Trigger für eine andere Art der Verarbeitung zu nutzen.

Und diese Technik wandte sie nun zunehmend auch wieder auf sich selbst an. Wann immer sie bemerkte, dass in ihr negative Gedanken auftauchten, versuchte sie ganz bewusst, sich in die damit einhergehenden Emotionen hineinzufühlen und ihnen Raum zu geben, statt ihre ganze Aufmerksamkeit den oft redundanten Gedanken zu widmen. Gleichzeitig atmete sie tief in den Bauch ein und sehr langsam wieder aus, um so die aufkommende Anspannung zu lösen. Das wiederholte sie so lange, wie es notwendig war. Sophia lächelte. Das Großartige war, dass es wirklich funktionierte! Sobald diese ängstlichen oder störenden Gefühle die nötige körperliche Aufmerksamkeit bekamen, verlor die negative Stimme in ihrem Kopf ihre Macht, und die überflüssigen, redundanten Gedanken ebbten langsam, aber sicher ab. Auch konnte sie spüren, dass dieser Ansatz ebenso wirkungsvoll war, wenn es darum ging, ihren tieferen Kummer zu verarbeiten. Es brauchte Zeit, um zu heilen, aber Zeit war nicht genug. Was den Unterschied ausmachte und eine wirkliche Verarbeitung in Gang setzte, waren das körperliche Hineinspüren in die Emotionen und die damit einhergehenden körperlichen Empfindungen.

Einfach war das Ganze allerdings nicht. Am Anfang hatte sie Schwierigkeiten, auch nur herauszufinden, was sie dachte und fühlte und wie sich das auf sie auswirkte. Aber in den letzten Wochen hatte sie begonnen, die selbstsabotierenden Gedanken zu identifizieren, sobald Anspannung in ihr aufkam. Zum Beispiel, wenn sie sich wegen einer E-Mail irritiert oder angegriffen fühlte, wenn sie einsam war oder etwas nicht so lief, wie sie wollte. Kleine Dinge, wirklich. Aber als ihr bewusst wurde, was in diesen Momenten in ihrem Inneren vorging, gelang es ihr immer mehr, etwas Abstand zu ihren eigenen Gedanken zu gewinnen. Es war schwer, sich dabei zu ertappen, weil es so häufig im Laufe eines Tages vorkam. Aber es war dieses neue Bewusstsein darüber, wie lächerlich ihre Reaktionen oft waren, das ihr half, es mit Humor zu nehmen. Sie musste zugeben, dass die meisten Alltagsprobleme nicht so wichtig waren, wie ihr Verstand ihr einreden wollte. Zugegebenermaßen erforderte der Aufbau dieses Achtsamkeitsmuskels einiges an Übung. Wirkliche Neuroplastizität setzte erst nach etwa zwei oder drei Monaten ein, und selbst dann waren die neu entstehenden Muster in der ersten Zeit noch fragil. Aber es lohnte sich!

Sophia hob ihren Blick. Sie hatte das kleine Dorf inzwischen umrundet und stand nun wieder vor der Brücke, die einst der stark bewachte Grenzkontrollpunkt des Ortes gewesen war. Manchmal gab es Mauern in den Seelen von Menschen, die aus komplizierten, dunklen Gründen errichtet worden waren, welche die Aufmerksamkeit von Experten auf diesen Gebieten erforderte. Für die meisten ihrer Klienten war es jedoch sicher genug, die erforderliche innere Arbeit selbst zu leisten und sich aus eigener Kraft zu befreien. Wer würde sich schon dafür entscheiden, eine unüberwindliche Mauer um den Ort, in dem man lebte, zu ziehen, wenn man nicht dazu gezwungen wurde. Warum also zulassen, dass die innere Stimme buchstäblich zum schlecht gelaunten Gefängniswärter im eigenen Leben wurde?

Sophia schloss das Kabelschloss an ihrem Fahrrad auf. Sie musste unwillkürlich lächeln, denn es fühlte sich wie ein kleiner symbolischer Akt der Befreiung an. Sie war dankbar dafür, dass sie sich entschieden hatte, sich auf Leonardo einzulassen. So merkwürdig es klang, sie vertraute ihm mit jedem Brief mehr. Umso schwieriger fand sie es, dass sie mit ihm persönlich nicht sprechen konnte. Wie und wann das geschehen würde, lag wohl in seinen Händen.

Sophia trat kräftig in die Pedale und genoss den Geruch des feuchten Waldbodens. Es ging ihr gut wie lange nicht mehr. Spontan fiel ihr eins ihrer Lieblingszitate ein: »Ob du glaubst, dass du etwas kannst oder nicht kannst – du hast immer recht.« Leonardo schien Zitate genauso zu mögen wie sie. Noch etwas, was sie mit ihm gemeinsam hatte. Als der Fahrradweg sie wieder zum Seeufer führte, blieb sie stehen, um die Aussicht zu genießen. Ein in allen Farben schillernder Regenbogen spannte sich über den Horizont, und irgendwo dahinter lag vermutlich das gelbe Schloss.

»Und der Alte Fritz?«, fragte sich Sophia plötzlich. Hatte der Philosoph von Sanssouci mit dem Anblick der nicht funktionierenden Fontainen seinen Frieden schließen können?

Sophia seufzte und schüttelte amüsiert den Kopf.

Wenn das Gehirn des großen Preußenkönigs ähnlich gearbeitet hatte wie Billionen und Abermillionen menschlichen Gehirne vor und nach ihm, störte ihn dieses winzige Detail höchstwahrscheinlich mehr, als es ihm gutgetan hatte.

— 15 —

Leonardo:
Unsere Arbeit

*»Was der Mensch wirklich will, ist nicht das Glücklichsein,
sondern einen Grund zum Glücklichsein.«*

– Viktor Frankl

Liebe Sophia,

an unserem schönen Holztisch sitzend, mit Blick auf die Weiten des Pazifiks, stelle ich mir die Frage, ob ich überhaupt noch auf dieser Welt wäre, wenn es mir nicht so sehr am Herzen läge, diese Briefe an Sie zu schreiben. Wie Sie wissen, bin ich im Frieden mit dem Gedanken, bald wieder mit meiner Frau Barbara vereint zu sein – irgendwo, wo Zeit und Raum ineinanderfließen und die Ewigkeit beginnt. Doch bevor das passiert, habe ich etwas zu tun, was mir wichtig erscheint und mich mit Sinn erfüllt; etwas, bei dem ich nicht um mich selbst kreise: meinen Schmerz, meinen Verlust, meine körperlichen Einschränkungen.

Obwohl ich mich bereits in der »Verlängerung« befinde, und der Schlusspfiff naht, mache ich weiter und bleibe dem Augenblick treu, solange es geht. Es gibt Arbeit, die erledigt werden will. Und ich möchte mein Bestes geben, bis ich endlich sagen kann: Die Mission ist erfüllt.

Aber bevor ich mich in den heroisierenden Gedanken eines törichten alten Mannes verliere, möchte ich Ihnen das nächste Element der »Big Five of Life« bei der Bank des Lebens vorstellen: Unsere Arbeit, unsere Karriere, unser produktiver Beitrag zur Gesellschaft – wählen Sie die Überschrift, die Sie am passendsten finden. Viele Menschen verbringen bis zu achtzig Prozent ihres Lebens mit Arbeiten, wodurch oft wenig Zeit für anderes bleibt. Aus der Sicht eines Zeitinvestors ist dies also ein weiteres Großkonto bei der Bank des Lebens, und zwar mit expansivem Charakter. Das bedeutet, dass die Qualität dieser Investition wirklich zählt! Deshalb stelle ich Ihnen gleich zu Beginn eine wichtige Frage: Investieren Sie Ihre Zeit in diesem Lebensbereich auf eine Art und Weise, die Ihnen erlaubt, immaterielle Werte zu schöpfen, die über das Geldverdienen hinausgehen?

Was meine ich damit? Vielleicht wird es klarer, wenn ich

Ihnen erzähle, wie wir auf diese Frage gestoßen sind. Im Grunde begann alles damit, dass es Barbara nach vielen herausfordernden Jahren in der Praxis gesundheitlich selbst nicht gut ging. Anfangs versuchte sie, es vor mir zu verbergen. Sie unterzog sich einer Reihe von Tests, um herauszufinden, was mit ihr nicht stimmte. Als sie damit jedoch nicht weiterkam, konnte ich sie schließlich davon überzeugen, sich an ihren Kollegen Sendhil zu wenden.

»Wenn du mich fragst,« befand dieser, ohne lange nachzudenken, »zeigst du typische Symptome eines klassischen Burn-outs, Barbara. Manchmal sind wir so schlau, dass es uns blendet.« Es war abends, und wir saßen um unseren Holztisch auf der Terrasse. »Und das bemerken wir bei anderen meist leichter als bei uns selbst.«

Sendhil lächelte Barbara mitfühlend an. Ich wusste sofort, dass er den Nagel auf den Kopf getroffen hatte, und wartete, wie sie reagieren würde. Aber sie sagte vorerst nichts. Nach längerem Schweigen war ich es, der das Wort ergriff: »Vielleicht hast du zu viel von dem, wovon ich nicht genug habe.«

Sie sah mich an. »Wie meinst du das?«, fragte sie fast etwas unwirsch.

»Leidenschaft.« Ich hielt inne. »Aber mittlerweile scheint diese Leidenschaft ein Ausmaß angenommen zu haben, das dir nicht mehr guttut.«

Barbara wusste, dass wir auf dem richtigen Weg waren, das konnte ich sehen. Seit dem Tod ihrer Eltern hatte sie die Neigung entwickelt, hart zu arbeiten und sich dabei zu überfordern. Es gab ihr ein Gefühl von Sicherheit und war zu einem Muster geworden, das sich so tief in ihrem Gehirn eingegraben hatte, dass nun scheinbar jeden Tag eine Reihe von Synapsen auftrat, um dieses Muster aufrechtzuerhalten – selbst dann, wenn es nicht mehr hilfreich war.

Was sagte sie normalerweise zu ihren Patienten? »Es ist nicht einfach, ein Problem zu lösen, wenn man Teil des Problems ist, das gelöst werden muss.« Und da war sie selbst offensichtlich keine Ausnahme.

Allerdings war dies nicht das einzige Thema, das uns damals beschäftigte. Zum ersten Mal in meiner beruflichen Laufbahn hatte ich angefangen, meinen Job in der Bank ernsthaft infrage zu stellen. Natürlich verfügte ich über fundierte Kenntnisse im Bankwesen. Im Laufe der Jahre war ich aufgrund wachsender Erfahrungen und Fähigkeiten mehrfach befördert worden und verdiente entsprechend gut. Dennoch fehlte etwas in meinem Leben. Nicht nur an der Oberfläche, sondern tief in meinem Inneren. Ich fühlte mich zunehmend leer und freute mich nicht mehr auf die Arbeit. Bisher war Barbara die treibende Kraft für die großen Entscheidungen in unserem Leben gewesen, aber dieses Mal wollte ich derjenige sein, der einen Richtungswechsel initiierte. Nach einigen langen Gesprächen mit meiner Frau vertraute ich mich meinem Chef an. Ich erklärte ihm unsere Bereitschaft, für eine gewisse Zeit ins Ausland zu gehen, und betonte meinen Wunsch, beruflich etwas Neues zu entdecken. In unserer Bank gab es weltweit immer viele Möglichkeiten sich weiterzuentwickeln, und schon wenige Wochen später kontaktierte mich unsere Personalabteilung mit zwei interessanten Stellenangeboten aus Japan: eine größere Führungsaufgabe in Tokio, die mit ausgedehnten Reisen durch ganz Asien verbunden war, und eine weniger hochrangige Position auf Okinawa, einer Insel vor dem japanischen Festland. Für letztere war ich eigentlich überqualifiziert. Als ich mich trotzdem darauf bewarb, reagierte man zunächst zurückhaltend, stimmte dann aber meiner Versetzung dorthin doch zu. Quasi als Kompromiss wurde mir die Leitung eines größeren Projekts übertragen, und Timothy, ein jüngerer

Kollege, würde mich von Tokio aus unterstützen. Das war für uns alle ein guter Deal. Ich könnte mich beruflich neu orientieren, Barbara würde die Auszeit bekommen, die sie dringend benötigte, und wir könnten gemeinsam etwas Neues entdecken und erleben. Und so geschah es. Bald fanden wir uns buchstäblich am anderen Ende der Welt wieder, wo wir auf eine tausend Jahre alte Idee stießen, die uns für den Rest unseres Lebens begleiten sollte. Aber eins nach dem anderen.

* * *

Als wir auf Okinawa ankamen, irgendwo im Nirgendwo, so empfanden wir es, regnete und regnete es über Wochen. Es war deprimierend. Die Einwohner Okinawas nennen sich stolz »Meeresvolk« (沖縄人), und wir fragten uns, ob wir wirklich das Zeug dazu hatten, in dieser Gegend zurechtzukommen. Der Sommer, der in Okinawa bald auf die Monsunzeit folgt, war jedoch großartig, und wir liebten unser kleines Haus mit den roten Dachziegeln, in das wir einige Wochen nach unserer Ankunft einziehen konnten. Mit seinen schwarzen Steinmauern hob es sich vom blauen Himmel ab, und wann immer wir nach Hause kamen, grüßten uns vom Dach aus zwei Shisa-Hunde, die berühmten japanischen Glückssymbole. Wir scherzten oft über unsere Neigung, in Häusern zu leben, die eine Nummer zu klein für uns waren, aber bald hatten wir eine neue Routine etabliert und begannen, unseren Aufenthalt in diesem Inselreich, das aus über hundert kleinen Inseln bestand, zu genießen. Tagsüber arbeitete ich in der Bank, wo ich mit einigen nicht ganz leicht zu lösenden Herausforderungen konfrontiert war, und Barbara nahm sich Zeit, wieder zu sich selbst zu finden und ihre Kräfte zu regenerieren. Sie unternahm ausgedehnte Strandspaziergänge, interessierte sich für die japanische Küche und übte sich in ihrer Mediationspraxis. Die Wochenenden verbrachten wir damit, an wunderschönen Sandstränden zu schnorcheln, in tiefblaues Wasser abzutauchen und mit wilden Meeresschildkröten zu schwimmen, die sich unter der Wasseroberfläche bewegten, als würden sie am Himmel fliegen. Manchmal fuhren wir auch einfach mit unserem Jeep umher. Und dabei passierte es.

Eines Tages, als wir aus reinem Vergnügen um die Insel cruisten, fiel uns ein hochgewachsener, westlich aussehender Mann auf, der mitten in einem kleinen Dorf stand und den Kopf über etwas beugte, das wie eine Landkarte aussah. Er wirkte irgendwie verloren.

»Können wir Ihnen helfen?«, fragten wir ihn freundlich.

»Sehr nett von Ihnen! Ich habe eine Autopanne!«, antwortete der Mann, der uns sofort sympathisch war.

Wir boten ihm an, ihn zurück in die Hauptstadt Naha zu fahren, wo er sein Hotel hatte, und tatsächlich wurde es eine interessante Autofahrt, die unser Leben prägen sollte. Dan war amerikanischer Journalist, arbeitete für den National Geographic und war dabei, die sogenannten »Blue Zones« zu erforschen, Regionen in der Welt, in denen die Lebenserwartung der Menschen über dem globalen Durchschnitt liegt. Und Okinawa beherbergte die höchste Konzentration an Hundertjährigen auf der ganzen Welt. Weitere »Blue Zones« befinden sich auf Sardinien in Italien, auf Nicoya, einer Halbinsel in Costa Rica, auf Ikaria, einer weiteren Insel in Griechenland, und in Loma Linda, einem Ort in Kalifornien.

Wir waren sprachlos. Wir hatten noch nie von den »Blue Zones« gehört, und Sie können sich vorstellen, wie aufgeregt Barbara war. So sehr, dass ich befürchtete, diese Begegnung könnte unseren Aufenthalt auf Okinawa stärker beeinflussen, als es mir lieb wäre. Und so war es dann auch. Ein paar Tage nach dieser Begegnung klingelte frühmorgens das Telefon. Es war Dan. Dr. Kinjo, ein mit Dan befreundeter Arzt, der die meiste Zeit seines Lebens auf Okinawa gelebt hatte, plante einen Hausbesuch bei Yua, einer 108-jährigen Frau, die mit ihrer Familie im Norden Okinawas lebte. Dan lud Barbara ein, sie zu begleiten.

Nach einer einstündigen Fahrt auf einer Straße, die manchmal mehr aus Erde als aus Asphalt bestand, parkte Dr. Kinjo sein Auto vor einem kleinen Haus, das mit seinen winzigen Wänden und Fenstern, halb im Boden versunken und umgeben von einer niedrigen Korallenmauer, geradezu feenhaft wirkte. Oben auf dem roten Dach begrüßten zwei Shisa-Hunde die drei und ermutigten sie einzutreten.

»Sehen Sie sich das an«, flüsterte Dr. Kinjo Barbara zu und zeigte auf die vielen Kräuter, die im Garten hinter dem Haus wuchsen. »Wenn Sie auf der Suche nach dem Geheimrezept für Gesundheit und Langlebigkeit sind, finden Sie die Zutaten genau hier!«

Vor Betreten des kleinen Hauses zogen sie sich die Schuhe aus, und Barbara berichtete mir später, dass sie sich aufgrund ihrer Größe, die in Kalifornien durchaus als durchschnittlich galt, wie der sprichwörtliche Elefant im Porzellanladen fühlte. In der Mitte des Wohnzimmers saß die 108-jährige Yua im Schneidersitz auf einer Strohmatte, umgeben von ihren Kindern, die selbst, wie Barbara bald erfuhr, schon hoch in ihren Achtzigern waren. Yua trug einen traditionellen Kimono, und ihr weißes Haar war am Hinterkopf zum Knoten gesteckt. In der folgenden Stunde genoss die siebenköpfige Zufallsgemeinschaft schweigend ihren Jasmintee, bevor Dr. Kinjo die alte Frau eingehend untersuchte. Dan, Barbara und Yuas Kinder warteten derweilen im Garten.

Anschließend durfte Dan der Hundertachtjährigen, wie abgesprochen, ein paar Fragen stellen, die Dr. Kinjo für ihn übersetzte. Als Erstes interessierte es Dan, wie Yua ihren Alltag gestaltete. Sie antwortete freundlich.

»Jeden Morgen wache ich zur gleichen Zeit auf.

Gegen sechs mache ich mir eine Kanne Jasmintee und esse mein Frühstück, normalerweise Misosuppe mit Gemüse.«

Yua sprach langsam.

»Nach dem Frühstück ziehe ich meine heiligen Gewänder und Schuhe an und gehe zum heiligen Hain, um für die Gesundheit des Dorfes zu beten. Ich danke den Göttern dafür, dass sie unser Dorf unterstützen, den Dorfbewohnern Sicherheit geben und dafür sorgen, dass ihre Herzen und Seelen von Frieden erfüllt sind.«

Yua räusperte sich, bevor sie fortfuhr. »Gegen Mittag gehe ich in meinen Garten, um Gemüse und Kräuter für das Mittagessen zu holen. Ich esse nicht viel. Normalerweise nur Gemüse und vielleicht etwas Tofu oder Fisch.«

Sie lächelte. »Und vor jeder Mahlzeit sage ich: ›Hara hachi bu‹.«

Yuas achtzigjährige Kinder kicherten.

Dan und Barbara sahen Dr. Kinjo fragend an. Der lächelte wissend. »Hara hachi bu (腹八分目) ist eine konfuzianische Lehre, die dem Menschen nahelegt, nur so lange zu essen, bis sie zu achtzig Prozent satt sind«, erklärte er.

»Das ist auch der Grund, warum wir unser Essen auf vielen kleinen Tellern anrichten. Wenn wir fünf Teller haben, scheint es, als würden wir viel essen, obwohl wir das nicht tun. Übermäßiges Essen hat auf Okinawa keinen guten Ruf.«

»Hara hachi bu!«, sagten Barbara und Dan fast gleichzeitig. Alle lachten.

»Vielleicht ist das ein Konzept, dass wir auch in den USA bekannt machen sollten?«, fügte Barbara mit einer Portion Ironie in der Stimme hinzu. Eigentlich war es ein Trauerspiel. Wann immer eine westliche Fast-Food-Kette beschloss, sich in einer neuen Umgebung niederzulassen, ging es mit der lokalen Esskultur bergab, so auch in den größeren Orten Okinawas.

Dan unterbrach sie in ihren Gedanken mit einer weiteren Frage: »Yua, wie haben Sie es geschafft, so lange zu leben? Gibt es da ein Geheimnis, das Sie uns verraten können?«

Es dauerte eine Weile, bis Yua antwortete.

»Vielleicht habe ich einfach vergessen zu sterben!« Sie lachte und fuhr dann in ernsterem Ton fort. »Mein Vater starb, als er noch sehr jung war. Das hat mir eine Lektion erteilt. Er hatte seinen Job gekündigt, als er achtzig Jahre alt war, und starb im Alter von achtundachtzig Jahren.«

Sie pausierte kurz im Gedenken an ihn.

»Meine Mutter war eine Noro, eine Priesterin, und war bis zu ihrem Tod im Dienst anderer tätig. Ich nahm an, dass sie aufgrund ihrer täglichen Gewohnheiten und ihrem Ikigai stärker und gesünder war.«

Ikigai? Barbara warf Dan einen fragenden Blick zu, doch sie merkte, dass er die alte Dame nicht unterbrechen wollte. Sie würde ihn auf dem Heimweg nach dem Begriff fragen, dachte sie, während sie zusah, wie Yuas Tochter Tee nachschenkte.

»Vor ein paar Jahrzehnten beschloss ich, den Fehler meines Vaters nicht zu wiederholen«, fuhr die Greisin fort. »Und ich freue mich, dass auch meine Kinder meinem Beispiel folgen.« Alles murmelte zustimmend.

Dan nickte beeindruckt. »Gibt es noch einen Rat, den Sie mir mit auf den Weg geben möchten?«

Yua betrachtete eine Weile ihre Hände, als würde sie in den Runzeln nach einer Antwort suchen. »Ich schätze, man sollte sich selbst nicht so sehr in den Mittelpunkt stellen. Oftmals kümmert man sich am besten um sich selbst, indem man anderen hilft. Es ist wichtig, Gemüse anzubauen und es zu essen. Lächle und sei optimistisch. Folge deinem Ikigai mit Stolz und Hingabe. Ich glaube, das ist das Wichtigste.«

Und damit endete der Besuch.

Barbara erzählte mir später, wie sie Yua beim Abschied vorsichtig umarmte und unter dem Seidenstoff ihres Kimonos ihren zarten Körper spüren konnte. In diesem Moment wurde ihr klar, dass sie mehr als hundert Lebensjahre in den Armen hielt, was sie zutiefst berührte. Die Notizen, die sie sich nach diesem Besuch machte, gehören zu den wenigen Unterlagen aus ihrem Archiv, die heute noch in meinem Besitz sind.

* * *

Als ich später an diesem Tag aus dem Büro kam, merkte ich gleich, dass etwas Besonderes geschehen war. »Lass uns bitte spazieren gehen«, sagte Barbara anstelle einer Begrüßung.

»Okay …«, antwortete ich zögerlich. Es hatte am Vormittag einen frustrierenden Vorfall in der Bank geben, und Timothy und ich hatten beide das Gefühl, keine wirklichen Fortschritte in Japan zu machen. Man vertraute uns nicht, und ich geriet langsam etwas unter Druck. Als ich jedoch mit Barbara am Strand entlangspazierte, mit dem Wind im Gesicht, dem Salzgeschmack im Mund, dem Geruch des Ozeans in der Nase und dem Gesang der Möwen in den Ohren, gelang es mir schnell abzuschalten.

Barbara wirkte wie verändert. Sie strahlte übers ganze Gesicht, aber redete nicht viel. Eine seltene Kombination! Und als wir zu unserem kleinen Haus zurückkehrten, war ich überrascht, dass unser Wohnzimmer abgesehen von ein paar Strohmatten, die auf dem Boden lagen, leer war. Ich fragte nicht, was mit unseren Möbeln passiert war. Meine Frau neigte dazu, etwas überzureagieren, wenn ich solche besonderen Momente mit aus ihrer Sicht irrelevanten, praktischen Fragen verdarb.

In den folgenden Stunden tranken wir Jasmintee, den Barbara sorgfältig zubereitet hatte, und sie erzählte mir alles über den Vormittag, den sie mit Dan, Dr. Kinjo, Yua und ihren Kindern verbracht hatte.

Und schließlich zeigte sie mir ihr Notizbuch, auf dem vier japanische Schriftzeichen zu sehen waren.

生き甲斐

»Was ist das?« Ich konnte mit japanischen Schriftzeichen nicht mehr anfangen als mit ägyptischen Hieroglyphen.

»Das heißt ›Ikigai‹.«

»Aha«, sagte ich, die Stirn in Falten gelegt.

»Die ersten beiden Zeichen bedeuten ›Leben‹ und die letzten beiden ›lohnenswert‹. Frei übersetzt heißt Ikigai also, ›das, wofür es sich zu leben lohnt‹.«

»Wann hast du denn das gelernt?«

Doch sie ließ sich nicht in ihrem Vortrag unterbrechen.

»Die Okinawer glauben, dass jeder ein Ikigai in sich trägt.« Sie zeigte sich auf die Brust. »Dieser Lebenssinn mag verborgen sein, und die Suche danach erfordert vielleicht Geduld, aber er ist da und kann wachsen, wenn wir ihn zum Nutzen anderer einsetzen.«

Als ich das Wasser kochen hörte, stand ich auf, um uns noch einen Tee aufzugießen. Die beiden Porzellantassen, die Barbara auf den kleinen Tisch vor uns gestellt hatte, waren längst leer.

»Das Wort Ikigai beschreibt einen Zustand, in dem sich der Einzelne wohlfühlt. Dem eigenen Ikigai gerecht zu werden, heißt, sich Beschäftigungen zu widmen, die einem Freude bereiten und gleichzeitig einen Mehrwert für andere schaffen. Das Ausüben des Ikigai gibt dem Leben einen Sinn.«

Ich nickte.

»Und Yua? Ihr Ikigai ist, Priesterin zu sein?«

Barbara hatte mir Yua und ihre Kinder so anschaulich geschildert, dass es sich fast so anfühlte, als hätte ich sie persönlich kennengelernt.

»Ja. Stell dir das vor! Und das in ihrem Alter! Jeden Morgen geht sie zu diesem heiligen Hain und betet dort für das Wohlergehen des Dorfes. Ich glaube wirklich, sie stirbt nicht, weil sie das Gefühl hat, dass die Menschen im Dorf sie brauchen.«

Dan hatte Barbara auf dem Rückweg erzählt, welche Rolle Ikigai seit Jahrhunderten für die Menschen des Inselreichs spielte. Er vermutete, dass es ein entscheidender Faktor war, der zur Langlebigkeit der Okinawer beitrug.

Wir saßen beide eine Weile schweigend da. Dies war das erste Mal, dass ich von dieser Philosophie hörte.

Da kam mir plötzlich eine Idee. »Glaubst du, wir könnten damit auch in unserer Bank arbeiten?«

Barbara und ich hatten viele Gespräche darüber geführt, wie Timothy und ich das Vertrauen unserer Mitarbeiter in den japanischen Filialen unserer Bank gewinnen könnten, waren bisher aber noch nicht wirklich weitergekommen.

Ihre Augen leuchteten. »Wir müssten über die Details sprechen, aber das klingt nach einem Plan!«

Mangelndes Vorstellungsvermögen konnte man meiner Frau nicht vorwerfen, soviel stand fest.

* * *

Einige Tage später initiierte ich ein Treffen mit unserem Vizepräsidenten Haruto und Yuki, meinem persönlichen Assistenten. Haruto war konservativ und sehr erfahren. Yuki hingegen hatte die Universität erst ein paar Jahre zuvor abgeschlossen, war aber trotz seines jungen Alters eine Quelle der Inspiration für mich, und ich beriet mich mit ihm oft über Führungsfragen. Er war zukunftsorientiert, konnte ganzheitlich und strategisch denken und war voller Warmherzigkeit, was sich im Glanz seiner braunen Augen widerspiegelte.

Yuki war meine größte Hoffnung für die unvollendete Idee, die ich im Kopf hatte. Statt den japanischen Niederlassungen und ihren Mitarbeitern noch mehr von unserer amerikanischen Arbeitskultur aufzuzwingen, war meine Idee, uns so an die kulturellen Gegebenheiten anzupassen, dass wir das Beste aus beiden Welten nutzen und trotzdem den Erwartungen unserer amerikanischen Zentrale gerecht werden konnten. Wir saßen doch alle in einem Boot, und die Frage war: Wie könnten die amerikanische Kultur der Bank und die japanische Kultur vor Ort besser miteinander harmonieren?

Yuki war überrascht, als ich ihn zu dem Meeting einlud. Er wundert sich offensichtlich, warum ihm die Ehre zuteilwurde, an diesem Treffen teilzunehmen. Haruto schien sich das auch zu fragen, doch ich ignorierte mögliche Fragen zur Hierarchie und erkundigte mich stattdessen, was die beiden über die Bedeutung von Ikigai im modernen Japan wussten. Vielleicht könnten wir ein höheres Maß an Mitarbeiterengagement erreichen, indem wir auf die Grundelemente dieser urjapanischen Philosophie aufbauten. Harutos Gesicht zeigte einen Ausdruck, den ich zuvor nicht gesehen hatte. Er lächelte nicht, aber ich spürte dennoch, dass meine Worte ihn berührten. Ich bat die beiden, sich Gedanken zu machen. In ein paar Tagen würden wir unser Gespräch dann fortsetzen. Als Haruto den Raum verlassen hatte, sah Yuki mich an, als wolle er etwas sagen, traue sich aber nicht.

»Yuki, raus mit der Sprache!« Ich lächelte ihn aufmunternd an. Er schien verblüfft über meinen saloppen Ton, begann sich aber etwas zu entspannen.

»Meine Urgroßmutter feiert nächste Woche ihren Geburtstag in Ōgimi. Es wird das Dorf der Hundertjährigen genannt. Die Menschen dort sollen angeblich die höchste Lebenserwartung auf der ganzen Welt haben. Vielleicht möchten Sie mich begleiten. Ikigai ist eine Philosophie, die bei den älteren Generationen noch am lebendigsten ist.« Er wandte sich zum Gehen. »Aber ich bin mir sicher, dass Sie Besseres zu tun haben.«

»Yuki, das ist eine brillante Idee! Glauben Sie, ich könnte meine Frau mitbringen?«

Er strahlte. »Natürlich können Sie das!«

Ich gab ihm ein High Five, und er schlug freudig ein.

* * *

Es war ein typisch okinawischer Sommermorgen, als wir uns für den Wochenendausflug nach Ōgimi fertig machten. Die Sonne brannte bereits über dem Land, aber die Luft rund um unser kleines Haus war noch frisch. In unseren Khakishorts und kurzärmeligen Hemden sahen Barbara und ich wahrscheinlich wie die typischen amerikanische Touristen aus, abgesehen von dem Stethoskop, das um den Hals meiner Frau hing, und dem Medizinkoffer unter ihrem Arm. Yukis Großmutter hatte am Telefon erwähnt, dass eine ihrer Freundinnen gestürzt sei, und Barbara hatte sich sofort bereit erklärt, einmal nach ihr zu schauen.

Während der Autofahrt verstanden sich Yuki und Barbara auf Anhieb, und die zweistündige Fahrt in den Norden Okinawas verging wie im Flug.

Am Ortseingang von Ōgimi deutete Yuki auf ein steinernes Denkmal, in das ein längerer Text in japanischen Schriftzeichen eingraviert war. Lachend übersetzte er:

Mit siebzig ist man ein Kind.
Mit achtzig ist man ein Jugendlicher.
Und wenn die Vorfahren dich mit neunzig in den Himmel einladen, bitte sie zu warten, bis du hundert bist.
Dann kannst du langsam beginnen, es dir zu überlegen.

Und das waren nicht bloß leere Worte, wie sich zeigen sollte. Ōgimi ist ein Ort, an dem energiegeladene Urgroßeltern in ihren eigenen Häusern leben, ihre eigenen Gärten pflegen und an den Wochenenden von Kindern, ja Enkeln besucht werden, die sich im Westen schon längst ins Altersheim zurückgezogen hätten.

Die Geburtstagsfeier von Yukis Urgroßmutter fand in einem Gemeinschaftsgarten statt, der sorgfältig für die Zusammenkunft hergerichtet worden war. Wunderschöne, handgefertigte Laternen hingen in den Bäumen, und andere Kunstwerke aus Okinawa machten diesen Ort zu einem Genuss für Augen und Seele gleichermaßen. Die alte Dame begrüßte uns herzlich und stellte uns dem Rest der Gruppe vor. Da nur wenige – auch nicht die Jüngeren – Englisch sprachen, kommunizierten wir überwiegend nonverbal, oft wild mit den Händen gestikulierend. Es herrschte eine herzliche Atmosphäre, und die älteren Partygäste waren viel aktiver, als man es sich vorstellen konnte. Sie lachten und redeten miteinander. Im Hintergrund spielte die ganze Zeit die für Okinawa typische Sanshin-Musik, und manchmal sprangen sie auf und wiegten sich im Rhythmus und sangen begeistert mit. Barbara und ich gaben unser Bestes, um mitzuhalten. Abends, bevor wir das Fest verließen, um bei Yukis Cousine zu übernachten, tanzten wir alle im Garten, als wäre dies der Geburtstag einer jungen Frau.

Am nächsten Tag hatten wir Gelegenheit, mit den Dorfbewohnern über die Philosophie von Ikigai und die Rolle, die es in ihrem täglichen Leben spielt, zu sprechen. Als wir am großen Tisch im Gemeindezentrum saßen und, wie so oft auf Okinawa, Jasmintee tranken, hörten wir immer wieder ähnliche Geschichten. Menschen in ihren Achtzigern und Neunzigern und die über Hundertjährigen erzählten uns, wie ihr Ikigai ihnen in guten und schlechten Zeiten Halt und Orientierung gegeben hatte. Wir erfuhren, dass es in Uchināguchi, der alten okinawischen Sprache, die man vor der Eingliederung des einst unabhängigen Inselstaats ins japanische Kaiserreich im Jahre 1872 sprach, nicht einmal ein Wort für den Ruhestand gab. Eine sinnvolle Aufgabe zu haben und einen positiven Beitrag zur Gesellschaft zu leisten, war in der Kultur Okinawas von jeher so wichtig gewesen, dass die westliche Idee des Ruhestands hier einfach nicht existierte.

Yuki protokollierte dieses Gespräch sorgfältig, und seine Originalnotizen liegen, zusammen mit denen von Barbara, bis heute in der Schublade meines Schreibtischs, weil ich sie so inspirierend fand. Hier einige der Aussagen dieser beeindruckenden Seniorinnen und Senioren:

»Arbeiten ist mein Ikigai. Wenn du nicht arbeitest, werden dein Geist und dein Körper schwach«, sagte ein 95-jähriger, der in seinem Alter noch als Berater in einem Unternehmen arbeitete, das Lehrmaterialien herausgab. Er ging immer noch jeden Morgen eine Dreiviertelmeile zu Fuß ins Büro, wo er diverse Schreibtischarbeiten erledigte, bevor er wieder nach draußen ging, um einen Rundgang durch die Buchhandlungen der Stadt zu machen. »Die Arbeit treibt mich an«, sagte er stolz.

»Wenn ich aufwache, gehe ich zum Altar und zünde eine Kerze an. Wir müssen unsere Vorfahren ehren. Es ist das Erste, was ich jeden Morgen mache. Das ist mein Ikigai«, sagte eine Frau von weit über neunzig Jahren, eine Botschaft, die Barbara an Yua erinnerte.

»Mein eigenes Gemüse anzupflanzen, ist mein Ikigai. Ich teile jeden Tag einen Teil meines Gemüses mit meinen Nachbarn. Das macht mich glücklich. Es ist eine Menge Arbeit, aber es erfüllt mich«, sagte eine besonders zierliche 99-Jährige mit kurz geschnittenem, schlohweißem Haar.

»Meine Freunde zu unterstützen, ist mein Ikigai. Wir kommen alle zusammen, und ich heitere sie auf und bringe sie dazu, an etwas zu denken, das ihnen Freude bereitet. Das ist es, was mir im Leben am meisten Spaß macht und mich mit Sinn erfüllt«, fügte ein weiterer Hundertjähriger hinzu.

»Ich mache Dinge aus Korbgeflecht. Das ist mein Ikigai. Morgens bete ich. Dann mache ich meine Körperübungen und esse Frühstück, eine Suppe mit Gemüse und Tofu. Um sieben beginne ich in aller Ruhe mit der Arbeit an meinem Korbgeflecht. Wenn ich um fünf müde bin, besuche ich meine Freunde«, erklärte ein 87-jähriger Mann mit einem Lächeln im Gesicht.

»Mein Ikigai besteht darin, zu lernen und anderen beim Lernen zu helfen. Jeder Tag, an dem ich etwas Neues lerne und es an andere weitergebe, ist ein lebenswerter Tag.« Diese Dame war knapp über hundert Jahre alt, und wir fragten uns, was es in ihrem Alter jeden Tag an Neuem zu lernen gäbe. Das war eine Aussage, über die ich besonders viel nachgedacht habe.

Am Ende des Vormittags brachte es eine andere alte Dame auf den Punkt: »Sobald man sein Ikigai entdeckt hat und ihm zu folgen beginnt, bekommt das Leben einen Sinn. Aber es geht um das Tun und nützlich sein für andere, nicht allein um das Suchen und Denken an sich selbst. Im Leben ist alles vergänglich. Wenn man jedoch ein klares Gespür für sein Ikigai hat, birgt jeder Augenblick so viele Möglichkeiten, sich sinnvoll zu beschäftigen, dass er einem wie eine Ewigkeit vorkommen kann.«

* * *

Wieder zurück in der Bank beschlossen Haruto, Yuki und ich am Montagmorgen, ein kleines Projektteam zusammenzustellen, und innerhalb weniger Tage hatten wir einen Drei-Stufen-Plan entwickelt. Zuerst wollten wir unsere Mitarbeiter zu einer Vollversammlung einberufen, bei der wir das »Jahr des Ikigai« ausrufen und alle bitten würden, im Familien- und Bekanntenkreis Geschichten vom Ikigai zu sammeln und diese miteinander zu teilen. Zweitens wollten wir eine Reihe von Workshops konzipieren und unsere Mitarbeiter einladen, ihr persönliches Ikigai zu definieren und Möglichkeiten zu erkunden, dieses innerhalb der Bank sinnvoll zum Einsatz zu bringen. Und drittens beschlossen wir, auf der Führungsebene die Idee des Ikigai zu nutzen, um noch einmal darüber nachzudenken, wie es in die Mission der Bank einfließen könnte.

Am Anfang erwies sich der Prozess als etwas holprig. Nach der Mitarbeiterversammlung sagte niemand ein Wort, und die Leute gingen schweigend zurück an ihre Schreibtische. Doch innerhalb weniger Tage berichtete Yuki davon, wie sich immer mehr Mitarbeiter über das Thema unterhielten. Sie sprachen mit ihren Eltern, ihren Großeltern und ihren Urgroßeltern und begannen, diese Geschichten miteinander zu teilen. Und bald erreichte die Kommunikation rund um unser Ikigai-Projekt eine Aufmerksamkeit, die wir uns zwar erhofft hatten, aber nicht hätten voraussagen können. Die von uns durchgeführten Workshops waren ähnlich erfolgreich. Die Teams, die für deren Gestaltung verantwortlich waren, entwickelten ein Coaching-Tool, das die Idee von Ikigai und seine verschiedenen Aspekte auf praktische Art und Weise veranschaulicht.

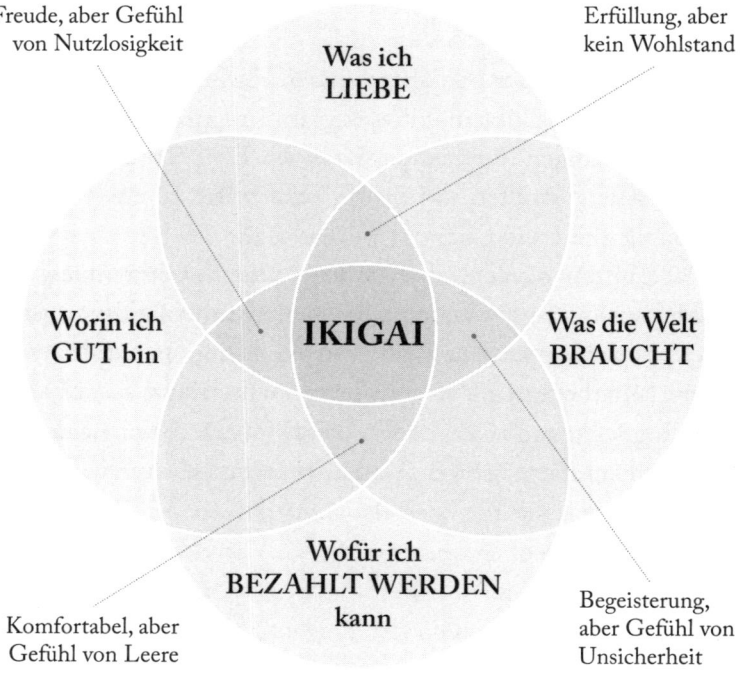

Freude, aber Gefühl
von Nutzlosigkeit

**Was ich
LIEBE**

Erfüllung, aber
kein Wohlstand

**Worin ich
GUT bin**

IKIGAI

**Was die Welt
BRAUCHT**

**Wofür ich
BEZAHLT WERDEN
kann**

Komfortabel, aber
Gefühl von Leere

Begeisterung,
aber Gefühl von
Unsicherheit

Die Ikigai-Blume, wie wir das Modell bald nannten, brachte das Konzept sehr gut auf den Punkt und war selbsterklärend. Wir luden unsere Mitarbeiter ein, darüber nachzudenken, wie sie in Absprache mit ihren Vorgesetzten mehr Ikigai-Momente in ihr Arbeitsleben integrieren könnten. Ideal wäre, es so zu gestalten, dass es aus Aktivitäten besteht, in denen man gut ist, für die man Leidenschaft empfindet, die die Welt braucht und für die man bezahlt werden kann. Natürlich ist dies nicht zu jedem Moment des Tages möglich und realisierbar. Aber mit Geduld und Beharrlichkeit lassen sich in den meisten Fällen mehr und mehr Ikigai-Momente ins Berufsleben integrieren, um sie dann mit Sorgfalt und Entschlossenheit zu pflegen und zu kultivieren. Nicht zuletzt deshalb liebten die Okinawer die Metapher der Blume, denn sie verdeutlicht den Glauben, dass der Samen für unser persönliches Ikigai in jedem von uns zu finden ist. Um ihn aber zum Wachsen und Erblühen zu bringen, muss er gewässert, gepflegt und kultiviert werden. Es reicht nicht, das Ikigai in sich zu entdecken, denn erst durch das Tun und nicht mit dem Denken allein verändern wir unser Leben.

Die Umsetzung des dritten Schritts unseres Gesamtplans war zwar herausfordernd, aber auch besonders lohnend. Timothy und andere hochrangige Führungskräfte aus ganz Japan nahmen an gemeinsamen Meetings teil, bei denen wir versuchten, Eckpfeiler einer Ikigai-Strategie der Bank zu entwickeln, die nicht im Widerspruch zur Unternehmensphilosophie unseres amerikanischen Headquarters standen. Das Jahr des Ikigai zielte in erster Linie darauf ab, das Engagement unserer Mitarbeiter in ganz Japan zu verbessern, um so die Produktivität des Unternehmens zu steigern und die Kundenzufriedenheit zu erhöhen. Darüber hinaus wagten wir, die Frage zu stellen, was das Umfeld, in dem die Bank tätig war, von uns benötigte. Es war nicht einfach, die New Yorker Zentrale davon zu überzeugen, dass wir einen Fonds für Umwelt und Soziales einrichten wollten, damit die Mitarbeitergremien selbstbestimmt in lokale Projekte investieren konnten. Aber diese neue Herangehensweise fand Anklang. Okinawer sind sozial verantwortliche Bürger und glauben bei allem, was sie tun, an eine

Ethik des Allgemeinwohls und des Naturschutzes. Als die Bank beschloss, Bemühungen zu unterstützen, die den Communitys und dem Umweltschutz dienten, verbesserte das den Ruf unseres Hauses, und unsere Mitarbeiter strahlten vor Stolz.

Wenn ich die Welt heute betrachte, kann ich nicht glauben, wie fortschrittlich wir damals in unserem Denken waren. Wörter wie »Nachhaltigkeit« oder »Corporate Citizenship« gehörten damals noch nicht einmal zu unserem Wortschatz. Ausgehend von einer tausend Jahre alten Idee hatten wir einen Managementansatz entwickelt, der seiner Zeit weit voraus war. Natürlich bot das Ikigai-Projekt keine schnelle Lösung für all die Probleme, mit denen unsere Bank in Japan und Asien konfrontiert war, aber es machte einen Unterschied, und die Erinnerung daran erfüllt mich bis heute mit einer tiefen Zufriedenheit.

* * *

Unsere Zeit auf Okinawa verging sprichwörtlich wie im Flug. Jeden Tag sahen, hörten, fühlten, schmeckten, rochen und erlebten wir etwas Neues. Und bevor wir Zeit hatten, all diese Eindrücke wirklich zu verarbeiten, kam unser Aufenthalt auf dieser wunderschönen Insel zum Ende. Um uns gebührend von Okinawa zu verabschieden, beschlossen wir, einen besonderen Ort aufzusuchen. Barbara und ich liebten Leuchttürme in allen Formen und Farben. Für uns standen sie für so viel Widersprüchliches, das die menschliche Existenz beschreibt: das Bedürfnis nach Licht, Sicherheit und Geborgenheit und das Verlangen nach Dunkelheit und Abenteuer; den Wunsch nach Wahrheit und den Trost der Illusion. Der Leuchtturm, den wir an jenem Tag besuchten, enttäuschte uns nicht. Er strahlte uns von Weitem in weißer Farbe an und war umgeben von einem felsigen Gelände, das einer Mondlandschaft glich. Das Wasser war an diesem Tag tiefblau, und das Gras rund um das Gebäude war so grün und üppig, dass jede Kuh in Kalifornien sprachlos gewesen wäre. Als wir ankamen, schlenderte noch eine Handvoll anderer Leute umher, doch als wir unser Picknick auspackten, hatten wir diesen schönen Ort ganz für uns allein. Beim Essen begannen wir darüber nachzudenken, was wir in den letzten Monaten auf der Insel gelernt hatten. Wir waren uns einig, dass die Menschen auf Okinawa etwas ganz Einzigartiges entdeckt hatten: die Kunst, bis ins hohe Alter gesund und aktiv zu leben. Im Westen konnten die meisten davon nur träumen.

»Wenn es eine Medizin gäbe, die die gleichen Ergebnisse erzielen könnte wie die traditionelle okinawische Lebensweise, würde sie sich billionenfach verkaufen«, sagte Barbara lachend und dachte an ihren ehemaligen Studienkollegen Alex.

Aber wie sah dieser okinawische Lebensstil aus, der zu mehr Langlebigkeit führte?

Eines der gemeinsamen Merkmale schien zu sein, dass die Menschen ihre Tage mit einer Morgenroutine begannen. Für einige waren es das Beten und die Meditation, während es für andere das Genießen des Tees in Stille und Kontemplation war. Dieser achtsame Start in den Tag schien den Menschen gut zu tun. Zudem wurde großer Wert auf eine ausgewogene Ernährung gelegt, die hauptsächlich aus Gemüse, etwas Fisch und etwas Tofu bestand. Auch war es wichtig, nicht zu viel zu essen. Die meisten Hundertjährigen, die Dan interviewte, hatten in ihrem Leben lange Phasen der Not durchgemacht, in denen es nur wenig Nahrung gab. Und Barbara fragte sich, ob sie auf diese ungewollte Art und Weise das genutzt hatten, was die Wissenschaft heutzutage als Autophagie bezeichnet, einen Mechanismus, der aktiviert wird, wenn sich der Körper im Fastenmodus befindet. Er hilft den

Zellen, sich selbst zu reinigen und beschädigte Proteine zu recyc-
len, die andernfalls zum Entstehen von Krebs und anderen ge-
sundheitlichen Problemen führen können. Tägliche moderate Bewegung gehörte ebenfalls zur okinawischen Lebensweise. Viele
der Inselbewohner waren aktiv in ihren Gärten und bauten bis ins
hohe Alter ihr eigenes Gemüse an. Ein weiteres Element dieser
Lebensweise war das außergewöhnlich starke Gemeinschaftsge-
fühl, das in ganz Okinawa herrschte. Die Bindungen und Beziehungen zwischen Familie und Gemeinschaft schienen enorm
wichtig. Überall, wo wir hinkamen, wurde gesungen und getanzt,
und es war offensichtlich, dass die traditionellen Okinawer darüber hinaus auch andere Beziehungen sehr sorgfältig pflegten: die
zu den Lebenden ebenso wie zu den Toten, die zu sich selbst und
ihrer Spiritualität sowie zur Natur und dem weiteren Kosmos.

Und dann war da noch die Philosophie des Ikigai. Darüber
dachten wir am meisten nach. Ich erkannte auf Okinawa, dass
mein Ikigai darin bestand, zu lernen und andere zum Lernen zu
inspirieren. Die Bank hatte mir in der Vergangenheit reichlich
Gelegenheit gegeben, mich weiterzuentwickeln, wofür ich dankbar war. Was mir jedoch in meiner Karriere als Banker immer
gefehlt hatte, war der zweite Teil meines Ikigai. Durch das Lernen
fühlte ich mich lebendig, aber andere zum Lernen zu inspirieren,
gab mir einen Sinn, den ich in meinem Berufsleben bisher nicht
genug erfahren hatte. Barbara hingegen kam zu einer anderen
Einsicht: Um anderen zu helfen, ein gesünderes Leben zu führen,
musste sie sich auch um sich selbst und ihre eigene Gesundheit
sorgfältiger kümmern. Es war wie mit den Anweisungen der
Flugbegleiter im Flugzeug für den Fall eines Druckabfalls in der
Kabine: Wer sich nicht zuerst selbst die Sauerstoffmaske aufsetzt
und darum keine Luft zum Atmen hat, ist auch nicht in der Lage,
andere damit zu versorgen.

Wir sprachen lange. Und die Sonne näherte sich bereits dem Horizont, als wir schließlich den Rest unseres Picknicks in unserem Rucksack verstauten. Es war höchste Zeit, den Leuchtturm zu besteigen! Doch das war einfacher gesagt als getan. Die schmale Wendeltreppe schien nicht enden zu wollen, und wir waren außer Atem, als wir oben ankamen. Aber was uns erwartete, war der Mühe wert. Obwohl wir in Okinawa viele Male aufs Meer geblickt hatten, war dieser Ort aufgrund der Farben und der Kraft der Wellen einzigartig. Die Weite des Ozeans zog uns in ihren Bann, und nach einer Weile sagte Barbara leise:

»Eines Tages sollten wir all das zusammentragen. All die Weisheiten, die zu finden wir das Glück hatten, all die Erfahrungen, die wir machen durften. Vielleicht sollten wir ein Buch darüber schreiben – ein Buch über die Essenz eines gelingenden Lebens. Ein Patentrezept gibt es nicht, aber es gibt Ideen, die uns helfen, uns zu orientieren, und gleichzeitig flexibel genug sind, um sie an unser eigenes Leben anzupassen.«

Wie um sich zu vergewissern, dass ich sie auch gehört hatte, sah sie mich einen Moment lang an. Dann blickte sie wieder aufs Meer.

»Bestimmte Themen im Leben scheinen so wesentlich und so universell, dass sie den Lauf der Zeit überdauern. Und wenn wir uns um diese Themen kümmern, hat das positive Auswirkungen auf alles andere in unserem Leben. Ich spreche von Themen, die so wichtig sind, dass man sich ohne sie die menschliche Existenz nicht vorstellen könnte. Weißt du, was ich meine?«

In diesen tropischen Breitengraden wird es dunkel, kaum dass die Sonne sich verabschiedet hat, und schon sahen wir, wie sich die ersten Sterne am Himmel abzuzeichnen begannen.

»Du meinst, so ähnlich wie die ›Big Five‹?«

Barbara schaute mich fragend an, und ich fuhr fort.

»Wir könnten uns Afrika ohne diese Tiere nicht vorstellen, oder? Sie gehören zu Afrika wie das Wasser zum Ozean.« Barbaras Augen funkelten in der Dämmerung.

»Ja, genau«, antworte sie leise, und nach einer Weile fügte sie hinzu:»Wir müssen sorgfältig über diese Elemente des Lebens nachdenken. Keine voreiligen Urteile treffen. Es gibt noch so viel zu tun. Ich hoffe, dass wir lange genug leben, um dieser Arbeit nachgehen zu können, Leonardo!«

* * *

Und genau das taten wir. Es war ein lohnendes Unterfangen, das uns über unseren Rückzug aus unseren jeweiligen Berufen hinaus mit Sinn erfüllte. Darum nämlich geht es in der Philosophie des Ikigai, Sophia. Das Streben nach Glück zum Hauptziel des Lebens zu machen, wie viele Menschen im Westen es tun, ist ein gewagtes Spiel. Unsere Zeit in Okinawa hat uns gelehrt, stattdessen nach einer tieferen menschlichen Erfahrung zu suchen. Menschen wollen glücklich sein, und das ist verständlich. Aber Glück ist fließend und verändert sich ständig. Manchmal kommt es kurz zu uns und dann verlässt es uns wieder. Sich immer wieder kleine und große Aufgaben zu stellen, die uns mit Sinn erfüllen, ist dagegen so, als hätten wie treue Freunde im Leben, die uns in guten wie in schlechten Zeiten zur Seite stehen und selbst dann noch da sind, wenn uns das Glück eine Weile verlässt.

In der Welt der Finanzen besteht der Zweck einer Investition darin, mit dem eingesetzten Kapital eine Rendite zu erwirtschaften. Und dieses Prinzip gilt auch an der Bank des Lebens, nur dass wir dort unsere Zeit, unsere Aufmerksamkeit und unser Herz investieren, um unseren Reichtum zu mehren. Allerdings gehen besonders lohnende Investitionen finanzieller Art fast immer mit höheren Risiken einher, und das ist glücklicherweise hier anders. Das eigene Ikigai immer wieder zum Nutzen anderer anzuwenden, ist mit wenig Risiko behaftet und mit großen Gewinnchancen verbunden. Das ist zumindest meine Erfahrung. Aber es hört eben nicht damit auf, sein Ikigai zu entdecken. Harte Arbeit ist normalerweise Teil des Ganzen. Leidenschaft entsteht dadurch, dass man Dinge immer wieder tut, auch herausfordernde Dinge, und dabei auf ein Ziel hinstrebt. Von einer Sache zur nächsten zu wandern, um Erfüllung zu finden, birgt das Risiko, nie anzukommen, was materiell gesättigten Menschen heutzutage häufig zu passieren scheint. Auch wenn es altmodisch klingen mag: Des entbehrungsreichen Lebens der Vergangenheit buchstäblich beraubt, suchen die Menschen nach Freude und Glück und fühlen sich am Ende doch leer und orientierungslos.

Wie denken Sie darüber, Sophia?

Investieren Sie Ihre Zeit in dieses Großkonto bei der Bank des Lebens so, dass Sie damit einen Mehrwert für sich selbst und andere schaffen, der über das verdiente Geld hinausgeht?

Natürlich ist das eine rhetorische Frage. Ich weiß, dass Sie das tun. Aber auch für eine gestandene Psychologin kann es sinnvoll sein, sich darüber von Zeit zu Zeit noch einmal Gedanken zu machen. Auf Okinawa haben wir gelernt, dass das Ikigai für viele Menschen über Jahrzehnte hinweg gleich bleibt, aber es kann sich auch ändern, oder wir finden neue Wege, wie wir es zum Ausdruck bringen können. Glauben Sie, dass es Ihnen möglich ist, unser gemeinsames Buchprojekt als Teil auch Ihres Ikigai zu begreifen? Für mich ist es das auf jeden Fall.

So, nun mache ich Schluss für heute. Manchmal frage ich mich, ob meine Briefe den Eindruck erwecken, Barbara und ich hätten unser Leben weitestgehend damit verbracht, zu reisen und ein Abenteuer nach dem anderen zu erleben. Dem ist jedoch nicht so, auch wenn es mir heute manchmal selbst so erscheint. Während im Laufe der Zeit unsere Erinnerungen an den Alltag in unserem Gehirn zunehmend ineinander verschmelzen, scheinen sich beim Reisen hingegen im Minutentakt Langzeiterinnerungen zu bilden – wie kleine Schätze, die uns ein Leben lang begleiten. Dennoch nimmt der Alltag die meiste Zeit unseres Lebens in Anspruch, weshalb es so wichtig ist, dass wir ihn als sinnvoll erleben.

Ich kann mir vorstellen, dass Sie sich immer noch fragen, wie Sie aus diesen Briefen ein richtiges Buch machen können. Manchmal vergleiche ich das Schreiben mit der Erkundung von Neuland. Wir haben vielleicht eine Vorstellung davon, in welche Richtung wir gehen, aber wir sehen nicht viel von der Straße, die vor uns liegt, wenn sie überhaupt existiert. Es braucht eine gute Portion an Vertrauen und Zuversicht, um weiterzugehen, so wie es oft der Fall ist, wenn man etwas Neues schaffen möchte.

Es grüßt Sie herzlichst
Ihr Leonardo

– 16 –

Sophia:
Leidenschaft

»Es ist nicht genug zu wollen, man muss auch tun.«
– JOHANN WOLFGANG VON GOETHE

Als Sophia die verwunschene Wendeltreppe zum japanisch–
amerikanischen Café in Berlin-Mitte hinaufstieg, fühlte sie sich
sofort von den luftig schönen Räumlichkeiten in den Bann gezogen. Der mit Vintagekuriositäten gespickte Innenraum wirkte
mit seinen vielen Pflanzen und den vom Boden bis zur Decke
reichenden Glasfenstern wie ein über lange Zeit geknüpfter,
urbaner Flickenteppich. Er hatte fast etwas von einem städti-
schen Gewächshaus. Sophia betrachtete das feine Farnblatt, das
ihre grasgrüne Matcha-Latte bedeckte. Sie war in nachdenkli-
cher Stimmung. Das Leben von Leonardo und Barbara war bestimmt auch nicht perfekt gewesen, aber für sie hatte ihre Beziehung etwas Zauberhaftes: all diese gemeinsamen Reisen, ihre
gemeinsame Mission, ihre Bereitschaft, sich gegenseitig in ihrer
Entwicklung zu unterstützen. Sie hatte noch nie zuvor von Okinawa gehört, doch nun hatte sie eine lebhafte Vorstellung der
Insel vor Augen. Und was ihre Aufmerksamkeit am meisten gefesselt hatte, war, was sie über die Philosophie des Ikigai gelesen
hatte. Denn während viele Organisationen heutzutage mit langen und blumigen Worten über die Bedeutung von Purpose,
Unternehmenszweck und Sinn sprachen, zeigten weltweite Um-
fragen, dass mehr Menschen denn je desinteressiert an ihrer
Arbeit waren, unzufrieden durchs Leben gingen und infolgedessen oft auch ein geringeres Maß an Produktivität erreichten. Sophia hatte ihre eigenen Theorien dazu, was hier schieflief. Eines
der Probleme, die sie ausgemacht hatte, bestand darin, dass den
Menschen oft gesagt wurde, sie sollten nach außen schauen, um
einen Sinn zu finden. Doch wenn jemand für eine Organisation
mit einem ehrenwerten Unternehmenszweck arbeitete, die aus-
geübte Tätigkeit aber nicht als erfüllend empfand, war ihm oder
ihr noch nicht geholfen. Das war es, was Sophia an der Idee von
Ikigai begeisterte: Es schien die Lücke zwischen dem großen, äu-

ßerem Purpose und dem inneren Antrieb des Einzelnen zu schließen.

Sophia nahm Leonardos Brief noch einmal zur Hand, um die verschiedenen Facetten der Ikigai-Blume zu studieren. Das Ganze erinnerte sie an ein modernes Coaching-Tool, das Menschen dabei unterstützte, die Aktivitäten zu identifizieren, die sie während der Arbeit mit Sinn, Energie und Freude erfüllten. Sophia hatte Jonathan Fields, den Erfinder dieser Diagnostik und ein New-York-Times-Bestsellerautor, einmal persönlich auf einer Führungskonferenz in Big Apple kennengelernt. Zusammen mit seinem Team hatte er über Jahre Tausende Stunden damit zugebracht, Motivation am Arbeitsplatz zu erforschen, und dabei herausgefunden, dass die meisten Menschen zehn verschiedenen Archetypen zuzuordnen waren. Sophia rief auf ihrem Smartphone den kostenlosen Onlinetest auf, der dazu erschienen war. Sie war sehr angetan davon, auch wenn es ihn bisher nur auf Englisch und Spanisch gab. Zur Rekapitulation schrieb sie sich das Wichtigste heraus:

»The Expert«/die Expertin

> Liebt es, sich neues Wissen anzueignen, und erhält durch den bloßen Akt des Lernens und der Wissensaufbereitung neue Energie.
> Es ist nicht unbedingt wichtig, das Gelernte anzuwenden.
> Die Erfahrung des Lernens selbst erfüllt diesen Archetypus mit Sinn und Freude.

»The Maker«/der kreative Macher

> Ist motiviert, Ideen in die Realität umzusetzen, egal, ob in physischer, digitaler oder experimenteller Form.

> Ist oft Erfinder, Handwerkerin, Autor, Künstlerin oder Musiker.
> Der Prozess, etwas aus dem Nichts zu erschaffen, ist seine größte Motivation.

»The Scientist« / der Problemlöser

> Lebt von der Herausforderung, komplexe Probleme zu lösen, und scheut weder Zeit noch Mühe, um dieses Ziel zu erreichen.
> Gibt nicht auf und bleibt beharrlich am Ball, bis er die gesuchten Antworten gefunden hat.

»The Essentialist« / die Organisatorin

> Zieht eine tiefe Befriedigung daraus, selbst aus den chaotischsten Umständen heraus Ordnung zu schaffen, und strebt danach, neue Systeme zu kreieren, die effektiv und effizient funktionieren.
> Liebt das Streben nach Vereinfachung und Ordnung.

»The Performer« / die Vortragende

> Fühlt sich lebendig, wenn es ihr gelingt, die Interaktionen mit anderen Menschen mit Energie zu füllen.
> Möchte jeden Moment beleben und strebt danach, eine interaktive Erfahrung für andere zu schaffen.
> Versucht, all ihren Gesprächen Schwung zu verleihen, sei es im Sitzungssaal, bei einer Besprechung oder einer Verkaufskonferenz.

»The Sage« / die Weise

> Liebt es, Menschen von innen heraus zu persönlichem Wachstum zu inspirieren.

> Lernt, um die gewonnenen Einsichten mit anderen zu teilen.

> Fühlt sich lebendig, wenn sie in anderen Menschen und Gruppen Einsichten zu wecken vermag, die zu positivem Handeln führen.

»The Warrior« / der Anführer

> Fühlt sich energiegeladen, wenn er oder sie Menschen und Gruppen anleitet, um gemeinsame Ziele zu erreichen.

> Lebt davon, Menschen zusammenzubringen und sie von Punkt A nach Punkt B zu führen.

> Zeigt sich oft schon in jungen Jahren bei Kindern, die beim Spielen eine Gruppe hinter sich scharen oder in der Nachbarschaft gemeinsame Unternehmungen organisieren.

»The Advisor« / der Berater

> Bezieht die eigene Motivation daraus, anderen Menschen und Organisationen genaue Handlungsanleitungen dafür zu geben, wie sie sich verbessern und organisieren können.

> Teilt gerne sein Wissen mit anderen, um sie zu beraten und zu positiven Ergebnissen beizutragen.

> Anders als Warriors, die oft Teil der Gruppe sind, treten Berater von außen an die Gruppe heran.

»The Advocat« / die Anwältin

> Setzt sich inhaltlich für andere ein und fördert Menschen und Ideen, an die sie glaubt.

> Findet Motivation, indem er sich für Ideen, Einzelne oder Gruppierungen engagiert.

> Bemerkt möglicherweise während einer Besprechung, dass eine Kollegin mit ihrem Anliegen ignoriert wird, und versucht daraufhin, die Aufmerksamkeit auf deren Beitrag zu lenken.

»The Nurturer«/ die Unterstützerin

> Liebt es, andere Menschen in ihrem Leben zu unterstützen und ihnen jederzeit zu helfen.

> Ist oft zutiefst einfühlsam und fürsorglich und zeichnet sich durch ein hohes Maß an Empathie und sozialem Interesse aus.

> Das Leben anderer Menschen ist ihr genauso wichtig wie ihr eigenes.

Aus Spaß hatte Sophia den Test noch einmal ausgefüllt, und natürlich bestätigte er, was sie im Prinzip schon gewusst hatte. Ihr primärer Archetypus war »The Sage« – ein Mensch, der lernen wollte, um andere zu inspirieren, an sich zu glauben und ihr Potenzial zu entfalten. Nach einem Gespräch mit einem Coachingkunden fragte sie sich oft insgeheim, wer wem die Rechnung schicken sollte, da ihr diese Aufgabe so viel Freude bereitete. Ihr sekundärer Archetypus war »The Performer«. Sie liebte es, Begegnungen mit anderen lebendig zu gestalten, und glücklicherweise bot ihr Beruf viele Möglichkeiten, dies zu tun.

Sie schaute sich noch einmal die Ikigai-Blume an. Ihr Arbeitsleben war in der Tat angereichert mit Aktivitäten, in denen sie gut war, denen sie mit Leidenschaft nachging, die ihre Kunden als wertvoll empfanden und für die sie gut bezahlt wurde. Natürlich gab es auch in ihrem Job Aspekte, die sie weniger mochte, wie die Buchhaltung oder andere administrative Aufgaben. Aber im Kern war ihre berufliche Tätigkeit so gestaltet, dass sie alle vier Aspekte der Ikigai-Blume erfüllte, weshalb sie mit diesem Bereich ihres Lebens wohl auch so zufrieden war.

Dafür war sie wirklich dankbar, dachte sie, und setzte sich automatisch aufrechter hin. Sie lächelte und streckte sich kurz.

Jetzt hatte sie das Privileg, anderen dabei zu helfen, das Gleiche für sich zu erreichen. Die zehn Archetypen konnten in diesem Selbstfindungsprozess ein guter Ausgangspunkt sein. Eine andere Möglichkeit, dem eigenen Ikigai auf die Spur zu kommen, wäre, über die Aktivitäten nachzudenken, zu denen man sich bereits in der Kindheit oder Jugend auf natürliche Weise hingezogen gefühlt hatte, da die Denk-, Gefühls- und Verhaltensmuster, die einem Gefühle von Freude und Sinn vermitteln, früh im Leben geformt werden. Sophia hielt inne, machte sich eine kleine Notiz und bestellte noch einen weiteren Matcha-Tee. Sie überlegte weiter.

Eine andere einfache und praktische Methode, das eigene Ikigai zu entdecken, wäre, was Sophia gerade einer Klientin empfohlen hatte: sich während eines Zeitraums von einer Woche oder gar einem Monat selbst zu beobachten und zu schauen, welche Aktivitäten einem während und außerhalb der Arbeit besonders viel Energie gaben, und diese dann für einen noblen Zweck einzusetzen. Und das Beruhigende war, dass der Rat nicht unbedingt darin bestehen musste, den Job, der einem nicht gefiel, sofort zu kündigen, sondern zuerst einmal im aktuellen Beruf oder in der Freizeit nach Möglichkeiten zu suchen, diese Verhaltensweisen vermehrt anzuwenden, um sie zu hegen und zu pflegen und dadurch Kraft zu sammeln.

Sophia sah sich um. Ihr Blick wanderte über die feinen japanischen Kunstwerke an der Wand. Könnte die Arbeit an diesem Buch auch eine Möglichkeit sein, ihr eigenes Ikigai zu entfalten? Das Schreiben fiel ihr nicht immer leicht. Es war oft harte Arbeit und mit Isolation und Selbstzweifeln verbunden, aber sie erlebte Momente des Flows, sobald sie sich darauf einließ, insbesondere wenn sie ihre Texte editierte und sich vorstellte, wie sie ihren Kunden helfen würde, echte Veränderungen in ihrem Leben herbeizuführen. Eine Sache beschäftigte sie jedoch. Leonardo hatte sie immer noch nicht persönlich kontaktiert, auch wenn sie quasi täglich damit rechnete. Wenigstens einmal müssten sie das Buchprojekt doch persönlich besprechen, und wie einfach wäre es, einen virtuellen Call für sie beide zu organisieren. In einem seiner Briefe hatte er erwähnt, dass sie sich irgendwann in seinem Haus in Santa Barbara treffen würden. Auch das könnte sie mit etwas Aufwand möglich machen. Doch bis dahin wollte sie vorbereitet sein und Ideen für das Schreiben des Buches sammeln, die ihm und Barbara gerecht wurden.

Sophia öffnete ihren Laptop und begann spontan, nach Co-working-Spaces in Berlin zu suchen. Sie hatte vor ein paar Wochen beschlossen, dass sie mit dem eigentlichen Konzipieren des Buches erst beginnen würde, nachdem sie mit Leonardo gesprochen hatte. Es war also noch Zeit. Aber nichts hinderte sie daran, sich in dieser Stadt ein besseres Netzwerk aufzubauen. Das würde ihr und auch dem Buch guttun.

Sophia winkte, um die Rechnung zu bestellen. Es war Zeit zu gehen. Auf dem Weg nach unten über die verwunschene Wendeltreppe bemerkte sie, dass sie wieder eine Liste mit Dingen hatte, die es zu erledigen galt, und glücklicherweise hatte sie genug Zeit, es auch zu tun. Sie trat auf die Straße, die in den letzten Jahren zu einer der bekanntesten Meilen zeitgenössischer Kunst in Berlin geworden war. Ihr Blick fiel auf eine üppig grüne Bambusanordnung, die den geräumigen Bürgersteig schmückte. Daneben stand eine mobile Solaranlage, welche die spätsommerlichen Sonnenstrahlen absorbierte. War das Ausleben des Ikigai nicht im weitesten Sinne auch eine Form, erneuerbare Energie zu nutzen? Man konnte heutzutage leicht der Illusion erliegen, dass es bei der Erfüllung der eigenen Ziele fortwährend um Leidenschaft, Flow und Spaß ging, während ein sinnvolles Leben in Wahrheit oft harte Arbeit in Kombination mit den eigenen Werten war. Es gab viele Momente der Erfüllung, aber diese entstanden, während man auf etwas hinarbeitete und dabei Fähigkeiten anwandte, die auch für andere Menschen Werte schafften *und* dem eigenen Ikigai entsprachen. In diesem Prozess, der manchmal leicht und manchmal schwierig war, entstand tatsächlich Energie, und zwar von innen heraus, immer und immer wieder. Genau das war es, was Sophia wollte. Sie war dabei, ein Puzzle zu lösen, das ihr wirklich am Herzen lag, und sie war bereit, die Höhen und Tiefen dieses Projekts zu meistern, das ihr auf wundersame Weise anvertraut worden war.

Leonardo: Unsere Beziehungen

»Liebe ist der Grund, warum wir hier sind.«

— ADAPTIERT NACH BRENÉ BROWN

Liebe Sophia,

heute Morgen hat mich die Sonne spät geweckt, als sie sanft durch meine Jalousien blinzelte. Ich glaube, sie wollte mir Mut zusprechen. Ein kleines Team von Krankenpflegern kümmert sich abwechselnd um mich. Dafür bin ich dankbar. Normalerweise verbringe ich die Vormittage mittlerweile in meinem Bett, bevor Sandra, Monica oder Eric mich im Rollstuhl auf die Terrasse schieben. Während mich das Schreiben dieser Briefe geistig und emotional in den letzten Monaten noch einmal herausgefordert hat, erstreckt sich der Radius meiner körperlichen Aktivitäten nur eben noch vom Schlafzimmer bis in die Küche und, wenn ich Glück habe, hinaus auf die Terrasse. Dort sitze ich jetzt über unseren Eichentisch gebeugt, mein Kopf kaum höher als der Stapel Pancakes neben mir, und beginne, diesen letzten großen Brief zu schreiben.

Alles andere ist bereits organisiert, und Isabel wird wissen, was zu tun ist, wenn ich nicht mehr da bin. Auch die Notizen mit meinen persönlichen Investmenttipps für die Bank des Lebens, die ich im Laufe der Jahre gesammelt habe, werde ich Ihnen noch zukommen lassen. Obwohl ich nicht weiß, ob ich sie noch fertigstellen kann. Die Zeit wird knapp, das spüre ich.

Lassen Sie mich deshalb ohne weitere Umschweife zum letzten Element der »Big Five of Life« bei der Bank des Lebens kommen: unseren Beziehungen. Ohne Gesundheit ist alles nichts. Unsere Gedanken und Emotionen bestimmen, wie wir unser Leben erleben. Arbeit ermöglicht uns, einen sinnvollen Beitrag für andere zu leisten, indem wir Fähigkeiten anwenden, die uns das Gefühl geben, gebraucht zu werden. Unsere Finanzen bilden die Grundlage unserer weltlichen Existenz. Aber Liebe und Beziehungen sind das, was alles zusammenhält. Was macht das Leben für einen Sinn, wenn wir es nicht mit anderen teilen können? Was wäre eine Welt ohne Liebe, Freundschaft und das Gefühl von tiefer Verbundenheit? Ein wunderschönes Thema in der Tat. Und doch ist es für mich nicht einfach, gerade diesen Brief zu beginnen. Aber es ist Zeit, auch über die schwierigen Aspekte des Lebens zu sprechen.

Sie haben vielleicht schon manchmal gedacht, dass Barbaras und mein Leben Ihnen wie ein Märchen vorkommt. Eine wunderbare Ehe. Gesundheit. Liebe. Glück. Sinnvolle Arbeit. Exotische Reisen. Finanzen im Griff. Ein Haus am Strand von Santa Barbara, wenn auch ein sehr kleines. Was will man mehr? Das stimmt, und wir waren für all das unendlich dankbar. Aber da ist noch mehr im Verborgenen. So ist das nun einmal beim Geschichtenerzählen. Ich hätte über unser Leben schreiben können, ohne diese dunkleren Seiten zu beleuchten, und das wäre kein Verbrechen gewesen. Wir alle sind selektive Geschichtenerzähler. Wir lassen in unseren Schilderungen bestimmte Dinge drin und andere Dinge außen vor. Wir bearbeiten und verzerren die Realität ständig ein wenig hier und ein wenig dort. Wir möchten, dass man unsere Seite der Geschichte auf eine Art und Weise versteht, die uns im Recht, kompetent und liebenswert erscheinen lässt. Das ist nur menschlich. Denn die größte Gefahr besteht nicht etwa darin, dass unsere Version der Geschichte fehlerhaft und immer unvollständig wäre. Das größte Risiko gehen wir ein, indem wir so tun, als würden wir all das nicht bemerken. Normalerweise aber zahlt man einen hohen Preis für dieses heimliche Editieren im Hinterstübchen, denn es hindert uns daran, etwas zu lernen, bessere Beziehungen einzugehen und uns weiterzuentwickeln.

Deshalb zurück zu Barbara und mir. Ein Teil der Wahrheit ist, dass nicht immer alles fantastisch war. Es gab auch Jahre des Leids und der Verzweiflung, der Enttäuschungen und der Geheimnisse. Grund dafür war die eine Beziehung im Leben, nach der wir beide uns so sehnten, die zu erleben wir aber nicht das Privileg hatten. Um es kurz zu machen: Wir konnten keine Kinder bekommen. In all den Jahren, in denen es uns vielleicht möglich gewesen wäre, eine Familie zu gründen, waren wir zu sehr mit unseren Projekten beschäftigt, mit unseren Träumen, unserer Arbeit. Es kam uns gar nicht in den Sinn, dass wir den richtigen Moment verpassen könnten. Als Barbara jedoch vorzeitig in die Wechseljahre kam, passierte genau das. Viele Jahre probierten wir alles, was die moderne Medizin zu bieten hatte, was nicht nur Barbaras Gesundheit, sondern auch unsere Beziehung sehr belastete. Und als wir für all das fast zu alt waren, versuchten wir, ein Kind zu adoptieren. Auf diese Episode unseres Lebens werde ich nicht näher eingehen, aber die schmerzhafte Zusammenfassung ist, dass wir auch hier kein Happy End erlebten.

Die Trauer über diesen Verlust oder dieses Nichterleben dessen, wonach wir uns so sehr sehnten, schwebte für lange Zeit wie eine dunkle Wolke über uns. Über Jahre waren wir wie betäubt, und Barbara hörte sogar eine Weile auf zu arbeiten. Wochenlang begann und beendete sie den Tag im Schlafanzug. Als das Schlimmste vorbei war, tat sie, was sie in schwierigen Zeiten immer getan hatte. Sie stürzte sich in ihre Arbeit. Und dabei verloren wir beide uns zunehmend aus den Augen. Oft sprachen wir tagelang nicht miteinander oder stritten uns über Belangloses. Wenn Sie also dachten, unsere Beziehung sei zu schön gewesen, um wahr zu sein, wissen Sie jetzt, dass auch wir dunkle Tage erlebt haben, viele davon. Ich erinnere mich an einen Moment inmitten einer unserer vielen Streitereien, als ich buchstäblich aus alldem aufzuwachen schien. Ich beobachtete uns beide wie von einem Balkon herab, wie wir uns mit grimmiger Miene gegenüberstanden und uns Vorwürfe an den Kopf warfen. Und ich fragte mich, was aus uns geworden war und wie lange das schon so ging. Es musste sich etwas ändern! Die Frage war, wie?

Einige Wochen später buchte ich eine Lodge in den San Rafael-Bergen für einen Wochenendausflug, wie wir ihn in früheren Jahren gelegentlich unternommen hatten. Tagsüber gingen wir wandern. Am Abend machten wir ein Feuer und öffneten eine Flasche Rotwein. Nachdem wir eine Weile schweigend in die Flammen geschaut hatten, erzählte ich Barbara von einem Konzept, das ich im Monat zuvor bei einem Tony-Robbins-Inhouse-Seminar in unserer Bank kennengelernt hatte. Sie reagierte skeptisch und fragte, ob das Ganze überhaupt auf einer soliden wissenschaftlichen Grundlage beruhe. Ich ignorierte ihren Einwand und fuhr fort.

»Die Annahme ist, dass wir uns dann zufrieden fühlen, wenn wir sechs menschlichen Grundbedürfnisse in unserem Alltag auf positive Weise befriedigen können«, erklärte ich und schob mit einem Stock ein paar Holzscheite dichter zur Glut.

Barbara schwieg, aber ich meinte zu spüren, dass sich so etwas wie ein verhaltenes Interesse in ihr zu regen begann. Also machte ich weiter.

»Das gilt auch in Beziehungen. Wenn wir diese sechs Grundbedürfnisse für- und miteinander erfüllen können, stehen die Chancen sehr gut, dass man ein Leben lang zusammenbleiben möchte.«

Barbara schaute mit versteinerter Miene ins Feuer. Aber irgendwo mussten wir beginnen. Jeder Anfang war besser als keiner.

»Das erste Bedürfnis, nach dem wir streben, ist Sicherheit. Wir alle möchten uns sicher und gut aufgehoben fühlen.« Ich schaute sie eindringlich an. »Was meinst du? Geben wir uns gegenseitig ein Gefühl von Sicherheit?«

Ich kannte Barbara gut genug, um zu sehen, dass sie tatsächlich anfing, über meine Frage nachzudenken, wenn auch widerwillig. Ich atmete innerlich auf.

Ja, wie war es um das Gefühl von Sicherheit in unserer Beziehung bestellt? Wir taten zumindest nichts, um das Gegenteil zu provozieren. Es bestand keine Sorge, dass einer von uns mit jemand anderem durchbrennen oder Ähnliches passieren würde. Und es gab immer noch viel Stabilität in unserem Leben. Wir hatten unsere Jobs, unsere Finanzen waren solide, wir hatten unser Zuhause. Was jedoch fehlte, waren die gemeinsamen Routinen, die unserem Alltag und unserer Beziehung in früheren Jahren eine Struktur verliehen hatten. Unsere Morgenroutine mit Yoga oder Meditation und der anschließenden gemeinsamen Tasse Tee; das gemeinsame Abendessen, unsere Spaziergänge am Strand, unser abendliches Glas Rotwein auf der Terrasse. Aber diese Struktur existierte schon lange nicht mehr.

Barbara sah mich aus dunklen Augen an. Der Schein des Feuers tauchte alles in ein warmes Licht, aber ihre Stimme klang zynisch: »Und jetzt möchtest du, dass wir eine Liste mit Dingen aufstellen, die wir wieder gemeinsam tun sollten?«

Ich dachte einen Moment nach, bevor ich antwortete. »Vielleicht reden wir einfach und sehen, wohin es uns führt, bevor wir einen Plan machen. Was denkst du?«

Barbara seufzte. Dann nickte sie. »Also gut. Was kommt als Nächstes?«

Das Gespräch fühlte sich immerhin schon nicht mehr ganz so einseitig an.

»So paradox es klingen mag, laut diesem Konzept haben wir Menschen auch ein Bedürfnis nach Unsicherheit. Wenn alles im Leben – unsere Beziehungen, unser Job und so weiter – vorhersehbar wird, fühlen wir uns nicht mehr lebendig. Dann sehnen wir uns nach Abwechslung und einer Art Abenteuer. Wie sieht es da bei uns aus?«

Barbara antwortete umgehend:»Sind zwei Datensätze ausreichend, um einen Trend zu erkennen?«

Wir grinsten uns an. Das war die Art von Humor, die uns früher immer miteinander verbunden hatte.

Die Analyse der sechs menschlichen Bedürfnisse war eine gute Möglichkeit, dieses Gespräch zu führen, ohne gleich zu sehr in die Tiefe zu gehen und dennoch auf sinnvolle Weise über unsere Beziehung zu sprechen. Und es stimmte leider: Vorbei waren die Zeiten, in denen wir uns gegenseitig überrascht, gemeinsam Neues erkundet und uns wirklich miteinander lebendig gefühlt hatten. Aber so musste es ja nicht bleiben.

»Okay, dann zu Nummer drei, worauf wartest du, Leonardo!«

Ich stand auf, legte ein paar neue Holzscheite ins Feuer und fuhr nach einem kurzen Blick auf die Zeichnung fort.

»Als drittes kommt das Bedürfnis nach Nähe und Liebe. Wahrscheinlich das offensichtlichste Thema, wenn es um Beziehungen geht.« Ich schaute sie an.»Wie sieht es damit bei uns aus?«, fragte ich vorsichtig.

Auch diese Antwort schmeichelte uns nicht. Und was noch schlimmer war: Es hatte uns nicht mal mehr gestört, dass wir so weit auseinandergedriftet waren. Die meiste Zeit hatten wir es nicht einmal bemerkt.

»Vielleicht klammern wir dieses Bedürfnis fürs Erste aus«, schlug ich vor, mir der Sensibilität des Themas bewusst.

»Das ist ja ein sehr tiefsinniges Gespräch, Leonardo!«

Ich ließ mich von Barbaras Spott jedoch keineswegs beirren, denn ich war absolut überzeugt davon, dass wir mit dieser behutsamen Gangart mehr erreichen könnten, als uns beiden bewusst war.

»Dann gibt es noch das Bedürfnis nach Anerkennung. Menschen möchten sich anerkannt, gebraucht, gewollt, einzigartig und wichtig fühlen … Oder was auch immer.«

Ich griff nach meinem Rotweinglas und drehte es in der Hand. »Tony Robbins behauptet, dass dies für Männer besonders wichtig ist.« Ich grinste. »Kann gar nicht wahr sein, oder?«

Barbara ignorierte meinen Versuch, die Stimmung aufzulockern, und blieb bei der Sache: »Wofür habe ich dir in den letzten Jahren Anerkennung geschenkt?«

Es war eine rhetorische Frage. Sie hatte mich im Großen und Ganzen kaum wahrgenommen.

»Es wird nicht besser, oder?«, fragte Barbara und fing nun ihrerseits an, mit einem rostigen Schürhaken im Feuer herumzustochern. Die Funken stoben in den nächtlichen Himmel. »Wie viele Flaschen Wein hast du mitgebracht?«, fragte sie auf tragisch komische Art. Der Grad an Ehrlichkeit, den wir uns in diesem Gespräch entgegenbrachten, überraschte uns beide. Es war zwar schmerzhaft, offen zuzugeben, wo wir in unserer Beziehung zueinander standen, aber die Wahrheit auszusprechen schaffte eine lange nicht da gewesene Nähe.

Und als wir uns die nächsten beiden menschlichen Bedürfnisse ansahen, die Tony als Bedürfnisse der Seele beschrieben hatte, waren wir uns einig, dass wir diese in unserer Ehe über lange, lange Zeit geradezu auf höchstem Niveau erfüllt hatten. Wir hatten es geliebt zu lernen, uns weiterzuentwickeln, unser Ikigai im Dienste anderer zu entfalten und zu einem größeren Ganzen beizutragen. Aber wir mussten uns eingestehen, dass dies nur noch jeder für sich, aber wir es nicht mehr gemeinsam in unserer Ehe taten.

Den Rest des Abends saßen wir schweigend am Feuer, tranken mehr Wein als sonst und spürten ein Zusammengehörigkeitsgefühl, das wir fast vergessen hatten.

* * *

Natürlich hat sich nach diesem Wochenende nicht alles geändert. Aus diesem Tal unseres Lebens herauszukommen, war eher ein Zickzackkurs als eine gerade Linie. Manchmal dachte ich, wir schaffen es nicht. Doch dann fand ich Barbara eines Sonntagmorgens im Nachthemd auf der Terrasse, wo sie bereits das Frühstück für uns beide zubereitet hatte. Als sich unsere Blicke trafen, konnte ich spüren, dass etwas Besonderes passieren würde.

»Du hattest recht«, sagte sie. »Es gibt noch so viel, wofür wir dankbar sein können!«

Tränen liefen ihr über die Wangen. Als ich sie umarmte, begann sie noch stärker zu weinen. Aber es waren befreiende, kathartische Tränen. Als sie sich etwas beruhigt hatte, erzählte sie mir von ihrer neuen Sichtweise. Jedes Buch, meinte sie, bestehe aus verschiedenen Kapiteln. Und für uns sei es nun an der Zeit, ein neues Kapitel in unserem Leben aufzuschlagen. Ich kannte meine Frau gut genug, um zu erkennen, dass sie vor allem sich selbst mit diesen Worten überzeugen wollte und sich dabei eines Zeitbegriffs bediente, der ihr bei ähnlichen Gelegenheiten in der Vergangenheit gute Dienste geleistet hatte. Ich nickte so einfühlsam, wie ich konnte, und versuchte, ihr die Ermutigung zu geben, die sie brauchte. Würden wir so tun, als begänne in diesem Moment ein neues Kapitel in unserem Leben, könnte diese Überzeugung als eine Art Sprungbrett in eine bessere Zukunft dienen. Das wünschten wir uns beide.

In den kommenden Wochen diskutierten wir oft darüber, wie eine Vision für dieses neue Kapitel unseres Lebens aussehen könnte. Die tiefste Erkenntnis, die wir aus unserem Gespräch in den San-Rafael-Bergen gewonnen hatten, war, dass uns das Gefühl von Liebe, Nähe und Verbundenheit abhandengekommen war, und zwar nicht nur in Bezug auf uns beide, sondern auch auf unser eigenes Innerstes. Für Barbara war dies der Beginn einer spirituellen Reise, die sich äußerlich in zahlreichen Meditations- und Yogasitzungen, Zeremonien und vielen Ritualen äußerte. Doch der innere Wandel war noch tiefgreifender. Es mag seltsam klingen, aber sie verwandelte sich in eine weisere, fließende Version ihrer selbst. Ich hingegen ging die Dinge zuerst etwas pragmatischer an und kaufte mir ein Surfbrett. In früheren Jahren hatte ich verschiedene Formen von Kampfkunst betrieben. Genauso intensiv wollte ich meinen Körper wieder spüren. Ich wollte mich endlich wieder lebendig fühlen und ich liebte es, im Wasser und auf dem Brett zu sein – auch wenn ich nicht mehr ganz jung war und wahrscheinlich nur sehr mittelmäßig surfte. Aber in diesen Momenten da draußen auf dem Meer spürte ich eine Verbindung zu mir, zur Natur und dem Leben selbst, die mir zeigte, was mit echter Präsenz wirklich gemeint war.

Doch dabei blieb es nicht. Wir kümmerten uns bewusst mehr um unseren Freundeskreis und unser soziales Umfeld in Santa Barbara. Am Anfang übertrieb Barbara es damit etwas, wie es für sie typisch war. Sie plante so viele Grillabende, Partys und alle möglichen anderen Treffen mit Freunden oder zukünftigen Freunden, dass wir irgendwann völlig erschöpft waren. Später stellen wir uns eine andere Frage: Wenn unser Leben tatsächlich die Geschichte unserer Begegnungen wäre, wie das Sprichwort sagt, mit wem würden wir gerne zusammen sein?

In dieser Zeit dachte ich oft darüber nach, was ein Hundertjähriger auf Okinawa zu uns gesagt hatte: »Diese Ärzte und Langlebigkeitsforscher denken, es dreht sich alles ums Gemüse. Aber das wahre Geheimnis eines langen und reichen Lebens liegt darin, zu einer Gemeinschaft von Freunden und Familie zu gehören. Das ist der eigentliche Reichtum.« Ich weiß nicht, ob sich in der Übersetzung ein Fehler eingeschlichen hatte, aber als Banker fand ich diese Aussagen äußerst interessant. Inspiriert von der Erinnerung an diese kurze Begegnung recherchierte ich dieses Thema etwas tiefergehender. Fühlten sich Menschen in der Tat reicher, wenn sie ihre Zeit in Beziehungen statt in Anleihen und Aktien investierten? Und ob Sie es glauben oder nicht, ich fand empirische Beweise dafür, die ich meiner Frau sofort mitteilen musste.

»Barbara, wusstest du, dass Freunde 134.000 Dollar an Glück wert sein können?«, fragte ich sie eines Abends. »Das ist wirklich wahr! Ein Verhaltensökonom an der Universität London hat berechnet, dass eine neue, gute Beziehung genauso viel zu unserem Glück beitragen kann wie eine Gehaltserhöhung um 134.000 US-Dollar – etwas, das die meisten Menschen ohnehin nie erleben werden. Das ist der wissenschaftliche Beweis dafür, dass die Okinawer recht haben. Beziehungen sind tatsächlich ungeheuer wichtig!«

Die Art und Weise, wie Barbara mich ansah, ließ mich ahnen, dass ich nicht die Anerkennung für meine Recherchen erhalten würde, die ich verdiente.

»Banker sind wirklich ein hoffnungsloser Fall!«, bemerkte sie, verdrehte die Augen und stieß einen theatralischen Seufzer aus. »Du hast doch nicht wirklich diese Zahlen gebraucht, um das zu wissen, Leonardo?«

Wir lachten. Es war genau wie früher. Unser gemeinsamer Sinn für Humor hatte uns im Leben so viel gegeben und uns immer verbunden. Ich wusste in diesem Moment, dass wir auf dem richtigen Weg waren. Und in der Folge begannen auch Barbara und Sendhil, den Zusammenhang von Beziehungen und Gesundheit eingehender zu erforschen. Sie wurden in der gesundheitswissenschaftlichen Literatur fündig, die zu diesem Zeitpunkt gerade entstand: Tiefe, positive Verbindungen beeinflussen die Gesundheit ebenso stark wie ausreichender Schlaf, eine gute Ernährung und Bewegung. Und mehr noch: Liebe und Freundschaft können sogar vor Krankheiten schützen und unser Leben um Jahre verlängern.

* * *

Ein weiteres sichtbares Zeichen dafür, dass wir unsere Trauer allmählich verarbeitet hatten, war der Bau des japanischen Teehauses in unserem Garten. Genau wie wir es uns vor langer Zeit auf dem Leuchtturm von Okinawa vorgestellt hatten, bestand es aus zwei Räumen. In einem gab es einen Schreibtisch und Regale für Bücher, Materialien und Tagebücher, die unsere Notizen von unseren Reisen um die Welt enthielten: angefangen bei unseren Flitterwochen in Afrika über unsere Zeit in Israel, Indien und Japan bis hin zu unseren späteren Besuchen der Blue Zones in Italien, Griechenland und Costa Rica. Der zweite Raum war fast leer, nur mit Tatami-Matten auf dem Boden und einem Altar mit einer goldenen Buddhastatue. Dies war ein Raum für Meditation, Spiritualität, Kontemplation und, wie sich herausstellen sollte, in sehr seltenen Fällen auch für andere Formen von Nähe zwischen Barbara und mir.

»In der chinesischen Medizin ist sexuelle Energie eine Form der Heilung. Es ist das Lebens-Qi, das in seiner Bedeutung für die Erhaltung der Gesundheit der von Atem und Nahrung ähnelt. Ist das nicht faszinierend?« Meine Frau, die neben mir auf den Tatami-Matten lag, lächelte amüsiert.

In späteren Phasen unseres Lebens wurde das Teehaus zu dem Ort, in dem Barbara einen Großteil ihrer Zeit verbrachte. Die meisten unserer Tage begannen damit, dass wir zusammen auf der

Terrasse unseres Strandhauses frühstückten und Barbara sich anschließend dorthin zurückzog, um sich mit ihren Zeremonien, ihren Ritualen und dem Schreiben zu beschäftigen – Aktivitäten, die alle ineinander überzugehen schienen.

Barbara hatte nie den Wunsch, in der akademischen Welt Karriere zu machen, weshalb sie keine wissenschaftlichen Arbeiten publizierte. Das einzige Werk, für das sie sich je hatte begeistern können, war das Buch über die Essenz eines gelingenden Lebens. Was sie in jenen Jahren antrieb, war die Einsicht, wie sehr im Leben alles miteinander verbunden war. Sie dachte oft über die Frage nach, ob all diese »Entweder/Oder«-Ansätze in der Welt der Medizin, der Psychologie und der Gesellschaft als Ganzer tatsächlich Sinn machten. Schulmedizin versus ganzheitliche Medizin; Pathogenese versus Salutogenese. Links oder rechts. Die Liste der Dichotomien ließe sich beliebig fortsetzen. Und zunehmend fragte sie sich, ob man diese scheinbar gegensätzlichen Ansichten nicht zum Wohle aller miteinander versöhnen solle. Was wäre, wenn Menschen grundsätzlich mit echter Neugier davon ausgingen, von der anderen Seite etwas lernen zu können, statt sich im Rechthaben zu üben?

Im Laufe der Jahre hatten Barbara und Sendhil mit eigenen Augen gesehen, dass sich die Schulmedizin und alternative Heilsysteme tatsächlich gegenseitig inspirieren konnten, selbst wenn die menschliche Intelligenz auf den sich gegenüberstehenden Seiten einander ausschließende Vorstellungen erkennen konnte. In der Schulmedizin galten Prinzipien wie Rationalität, Analyse und Ursache-Wirkungs-Denken als überlegen und der Gedanke der Trennung als notwendige Voraussetzung im Analyseprozess. Infolgedessen wurden nicht nur Körper und Geist, sondern auch die verschiedenen Körperteile in völliger Isolation voneinander betrachtet, als wären sie nicht Teil ein und desselben Systems. Ein

Arzt pro Organ! Und nicht viele Ärzte oder Patienten hatten das je infrage gestellt.

Befürworter eines ganzheitlicheren Ansatzes in der Medizin lehnten dies entschieden ab. Doch im Gegensatz zu vielen ihrer Kollegen erkannten Barbara und Sendhil die Errungenschaften der modernen Medizin ohne Rückhalt an. Schließlich waren ihr einige der erstaunlichsten Fortschritte in der Geschichte der Menschheit zu verdanken. Allerdings bedeutete die Anerkennung ihrer Verdienste nicht, dass man ihre Mängel ignorieren musste. Ausgehend von einem jahrhundertelangen Desinteresse an der Frage, wie Gesundheit entsteht, gefördert und erhalten werden kann, schien die moderne Medizin oft nicht genug interessiert daran zu sein, warum Menschen überhaupt krank wurden. Obwohl in den westlichen Ländern jährlich Billionen Dollar für die Gesundheitsversorgung ausgegeben wurden, so viel wie nie zuvor, wurden die Menschen nachweislich jedes Jahr kränker, übergewichtiger und depressiver. Irgendetwas schien also in diesem System nicht zu funktionieren. Umso erstaunlicher, dass Lifestylethemen wie Ernährung und Bewegung nicht längst zu festen Bestandteilen des Curriculums medizinischer Fakultäten geworden waren.

Sendhil, Barbara und ich diskutierten häufig bei einem guten Abendessen auf unserer Terrasse über diese Themen. Es war schwer zu verstehen, warum der wissenschaftliche Fortschritt einerseits so schnell und andererseits so langsam voranschritt. Sendhil brachte es, wie so oft, mit seinem trockenen Sinn für Humor auf den Punkt. Die Dinge würden sich schon ändern: »Mit jeder Beerdigung ein bisschen mehr.« In der Tat, vielleicht war das Haupthindernis auf dem Weg zu einer integrierten Sichtweise in der Medizin nicht die Unvereinbarkeit verschiedener Denkweisen, sondern das Ego etablierter Professoren und

Kapazitäten, die ob ihrer Einzigartigkeit bewundert werden wollten, statt mit Neugierde und Offenheit auf andere Ideen zuzugehen.

Glücklicherweise, liebe Sophia, erkennt die Mehrheit der medizinischen Gemeinschaft heute an, dass es keine wirkliche Trennung zwischen Geist und Körper gibt, und immer mehr führende medizinische Fakultäten haben zumindest kleine Abteilungen, die sich der Lifestylemedizin widmen und sich auch die Frage stellen, wie sich gesellschaftliche Faktoren auf die Gesundheit auswirken. Dennoch sollten solche positiven Entwicklungen nicht darüber hinwegtäuschen, dass Millionen und Abermillionen von Ärzten immer noch nach dem alten biomedizinischen Paradigma arbeiten. Was auch der Grund war, weshalb Barbara den unbedingten Willen hatte, dieses Buch zu schreiben, und ich mich so verpflichtet fühle, den roten Faden ihrer Gedanken diesbezüglich möglichst genau festzuhalten.

* * *

Sophia, meine Erzählung ist weder vollständig noch in allen Punkten präzise und kann es niemals sein. Vollendung ist ein Mythos. Dennoch gibt es Dinge, die ich Ihnen noch mitteilen möchte, um das Wesentliche gesagt zu haben. Es gibt nämlich noch ein weiteres Geheimnis, das mit Ihnen zu teilen ich mich verpflichtet fühle. Deshalb nun noch ein paar entscheidende Worte darüber, was mit dem Archiv für Barbaras und meinem Buchprojekt passierte. Denn wie Sie sehen werden, Sophia, bin ich derjenige, der für all dies verantwortlich ist.

Es geschah in der Nacht nach Barbaras Beerdigung. Was folgte, waren die dunkelsten Tage meines Lebens. Das ist keine Entschuldigung für das, was ich als Nächstes zu sagen habe. Aber ich möchte, dass Sie wissen, dass ich vom Schmerz gezeichnet war, als ich diesen Fehler beging. Am Abend nach der Beisetzung wanderte ich ruhelos durch unser Haus, unseren Garten, durch das Teehaus, mal hierhin, mal dorthin, dann wieder zurück. Ich hörte Beethovens Neunte, insbesondere die »Ode an die Freude«, die wir beide so geliebt hatten. Nach einer gefühlten Ewigkeit legte ich mich schließlich auf die Tatami-Matten im Teehaus und gab mich ganz dieser Musik hin, um mich meiner Frau näher zu fühlen. Und dann, als die Nacht fast vorbei war, stand ich plötzlich auf. Wie von einer höheren Macht geleitet, ging ich in die Garage und holte einen kleinen Benzinkanister. Ich tat das mit einer solchen Zielstrebigkeit, als hätte ich es geplant, was aber nicht der Fall war. Ohne zu zögern, verteilte ich das Benzin auf dem Boden des Teehauses, zündete ein Streichholz an und brannte alles nieder. Die Reispapierwände flackerten im Feuer, und als ich sah, wie Barbaras Sterbebett in Flammen aufging, machte das alles so viel Sinn. Barbara war zehn Tage zuvor an einer Lungenvergiftung infolge eines Schwelbrands im Eingang des Teehauses gestorben. Ich war zu dem Zeitpunkt in Los Angeles gewesen. Ein toxischer Nebel hatte sie das Leben gekostet, als sie friedlich auf den Tatami-Matten lag, um sich auszuruhen. Und nun fand das Teehaus das Ende, das es verdiente.

Natürlich muss ich verrückt gewesen sein! Ein alter Narr, der den Verstand verloren hatte! Aber in diesem Moment stand ich triumphierend da. Ich wartete ruhig, bis ich schließlich, als es längst zu spät war, um irgendetwas zu retten, die Feuerwehr rief. Es war sehr früh am Morgen, und als die Feuerwehrleute schließlich abzogen, schlief ich tief und fest. Erst als ich viele Stunden später wieder aufwachte, wurde mir allmählich klar, was ich getan hatte und was für ein dummer, alter Idiot ich gewesen war. Ich hatte alles niedergebrannt! Nicht nur das Teehaus, sondern auch alles andere. Alle Arbeiten von Barbara. Alle Worte, die sie geschrieben hatte. All die Sätze, an denen sie so lange so akribisch gearbeitet hatte, die sie immer wieder redigiert und wie exquisites Silberbesteck poliert hatte. Ich war entsetzt! Zur Trauer über den Verlust meiner Frau kam ein überwältigendes Schuldgefühl, das mich erstarren ließ. Ein ganzes Jahr lang war ich nicht in der Lage, mich wieder aus diesem Zustand zu befreien.

Heute bin ich sicher, dass Barbara sagen würde, dies alles sei aus einem bestimmten Grund passiert. Jedes Ende führt auf wundersame Weise zu neuen Anfängen. Selbst die Zerstörung unseres Buchprojekts, so dumm mein Handeln auch gewesen sein mag, hat zu etwas Neuem geführt. Und obwohl ich das lange Zeit nicht so sehen konnte, hoffe ich jetzt, dass sich dieser Kreislauf der Zerstörung durch die Übergabe des Staffelstabs an Sie, Sophia, in einen Kreislauf des Wachstums und der Inspiration verwandelt. Sicher wundern Sie sich immer noch, wie ich eigentlich auf Sie gekommen bin. Das kann ich gut verstehen! Es ist eine berechtigte Frage. Nur bin ich mir nicht sicher, ob ich Ihnen eine zufriedenstellende Antwort darauf geben kann. Aber ich will es zumindest versuchen.

Wenn ich an Sie denke, Sophia, fühle ich mich oft in Raum und Zeit zurückgeworfen und erinnere mich mit Wehmut an meine erste und einzige Reise nach Berlin, dem Geburtsort meiner Mutter. Damals besuchte ich ihre letzten noch lebenden Verwandten. Meine Mutter war bereits zu alt und schwach, um dies selbst noch tun zu können. Und dort, mitten in Berlin, lernte ich eine junge Frau kennen, die mich Jahrzehnte später auf wundersame Weise zu Ihnen führte. Wir mochten uns sofort, und sie zeigte mir die Stadt, die damals noch stark vom Zweiten Weltkrieg gezeichnet war. Am letzten Tag meines Besuchs geschah es dann. Wir hatten es uns gerade in einem kleinen Café gemütlich gemacht, als sie mir unerwartet anbot, mir mit Tarotkarten meine Zukunft vorauszusagen. Obwohl ich dies zuerst für einen Witz hielt, sagte ich ja. Sie schien so geschickt in dem zu sein, was sie tat. Wir lachten viel, und sie prophezeite mir ein langes Leben und eine glückliche Ehe. An den Rest kann ich mich nicht mehr genau erinnern. Zum Schluss schenkte sie mir mit einer theatralischen Geste eine alte Taschenuhr. Sie war schon etwas schäbig und funktionierte nicht mehr, aber auf ihrer Rückseite war der folgende Satz eingraviert:

»Lost time is never found again.«

Sie hatte die Uhr in einem alten, verlassenen Gebäude in Berlin gefunden und vermutete, ein amerikanischer GI habe sie während des Krieges dort verloren. Ich wusste nicht, was ich davon halten sollte. Aber sie bestand darauf, dass ich sie behielte, da sie mir am Ende meines langen Lebens unerwartet zu Hilfe kommen würde.

Es war nicht etwa so, dass ich ihr geglaubt hätte. Aber ich war fasziniert. Noch Monate nach meiner Rückkehr nach New York schaute ich die Uhr oft an. Größtenteils amüsiert, aber auch verblüfft; und tatsächlich trennte ich mich nie von ihr. Zugegebenermaßen gab es Momente, in denen ich sie beim Aussortieren beinahe weggeworfen hätte. Aber am Ende tat ich es nicht, und auch Barbara mochte die Uhr und die Geschichte dahinter und riet mir dazu, gut auf sie aufzupassen.

Und dann, genau ein Jahr nach dem Tod meiner Frau, fiel sie mir beim Aufräumen des Hauses wieder in die Hände. Die einfache Tatsache, dass ich sie ein Leben lang behalten hatte, fühlte sich plötzlich wie ein Wunder an. Und als ich kurz darauf Ihr Bild im Internet sah, Sophia, empfand ich dies als ein Zeichen, mit

Ihnen in Kontakt zu treten. Es sprach so vieles dafür. Ihr Aussehen. Diese dunklen Haare mit den leuchtend grünen Augen. Ihr Wohnort in Berlin, Ihre Ausbildung, Ihre bereits publizierten Bücher, Ihre Videos im Internet, das Datum für Ihren Vortrag in San Francisco, all dies brachte mich zu der Überzeugung, dass das Schicksal es vorgesehen hatte, dass wir uns auf diese besondere Weise begegnen sollten. Ich weiß, das klingt unwahrscheinlich. Und das ist es höchstwahrscheinlich auch. Aber ist nicht alles im Leben mehr als unwahrscheinlich, und trotzdem passiert es? Wir befinden uns auf einem Planeten, der sich mitten im Nirgendwo um sich selbst dreht. Tatsächlich besteht das Universum zu 99,99999999999999999999 Prozent aus leerem Raum. Wissenschaftlern zufolge entstand es vor 13,8 Milliarden Jahren, einer unvorstellbar langen Zeitspanne. Die Tatsache, dass wir hier sind und dies alles erleben können, grenzt an ein Wunder. Warum also nicht die Fantasie noch ein klitzekleines bisschen weiter dahingehend ausdehnen, dass es uns beiden bestimmt war, dass sich unsere Wege in diesem Moment kreuzen?

Und jetzt sitze ich hier in Santa Barbara und bringe meine letzten Tage damit zu, an diesen Seiten zu arbeiten, die bald per Post von Kalifornien nach Berlin transportiert werden, an eine Adresse, die nicht weit von dem Ort entfernt ist, an dem einst das Mädchen mit dem dunkelbraunen Haar und den leuchtend grünen Augen lebte, das mir diese Uhr geschenkt hat. Wenn unser Buch veröffentlicht ist, Sophia, wird es möglicherweise jemand hier in Santa Barbara kaufen, um es auf einem Flug nach Berlin zu lesen. Unwahrscheinlich, aber möglich.

Das Leben ist faszinierend. Wir bewegen uns in Kreisen. Immer und immer wieder. Und das nicht nur geografisch, sondern auch mental, emotional und spirituell. In westlichen Gesellschaften werden Kreise oft verachtet. Als Ausgestoßene der Geometrie

werden sie in unserer Sprache verwendet, um Dinge zu markie-
ren, die nicht funktionieren. Wenn jemand bei einer Aufgabe fest-
steckt, empfiehlt man ihm, sich nicht länger im Kreis zu drehen.
Wir werden aufgefordert, aufrecht zu sitzen, geradlinig zu denken
und zu handeln, ein Einserschüler zu sein. Sie müssen wissen, Sophia, dass auch ich lange Zeit zu einer solchen Anti-Kreis-Vor-
eingenommenheit neigte. Erst als ich durch Japan und Asien reis-
te, wurde mir klar, dass ich in mancher Hinsicht unwissend
gewesen war. Kreise symbolisieren in den asiatischen Kulturen die
Ewigkeit des Lebens. Das Gehen und Wandern im Kreis werden
als eine Möglichkeit gesehen, der Erleuchtung näherzukommen.
Ich selbst rang damit, diese Einsichten in meinem Leben auf
praktische Art und Weise umzusetzen. Aber eines Abends erhielt
ich Unterstützung von einem ehemaligen Investmentbanker, der
sich nach vielen Jahren in Indien als konvertierter Buddhist in
Santa Barbara niedergelassen hatte. Als ich ihm gestand, dass ich
es immer noch beunruhigend fand, mich im Kreis zu drehen, sah
er mich an und sagte:

»Letztendlich, Leonardo, gehen wir nirgendwohin. Der Kreis
entlarvt den Fortschritt als Missverständnis. Aus spiritueller Sicht
ist er nichts als eine Illusion des Geistes!«

Ich war mir nicht sicher, ob ich verstand, was er meinte, aber
ich beschloss, die Botschaft auf mich wirken zu lassen. Und heute,
wenn ich an die Uhr denke, meine ich zu verstehen. Real oder
imaginär, ist dies ein Kreis, den ich mag.

* * *

Im Laufe der Jahrzehnte habe ich beobachtet, wie sich die Welt
verändert hat, Sophia. Nicht nur die Ereignisse, sondern auch
unsere Gesellschaft und unsere Umwelt. Ich habe die kleinen

Veränderungen erlebt und gesehen, wie Menschen zu unterschiedlichen Zeiten waren. Je älter ich wurde, desto mehr wuchs in mir die Überzeugung, dass es die Qualität unserer Beziehungen, unsere Liebe zu uns selbst, zu anderen und zum Kosmos insgesamt ist, die alles zusammenhält. Menschen, die tief mit sich selbst und den ihnen nahestehenden Menschen verbunden sind, scheinen glücklicher, erfüllter und gesünder zu sein und insgesamt ein besseres Leben zu führen. Es geht nicht um Geld, Ruhm oder gutes Aussehen, sondern um Liebe, Verbundenheit und Beziehungen. Wenn man Menschen fragt, was ihnen in ihrem Leben am meisten am Herzen liegt, antworten sie oft, ihre Familie, ihre Kinder und ihre engen Freunde. Und da sie das sagen, möchte man meinen, dass sich dies auch darin widerspiegelt, wie sie ihre Zeit investieren. Aber hier trennt sich der gesunde Menschenverstand von der praktischen Realität unseres Lebens. Denn anders als unsere Arbeit, die unsere Lebenszeit wie ein Magnet anzuziehen scheint, erhält dieser Bereich unseres Lebens oft nicht die Aufmerksamkeit, die er verdient. Leider entspricht die Investition in dieses Konto bei der Bank des Lebens meist nicht dem, was den Menschen wirklich lieb und teuer ist.

Wie sieht es bei Ihnen aus, liebe Sophia?

Haben Sie das Gefühl, den wichtigen Menschen in Ihrem Leben genug von Ihrer wertvollen Zeit und Aufmerksamkeit zu schenken?

Schaffen Sie Reichtum dort, wo er Ihnen wirklich am Herzen liegt?

Manche Menschen behaupten, in jeder Person stecke ein Buch, und ich frage mich, wie die Kapitel aussehen werden, die wir gemeinsam schreiben, wenn ich schon nicht mehr auf dieser Erde sein werde. Barbara sagte gern, dass die wichtigsten Geschichten diejenigen sind, die wir uns selbst erzählen. Und wir sollten als Autoren unserer Geschichte achtsam sein, was wir zu Papier bringen.

Ich habe mein Bestes getan und hoffe, dass es genügt.

Wohlan denn Herz, nimm Abschied und gesunde.

Mit den allerbesten Wünschen,
Ihr Leonardo

— 18 —

Sophia:
Der Weg

*»Wenn du tanzen und frei sein kannst,
ohne dich zu schämen, kannst du alles erreichen.«*

— IRISCHES SPRICHWORT, ADAPTIERT

Es war ein bewölkter Morgen, als Sophia begann, den letzten Abschnitt des Berliner Mauerwegs zu laufen, den Spuren des ehemaligen Eisernen Vorhangs folgend, der einst West- von Ostberlin und dem Rest Deutschlands trennte. Dies war eine der Straßen, in der die Mauer viele Opfer gefordert hatte und einige der berühmtesten Tunnel gegraben wurden. Ein kalter Wind fegte Sophia um die Nase, Blätter wirbelten durch die Luft. Sie stapfte weiter durch das bunte Laub, welches den Weg vor ihr fast vollständig bedeckte. Mit Leonardo ging es zu Ende, das spürte sie. Seine unerwarteten Geständnisse hatten sie sehr beschäftigt. Auch in Leonardo und Barbaras Leben hatte es Schmerz, Leid und großen Kummer gegeben, aber alles andere wäre ja auch zu schön gewesen, um wahr zu sein. Und natürlich waren die beiden auch nicht perfekt, sondern eben menschlich und somit fehlbar. Dass Leonardo das Teehaus mit Barbaras und seinem Lebenswerk in seiner Trauer selbst niedergebrannt hatte, tat ihr in der Seele leid. Sie fühlte so sehr mit ihm, dass ihr Tränen in die Augen gekommen waren, als sie diese Zeilen las. Es war nicht schwer, sich auszumalen, wie sehr das auf ihm gelastet haben musste. Am liebsten hätte sie ihn umarmt und ihm versichert, dass sie sich nun um alles kümmern werde. Welch ein Vertrauen, dass er ihr da entgegenbrachte! Sie hoffte inständig, dass er jetzt leichter gehen konnte – dorthin, wo Barbara auf ihn wartete, irgendwo da draußen, in den Weiten des Kosmos, wie er es geschrieben hatte.

Sophia bückte sich, nahm eine Handvoll Laub auf und warf sie einem Impuls folgend hoch in die Luft. Leonardo hatte erreicht, was er sich vorgenommen hatte, und obwohl sie das glücklich stimmen sollte, machte es sie zugleich traurig. Die Vorstellung, dass sie Leonardo verlieren würde, ohne ihn jemals wieder zu treffen, bedrückte sie. Als sie sich am frühen Morgen im Bett hin- und hergewälzt hatte, war ihr sogar die Idee gekommen, einen Detektiv zu beauftragen, Leonardo aufzuspüren, bevor es zu spät war. Aber das war natürlich lächerlich. Sie war nicht der Typ, der einen Privatdetektiv engagieren würde, und überhaupt, wie konnte sie einen alten Mann in seinen letzten Tagen stören, nach allem, was er ihr mit seinen Briefen in ihrem Leben ausgelöst hatte?!

Sophia ging weiter den Weg entlang, und ihr Blick fiel auf die Versöhnungsstatue: ein Mann und eine Frau, die sich umarmten. Der Anblick berührte sie, und sie legte unwillkürlich die Hand auf ihr Herz. Sie erinnerte sich, wie sie damals, vor all den Monaten, durch die Straßen Berlins geschlendert war und sich gefragt hatte, wie sie ihr Leben wieder in den Griff bekommen könnte. Als Coach war es ihre Aufgabe, Menschen dabei zu helfen, genau das zu tun. Aber der Fortschritt, den ihre Klienten in ihren Coachingsitzungen machten, verlief selten linear. Genau wie Leonardos buddhistischer Freund angedeutet hatte, drehten sich die Menschen oft im Kreis, bevor sie eine dauerhafte Veränderung in ihrem Leben etablieren konnten. Und all ihr Fachwissen und ihre Erfahrung bewahrten Sophia nicht davor, das Leben mit all seinen Höhen und Tiefen zu durchleben.

Sie seufzte. Eine Zeitlang hatte sie sich in einer Abwärtsspirale befunden, doch in den letzten Monaten war es ihr gelungen, das Blatt zu wenden. Es gab immer noch Baustellen in ihrem Leben, und das würde sich wahrscheinlich nie ändern. Ein Leben ohne Herausforderungen war nicht zu erwarten. Aber dass Leonardo ihr genug vertraut hatte, um all seine Geschichten und Einsichten mit ihr zu teilen, hatte sie zutiefst bewegt und motiviert, ihre Kräfte zu sammeln und sich auf etwas Neues einzulassen. In England war sie Teil eines Kreises von »Expatriates« gewesen – intellektuell anregenden Menschen aus aller Welt, die offen und neugierig auf das Leben zugingen. Und nun traf sie ähnlich interessante Leute in dem Coworking-Space und dem Yogastudio, bei dem sie sich angemeldet hatte. Natürlich machte es sie manchmal noch traurig, dass ihre Beziehung zu Ruben gescheitert war, und mehr noch, dass sie so lange daran festgehalten hatte, aber es löste weder die Panik noch den Schmerz aus, den sie vor Monaten empfunden hatte. Es ging ihr jetzt wesentlich besser ohne ihn!

Sie dachte über die sechs menschlichen Grundbedürfnisse nach, von denen Leonardo gesprochen hatte. Eine Beobachtung, die auch sie als Coach gemacht hatte, war, dass zu Beginn der meisten Beziehungen jeder darauf bedacht ist, die Bedürfnisse des anderen zu befriedigen. Aber sobald die allererste Verliebtheit etwas nachließ und das Bedürfnis nach Sicherheit ausreichend befriedigt war, verlagerte sich der Fokus allmählich von dem, was man für den anderen tun konnte, hin zu dem, was der andere tat oder nicht tat, um die eigenen Bedürfnisse zu befriedigen. Besonders gut zu funktionieren schien das nicht.

Der Wind hatte nachgelassen, und hinter den Wolken blinzelte die Sonne hervor. Sophia zog sich den Schal fester um die Schultern, setzte sich auf eine alte Holzbank, die zwischen den herbstfarbenen Linden stand, holte ihr Notizbuch hervor und schrieb folgende sechs Fragen auf:

1. Was kann ich tun, damit du dich in unserer Beziehung sicher und geborgen fühlst?
2. Wann fühlst du dich in unserer Beziehung besonders lebendig?
3. Wofür möchtest du Anerkennung bekommen?
4. Wie soll ich dir meine Liebe / Zuneigung zeigen?
5. Wie lernen und wachsen wir gemeinsam?
6. Wie können wir gemeinsam zu etwas Größerem beitragen, das über uns hinausgeht?

Wären die Menschen mutig genug, um einander diese Art von Fragen zu stellen, und interessiert genug, um sich gegenseitig wirklich zuzuhören, könnten viele eine glücklichere Beziehung führen. Davon war sie überzeugt. Und das Schöne war, dass sich dieses Konzept auch auf jede andere Beziehung anwenden ließ. Sogar auf die Beziehung zu sich selbst, denn mit sich selbst gut zu sein war die Voraussetzung für alles weitere.

Natürlich konnte man versuchen, Sicherheit, Liebe und Anerkennung im Äußeren zu finden. Aber ebenso wichtig war herauszufinden, wie man diese Bedürfnisse für sich selbst erfüllen konnte. Auch daran hatte Sophia in den letzten Monaten gearbeitet. Und es war gar nicht so schwer gewesen, nachdem sie damit begonnen hatte, sich auch wieder um sich, ihre Gesundheit und ihr emotionales Wohlergehen zu kümmern. Sie hatte jetzt eine Struktur in ihrem Alltag, die nicht nur ihre Arbeit, sondern auch andere Lebensbereiche berücksichtigte. Vieles gab ihr jetzt ein Gefühl von Sicherheit, das nicht von äußeren Umständen abhing: ihre Morgenroutine, ihre Atemübungen, rauszugehen, sich mit Menschen zu treffen, wieder gesünder zu essen – auch wenn die Versuchung zu naschen manchmal groß war und sie ihr nicht immer zu hundert Prozent widerstehen konnte. Insgesamt hatte sie begonnen, achtsamer und liebevoller mit sich selbst umzugehen. Es gab so vieles, was sie an sich mochte, aber sie musste sich dessen auch bewusst sein!

Sophia schloss ihr Notizbuch und strich mit den Fingern über den weichen Ledereinband, wie sie es in den vergangenen Monaten so oft getan hatte. Sie freute sich noch immer, dass sie sich ein so schönes Exemplar geleistet hatte. Sie packte es weg und stand auf. Zeit zu gehen, dachte sie fröstelnd. Es war interessant, wie die Tage im Herbst immer kälter, die Farben in der Natur aber immer wärmer wurden.

Nachdem sie eine weitere halbe Stunde den Fußweg entlanggelaufen war, erreichte sie eine weitere Informationstafel, die für sie das Ende ihres Weges markierte. Im Laufe von drei Monaten war sie alle längeren Abschnitte des 160 Kilometer langen Mauerwegs mit dem Fahrrad gefahren und einige der kürzeren zu Fuß gegangen. In den meisten Abschnitten verlief die Rad- und Wanderroute auf dem ehemaligen Kolonnenweg, den die DDR-Grenztruppen für ihre Kontrollfahrten angelegt hatten. Historisch interessante Abschnitte, in denen noch Mauerreste oder Mauerspuren erhalten waren, wechselten sich ab mit landschaftlich reizvollen Strecken, wie im Norden der Stadt, wo der Weg zu Sophias großer Überraschung durch den Wald an grasenden Pferden und Picknickplätzen vorbeigeführt hatte. Auf magische Weise schienen hier Vergangenheit, Gegenwart und Zukunft ineinanderzufließen. Für Sophia hatte dieser Weg eine symbolische Bedeutung. Mit jedem zurückgelegten Kilometer hatte sie in den letzten Monaten wieder mehr zu sich selbst gefunden. Und sie spürte in sich eine neue Bereitschaft, nach vorne zu blicken. Vielleicht war der Berliner Mauerweg auch ein »Kreis«, um den die Menschen herum pilgern konnten, um mit ihrer Vergangenheit Frieden zu schließen, die Zukunft willkommen zu heißen und in der Gegenwart anzukommen.

Was würde Leonardo dazu sagen? Sophia lächelte. Imaginäre Dialoge mit dem alten Mann zu führen, war für sie mittlerweile etwas ganz Normales geworden. Ihr wurde mit einem Mal bewusst, dass all die Einsichten, die Barbara und er auf ihrer lebenslangen Suche nach dem Rezept für ein gesundes, sinnerfülltes und gelingendes Leben gewonnen hatten, über die Monate fast unmerklich immer mehr zu ihren eigenen geworden waren. Die Briefe von Leonardo zu erhalten und zu bewahren, war ihr Geheimnis gewesen, das sie auf eine einzigartige Weise berührt, belebt und gestärkt hatte. Aber dabei war es nicht geblieben. Sie hatte dieses Geheimnis gehegt und gepflegt. Es würde in ihr weiterleben. Und selbst damit endete es nicht.

Sie trat einen Schritt vor, um die Fotos auf der Informationstafel, welche Szenen aus der Nacht des Mauerfalls zeigte, genauer zu betrachten. Im Gegensatz zu den unglücklichen Menschen, die sie auf anderen Informationsposten entlang des Mauerwegs gesehen hatte, waren die Gesichter auf diesen Bildern jubelnd und triumphierend. Das waren die Glücklichen, die den Fall der Mauer erlebt hatten, die darauf getanzt hatten, mit Hämmern auf sie eingeschlagen, sie überwunden und optimistisch in die Zukunft geblickt hatten.

Sophia atmete tief die raue Herbstluft ein und schaute sich um. Die ehemals brutale Grenzanlage war tatsächlich in einen schönen Ort verwandelt worden, der nun die Freude über die Wiedervereinigung des Landes unterstreichen sollte. Aber natürlich war auch das eine Frage der Perspektive. Nicht nur die Menschen waren sich diesbezüglich uneins. Sophia schüttelte mitfühlend den Kopf, als sie an die Kaninchenkolonien dachte, über deren Schicksal sie am Morgen gelesen hatte. In den Jahren der deutschen Teilung hatten Scharen von Kaninchen inmitten der Todeszone, umgeben von Wachtürmen, Flutlichtern und Maschinengewehren, ein wunderbar friedliches Leben geführt und ihre Gemeinschaft auf unvorstellbare Weise vergrößert. Doch nach der Wiedervereinigung war es mit der Idylle vorbei. Die Kaninchengroßfamilie wurde auseinandergerissen, und die wenigen Überlebenden flohen in alle Himmelsrichtungen an andere Orte der Stadt.

Sophia zuckte mit den Schultern. Alle Weisheit endet im Paradoxon. Darüber ließ sich wahrlich nicht streiten.

* * *

Als Sophia später am Nachmittag in ihrer neuen Wohnung im obersten Stockwerk eines frisch renovierten Gebäudes am Prenzlauer Berg ankam, sah sie auf ihrer Fußmatte ein Päckchen mit Leonardos Handschrift liegen. Wie angewurzelt blieb sie stehen. Sie hatte nicht damit gerechnet, so bald von ihm zu hören. Mit einem flauen Gefühl im Magen hob sie es auf, öffnete die Tür und betrat die geräumige Wohnung. Sie kramte ein kleines Messer aus der Küchenschublade hervor und öffnete das Päckchen vorsichtig. Mit gerunzelter Stirn starrte sie auf den Inhalt.

Es war passiert. Wirklich passiert! Das letzte Lebenszeichen von Leonardo hatte sein Ziel erreicht. Tief seufzend blickte Sophia zur Decke hinauf. Alles ist endlich, schoss es ihr durch den Kopf, nichts ist von Dauer. Sie betrachtete das Päckchen wie einen kostbaren Schatz und legte dann die fünf Dinge, die sie darin fand, behutsam auf den Küchentisch. Einem Impuls folgend holte sie ihr Mobiltelefon, um dieses ungewöhnliche Ensemble zu fotografieren, bevor sie den kleinen Umschlag mit Leonardos letzten Notizen öffnete.

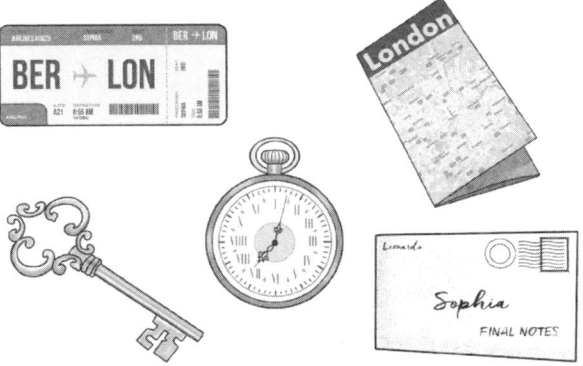

— 19 —
Leonardo: Letzte Notizen

*»Wir haben zwei Leben. Das zweite beginnt,
wenn wir erkennen, dass wir nur eines haben.«*

– Konfuzius

Liebe Sophia,
im Folgenden finden Sie, was ich noch mitteilen wollte, aber nicht mehr ordnen konnte. Vielleicht können Sie das für mich tun. Ansonsten kennen Sie sicher die wichtigste Weisheit des Lebens, der zufolge das, was geschehen soll, auch geschehen wird.

Herzlichst,
Ihr Leonardo,
Banker im Herzen bis zuletzt

Was im Leben wirklich zählt

Es gibt einen Traum, der mir immer wieder in den Sinn kommt. Und in diesem Traum bin ich ein alter Professor, der zu einer Gruppe von ausgewählten Führungskräften und Persönlichkeiten aus der ganzen Welt spricht, allesamt Studierende an der Bank des Lebens. Während ich vor diesen überaus gebildeten und erfolgreichen Menschen stehe, die bereit zu sein scheinen, jedes Wort mitzuschreiben, das ich sage, blicke ich nach und nach jedem Einzelnen in die Augen. Dann erkläre ich, dass ich ein Experiment durchführen werde. Ich hole unter dem Pult einen Sack mit Steinen und ein großes gläsernes Gefäß hervor und stelle beides vor mir auf den Tisch. Die Steine haben etwa die Größe eines Tennisballs. Ich fange an, sie einen nach dem anderen in das Gefäß zu legen, bis schließlich kein Stein mehr hineinpasst. Anschließend hebe ich den Blick. »Was denken Sie?«, frage ich. »Ist das Glas jetzt voll?«

Ein paar Sekunden lang herrschte Stille. Dann sehe ich einige der Leute verhalten nicken. Ich bin zufrieden. Das ist genau die

Reaktion, die ich erwartet hatte. Ich halte einen Moment inne, um die Spannung zu steigern, und frage schließlich: »Ist das wirklich wahr?«

Es bleibt still im Publikum. Und mit der Ernsthaftigkeit eines weisen alten Professors greife ich ein weiteres Mal unter den Tisch. Diesmal hole ich einen Beutel mit Kieselsteinen hervor. Ich schütte sie in das Glasgefäß und rüttle es vorsichtig, bis sie sich in den Räumen zwischen den großen Steinen verteilt haben. Wieder hebe ich den Blick. »Was denken Sie? Ist das Glas jetzt voll?« Allmählich beginnt mein Publikum zu verstehen, worauf ich hinauswill.

»Offensichtlich nicht«, höre ich eine Frau in der ersten Reihe sagen.

Ich setze das Experiment fort, indem ich einen kleinen Eimer mit Sand unter dem Pult hervorhole. Vorsichtig schütte ich auch diesen in das Glas und bewege es hin und her, bis jeder noch so kleine, freie Raum gefüllt ist. Und wieder frage ich: »Und nun? Ist das Gefäß jetzt voll?«

Ohne zu zögern, schütteln die Menschen den Kopf.

»Richtig«, antworte ich, und wie mein Publikum es bereits erwartet, greife ich nach der großen Flasche Limonade, die auf dem Tisch steht, und gieße ihren Inhalt vorsichtig in das Gefäß, bis es endgültig voll ist. Dann frage ich im ruhigen Ton:

»Was können wir aus diesem Experiment für unser Leben lernen?«

Gemurmel im Publikum.

»Es ist immer möglich, noch mehr Aufgaben in unserem Kalender unterzubringen, zumindest in flüssiger Form«, scherzt ein gut aussehender Mann in einem teuer aussehenden Anzug.

Das Publikum lacht.

»Das, mein Freund, wäre eine große Tragödie.« Ich lächle, und mein Blick schweift über all die viel beschäftigten Menschen, die vor mir sitzen. Ich warte kurz und fahre dann mit gesenkter Stimme fort, um der Botschaft, die ich vermitteln möchte, die Bedeutung zu verleihen, die sie verdient.

»Was auch immer unsere Vorstellung von einem guten Leben ist, wir müssen zuerst Platz für die wichtigen Themen in unserem Leben schaffen. Wenn wir den unwichtigen Dingen den Vorrang geben, wird unser Leben voller Kieselsteine, Sand und billiger Limonade sein – lauter Dingen von untergeordneter Bedeutung. Sie wissen, wovon ich rede. Fragen Sie sich daher: ›Was sind die großen Steine in meinem Leben? Was ist es, was wirklich zählt?‹ Und wenn Sie diese Themen identifiziert haben, stellen Sie sicher, dass Sie diese zuerst in Ihrem Leben unterbringen.«

Ich höre ein anerkennendes Murmeln. Ich warte noch einen Moment und mit einem letzten Winken, fast wie dem eines freundlichen Königs, verabschiede ich mich von meinem Publikum und verlasse langsam den Raum. Damit endet der Traum normalerweise.

Manche glauben, Träume seien ein Mikroskop, durch das wir die Ambitionen unserer Seele betrachten können. Und es stimmt: Als Banker, der seit fast einem Jahrhundert auf dieser Erde ist, bleibe ich auch in diesen letzten Tagen meines Lebens bei meiner Überzeugung, dass die wichtigste Investition, die wir je im Leben tätigen, wenig mit Geld zu tun hat. Unsere Zeit, unsere Aufmerksamkeit, unser Herz – sie sind die bedeutendste Währung, die wir einsetzen können. Mancher mag vielleicht einwenden: »Ja, aber mehr Geld wird mir genau dazu verhelfen, mehr Zeit zu haben.« Dagegen würde ich argumentieren, dass es trotzdem damit beginnt, wie wir unsere Zeit und unsere wertvolle Aufmerksamkeit investieren. Würde jemand sein Geld wegwerfen, und wären es nur zehn Dollar, fänden wir das dumm. Wenn jedoch jemand Zeit verschwendet, eine Ressource, die wir nie wieder zurückbekommen können, betrachten wir dies als einen alltäglichen Vorfall, dem wir wenig Beachtung schenken. Im Grunde ist es nicht so, dass wir wenig Zeit haben. Wir vergeuden nur so viel davon!

Unsere Zeit

Als letzte Amtshandlung in meiner Funktion als geheimer Direktor der Bank des Lebens lasse ich Ihnen die fünf Investmentprinzipien zukommen, die ich bereits als Finanzberater mit Erfolg angewandt habe und die mir in Bezug auf den Umgang mit der Zeit vielleicht sogar noch wichtiger erscheinen. Schauen Sie für sich selbst, ob Sie damit Sinn stiften können.

1. Identifizieren Sie die wichtigen Themen in Ihrem Leben

Als kluger Investmentbanker muss man sich grundsätzlich die Frage stellen, in welche Asset-Klassen sich eine Investition lohnt. So auch bei der Bank des Lebens. Wenn man die alten Philosophen studiert, die vor Tausenden von Jahren die Idee eines guten Lebens diskutierten, und sich dann damit beschäftigt, was die Experten und Wissenschaftler heutzutage zu dem Thema zu sagen haben, stellt man fest, dass sich deren Beiträge im Wesentlichen immer um die gleichen Dinge drehen: Wir müssen auf unseren Körper achten, denn dieser ist das Vehikel, das uns durchs Leben trägt. Wir müssen unsere Psyche – unseren Geist, unsere Seele, unseren Verstand – nähren, da dies buchstäblich der Filter ist, durch den wir alles andere erleben. Wir müssen unsere Beziehungen pflegen, denn sie sind es, die das Leben lebenswert machen und alles zusammenhalten. Um uns lebendig, selbstbewusst und nützlich zu fühlen, sollten wir uns außerdem sinnvoll engagieren und die Fähigkeiten entwickeln, die wir brauchen, um einen positiven Beitrag für andere leisten zu können. Und natürlich müssen die meisten von uns zu guter Letzt sicherstellen, dass sie auch die materielle Seite ihres Lebens aktiv gestalten.

Dies sind die wichtigen Themen, denen wir genügend Zeit und Aufmerksamkeit schenken sollten. Natürlich handelt es sich dabei nicht um in sich abgeschlossene, voneinander getrennte Einheiten. Im Gegenteil! Sie verschmelzen alle miteinander, wie es im wahren Leben immer so ist. Was auch bedeutet, dass Ihr persönliches Portfolio bei der Bank des Lebens abweichen kann von den »Big Five of Life«. Möglicherweise haben Sie ein Interesse, das so wichtig ist, dass es ein zusätzliches Konto verdient. Am Ende landen Sie dadurch möglicherweise bei den »Big Six« oder den »Seven Made in Heaven«. Die genaue Ausgestaltung bleibt jedem selbst überlassen. Wichtig ist nur, dass Sie sich darüber im Klaren sind, was für Sie im Leben wirklich zählt.

2. Pflegen Sie Ihr Portfolio

Wer sein Anlageportfolio nicht pflegt, muss damit rechnen, dass es sich im Laufe der Zeit völlig anders entwickelt als ursprünglich anvisiert. Zu Beginn eines Jahres nehmen wir uns alle vor, mehr Zeit, Liebe und Aufmerksamkeit in unsere Gesundheit und unsere Beziehungen zu investieren, aber dann verschiebt sich nach und nach unsere Zeiteinteilung zuungunsten dessen, was uns wirklich wichtig ist. Deshalb ist es notwendig, das eigene

Portfolio bei der Bank des Lebens in regelmäßigen Abständen neu auszubalancieren. In der Praxis bedeutet das, regelmäßig einen Blick auf die verschiedenen Bereiche unseres Lebens zu werfen und zu prüfen, ob unsere Aufmerksamkeit noch auf die Prioritäten gerichtet ist, die wir für unser Leben definiert haben. Von Zeit zu Zeit kann ein bestimmter Teil unseres Lebens vollkommen überproportional in den Fokus rücken, wie beispielsweise der Beruf. Vorübergehend mag das gut gehen, auf lange Sicht aber führt es meist zu einem suboptimalen Ergebnis. Denken Sie also darüber nach: Welche Kernbereiche Ihres Lebens verdienen mehr von Ihrer kostbaren Zeit und Aufmerksamkeit? Wie können Sie Ihre Zeit, Energie und Präsenz wieder ins Gleichgewicht bringen, um dem entstandenen Ungleichgewicht entgegenzuwirken?

3. Entscheiden Sie sich für intelligente Investitionsmöglichkeiten

Als guter Investor bei der Bank des Lebens unterscheide ich zwischen vier verschiedenen Arten, unsere Zeit zu investieren.

> **Zeitverschwendung:** Hierbei handelt es sich um Aktivitäten, die wir im Hier und Jetzt nicht besonders genießen und die dann auch noch zu negativen Ergebnissen in der Zukunft führen. Sie fragen sich vielleicht: Warum um alles in der Welt sollte ich mich überhaupt mit solchen Aktivitäten befassen? Das ist eine gute Frage. Aber denken Sie zweimal darüber nach. Hier nur drei mögliche Beispiele, die viele von uns aus eigener Erfahrung kennen: Wenn wir zu viel Zeit in den Social Media verbringen, obwohl uns das schlechte Laune macht.

Wenn wir Fast Food essen, das uns noch nicht einmal wirklich schmeckt. Wenn wir zu lange an einer Beziehung festhalten, die uns nicht guttut.

Ist Ihnen so etwas schon jemals passiert?

> **Eiscremeaktivitäten:** Unter diesen Begriff fallen Dinge, die wir im Hier und Jetzt wirklich genießen, die aber wiederum längerfristig zu negativen Ergebnissen führen können. Beispiele hierfür: Alkohol, Süßigkeiten, Feiern, Faulenzen, Netflix. In der richtigen Dosierung können solche Aktivitäten das Leben angenehmer machen, aber wenn wir sie überdosieren, was leicht passieren kann, schlagen sie in der Zukunft auf vielerlei Weise negativ zu Buche. Was sind diese Eiscremeaktivitäten für Sie? Und wie stellen Sie sicher, dass Sie sich in der richtigen Dosierung darauf einlassen?

> **Willenskraftaktivitäten:** Dies sind Tätigkeiten, die Disziplin und Willenskraft erfordern, uns aber längerfristig eine gute Rendite einbringen. Morgens hundert Sit-ups machen, uns gesund ernähren, abends den Bildschirm abschalten – all das könnten Willenskraftaktivitäten für uns sein. Mit der Zeit und der richtigen Einstellung lassen sie sich oft in »Fünf-Sterne-Aktivitäten« umwandeln. Wenn Ihr Leben von Willenskraftaktivitäten erfüllt ist, sind Sie auf dem richtigen Weg, um die Zeitverschwendung in Ihrem Leben zu verringern und Ihre Erträge zu maximieren.

> **Fünf-Sterne-Aktivitäten:** In diese Kategorie fällt jegliches Tun, das wir im Hier und Jetzt genießen und das uns in der Zukunft positive Resultate einbringt – für uns selbst und andere. Wenn es uns gelingt, eine gesunde Ernährung, Bewegung, Entspannung, Erholung, ausreichenden Schlaf, Meditation und Achtsamkeit, die Pflege des Ikigai, sinnerfülltes Arbeiten, die fürsorgliche Bewahrung unserer Beziehungen

und so weiter in Fünf-Sterne-Aktivitäten mit einem Triple AAA Rating umzuwandeln, leben wir im Augenblick und schaffen positive Werte bei der Bank des Lebens für die Zukunft. Die Frage lautet also: Welche Verhaltensweisen üben Sie täglich aus, die Sie im Hier und Jetzt genießen und die sich positiv bei der Bank des Lebens auswirken?

4. Automatisieren Sie Ihre Investitionen

In der Finanzwelt raten wir unseren Klienten im Hinblick auf ein effizienteres Arbeiten dazu, bestimmte Abläufe zu automatisieren. Genau dies ist auch an der Bank des Lebens unbedingt zu empfehlen. Wie auch immer Ihr Lebensportfolio aussehen mag, es ist ratsam, einige kluge Gewohnheiten zu etablieren, um ganz nebenbei regelmäßig auf die für Sie wichtigen Konten Ihres Lebens einzuzahlen. Gewohnheiten verstärken sich mit der Zeit. Auch die ganz kleinen. Das gilt für die schlechten, die zu einer Kapitalentwertung bei der Bank des Lebens führen, ebenso wie für die guten, die uns helfen, ein gelingendes Leben aufzubauen.

Wenn Sie sich für die »Big Five of Life« als Großkonten in Ihrem Leben entscheiden, können die folgenden Fragen helfen, diese zu hegen und zu pflegen, wie sie es verdient haben.

> **Gesundheit:** Wie möchten Sie Ihre Zeit investieren, um Ihr körperliches Wohlbefinden zu fördern? Welche täglichen Gewohnheiten können Sie etablieren, die Ihnen helfen, Einzahlungen auf dieses Konto vorzunehmen?

> **Psychologie:** Wie investieren Sie Ihre Zeit, um täglich positive Gefühls- und Gedankenmuster zu stärken? Welche tägli-

chen Gewohnheiten möchten Sie etablieren, um mehr inneren Frieden zu erleben?

> **Beziehungen:** Wie investieren Sie Ihre Zeit, um positive Beziehungen in Ihrem Leben aufzubauen? Möchten Sie auch in diesem Lebensbereich Routinen etablieren, um sicherzustellen, dass die Menschen, die Ihnen wichtig sind, die Aufmerksamkeit von Ihnen bekommen, die sie verdienen?

> **Arbeit:** Welche Gewohnheiten können Sie etablieren, um Ihrem Ikigai gerecht zu werden und Zeit für die Aufgaben zu haben, die Sie mit Sinn erfüllen und die Ihnen Energie geben?

> **Finanzen:** Wie oft im Jahr möchten Sie Ihr Portfolio überprüfen? Wie automatisieren Sie Ihre Einzahlungen auf dieses Konto?

5. Nehmen Sie eine langfristige Perspektive ein und haben Sie Vertrauen

Wenn Sie sich einer »Buy-and-Hold-Strategie« verpflichtet fühlen, wie ich es als Banker ein Leben lang getan habe, und langfristige Gewinne kurzfristigen Manövern bei der Bank des Lebens vorziehen, müssen Sie sich darauf einstellen, dass nicht immer die Sonne scheint. Es gibt Bullenmärkte und es gibt Bärenmärkte. Die Herausforderung besteht darin, aus der Vergangenheit zu lernen, die Gegenwart zu akzeptieren und die Zukunft zu gestalten. Übermäßiges Nachdenken, Grübeln und Reflektieren über das eigene Leben helfen nicht. Investieren Sie ruhig und beharrlich in die richtigen Konten, bleiben Sie auch bei Rückschlägen auf Kurs, und Ihr Vermögen bei der Bank des Lebens wird wachsen und sich mehren. Perfektion gibt es nicht. Das Leben bringt Freud und Leid. Aber wenn Sie sich dafür entscheiden, nach Gesundheit, Liebe und Sinn zu streben und sich für das Gemeinwohl einzusetzen, stehen die Chancen gut, dass sich Ihre Investitionen lohnen werden.

* * *

Und nun wünsche ich Glück, Erfolg und Zuversicht all jenen, die diese Zeilen lesen und jeden Tag aufs Neue entscheiden, was sie mit der Zeit anfangen wollen, die ihnen gegeben ist.

— 20 —
Sophia:
Schnee in London

»Und jedem Anfang wohnt ein Zauber inne.«

– HERMANN HESSE

Sophia beobachtete, wie sich die Gondeln des London Eye, des Riesenrads im Zentrum von London, in der Ferne langsam im Kreis bewegten. Es war ein kalter Tag mitten im Dezember. Das Wetter hatte sich über Nacht geändert, und ein starker Wind hatte kalte Luft und Schnee mit sich gebracht und die Stadt mit einer puderzuckerweißen Decke überzogen. Obwohl es erst kurz nach drei Uhr nachmittags war, begann sich die Dunkelheit des Winterabends bereits über die Themse zu legen und alles in eine dämmrig festliche Stimmung einzuhüllen. Sophia war am frühen Morgen mit den Tickets nach London geflogen, die Leonardo ihr ein paar Wochen zuvor geschickt hatte. Auf der Karte, die sich in seinem Päckchen befunden hatte, waren die Adresse und die Uhrzeit vermerkt, zu der sie dort erwartet wurde; und auch der Name der Person, die sie treffen sollte, wurde dort genannt: Edward. Und nun stand sie in einem etwas altmodisch anmutenden Konferenzraum mit königsblauem Teppichboden in einem der renommiertesten Verlagshäuser Londons und blickte ehrfürchtig aus den wandhohen Fenstern.

Zum Glück hatte es erst zu schneien begonnen, als ihr Flugzeug bereits gelandet war. Sophia erinnerte sich an ihre Zeit in London. Wie oft hatte sie die Briten witzeln hören, dass auf der Insel nichts mehr funktionierte, sobald ein paar Schneeflocken fielen. Und wie vermutet, hatte ihr die Fluggesellschaft gleich nach ihrer Ankunft mitgeteilt, dass ihr Rückflug nach Berlin am gleichen Abend gestrichen worden sei.

Aber Sophia hatte nichts dagegen. Sie würde sich ein schönes Hotel in der Innenstadt buchen und einen Spaziergang durch die verschneiten Straßen Londons genießen, die weihnachtlich geschmückt waren und mit ihrer malerischen Atmosphäre lockten. Sie hatte kurz überlegt, sich mit einer Freundin zu verabreden, aber sie fand es doch passender, allein zu sein für diesen speziellen

Anlass. Noch war sie nicht bereit, ihr Geheimnis mit anderen zu teilen, auch wenn es bald soweit sein würde, das spürte sie.

Sie hatte diese Stadt vermisst! Es fühlte sich an, als käme sie nach Hause.

Sophia schaute auf die Themse und die vorbeifahrenden Boote. Die Stimmung erinnerte an ein Weihnachtsmärchen aus fernen Zeiten. Verträumt dachte sie über alles nach, was passiert war, seit sie Leonardo vor vielen Monaten in San Francisco getroffen hatte. Leonardos Briefe hatten sie auf eine Reise geschickt, die sie nicht hätte vorhersehen können. Sie hatten sie an viele verschiedene Orte quer durch Berlin geführt, aber was noch wichtiger war: Sie hatte wieder mehr zu sich selbst gefunden. Die »Big Five of Life« hatten ihr dabei geholfen, und sie hatte noch ein weiteres Konto bei der Bank des Lebens mit dem Namen »Frei-Zeit« eröffnet. Ein Begriff, der, wie ihr schien, aus der Mode gekommen war, suggerierte er doch, dass man in seiner Arbeitszeit nicht frei sein könnte. Sophia lächelte, und ihr Grübchen auf der rechten Wange kam zu Vorschein. Sie hatte seit Jahren niemanden unter vierzig von seinen Hobbys erzählen hören, schon gar nicht in Berlin-Mitte. Und dennoch schien ihr eine Renaissance dieses Konzepts in ihrem Leben angebracht. Sie achtete jetzt bewusst darauf, mehr Zeit für Aktivitäten außerhalb ihrer beruflichen Tätigkeit zu haben. Gerade weil sie ihre Arbeit so liebte, tat es ihr gut, sich davon ab und zu ganz bewusst abzugrenzen. Und so frönte sie dem Nichtstun nun in einer neuen, gesünderen und sinnlicheren Art und Weise fernab von Junkfood, Binge-Watching und Co. Manche Sonntage verbrachte sie einfach im Bett mit ihren Zeichnungen und all den vielen Büchern, die sie schon lange hatte lesen wollen. An anderen Tagen verabredete sie sich zu langen Sparziergängen im Park. Sie erkundete regelmäßig die Stadt, besuchte Kunstgalerien, Museen und Cafés und traf sich mit neuen Bekannten in Berlin. Auch eine Freundin aus England und ein Freund aus Spanien hatten sie bereits besucht. Zudem dachte sie über Abenteuer nach, die sie noch erleben wollte, und überlegte im Spaß, ob sie sich nicht ein altmodisches Hobby zulegen sollte. Vor ihrem inneren Auge erschienen dann die elektrische Eisenbahn ihres Vaters und die Briefmarkensammlung ihres Großvaters, den sie nie kennengelernt hatte. Ein Lächeln huschte über ihr Gesicht. Vielleicht brauchte sie auch vorerst kein weiteres Hobby, ein bisschen Freiraum in ihrer neu gewonnen »Frei-Zeit« tat ihr auch gut.

Eins stand fest: Leonardos Briefe hatten ihr Leben, ihre Gedanken, ihre Gefühle und ihre Entscheidungen in vielerlei Hinsicht beeinflusst. Und sie hoffte, dass dies auch bei den Leserinnen und Lesern des Buches passieren würde, das sie veröffentlichen wollte.

Das geräuschvolle Tönen einer Kirchenglocke unterbrach ihre Gedanken. War das Big Ben, der berühmte Uhrturm am Westminster Palace, der die volle Stunde so klangvoll anzeigte? Sophia blickte auf ihr Mobiltelefon und vermutete, dass Edward jeden Moment eintreffen würde, als ihr ein weiterer Gedanke durch den Kopf schoss. Sie schaute sich noch einmal das Datum an, das auf der Karte stand. Dann scrollte sie schnell durch ihren Kalender. Heute vor genau zehn Monaten hatte sie Leonardo am Flughafen in San Francisco getroffen. Sophia lächelte wieder. In diesem Moment empfand sie eine tiefe Dankbarkeit, dass sie Teil dieses unwahrscheinlichen Unterfangens geworden war.

»Hallo, Sophia.«

Sophia zuckte leicht zusammen. Sie drehte sich um und sah einen Mann in einem lässigen braunen Anzug auf sie zukommen.

»Es tut mir leid. Ich wollte Sie nicht erschrecken. Ich bin Edward«, sagte er selbstsicher, und Sophia bemerkte seine dunkelbraunen Augen, die langen Wimpern und die markanten Gesichtszüge.

»Kein Problem. Hallo Edward«, sagte sie freundlich und ging ebenfalls auf ihn zu.

»Schön, Sie kennenzulernen.«

Natürlich begannen sie, zunächst über das ungewöhnliche Wetterereignis zu reden. Schnee im vorweihnachtlichen London! Das war schon etwas Besonderes. Doch sie plauderten nur kurz darüber. Dann nahmen sie an dem großen Konferenztisch Platz und unterhielten sich über Leonardo und das Buchprojekt.

Leonardo war ungefähr zu dem Zeitpunkt verstorben, als sein letztes Päckchen vor Sophias Haustür eingetroffen war, genau wie sie es vermutet hatte. Edwards Großvater war ein enger Kindheitsfreund von Leonardo in New York gewesen, und er hatte dessen Sohn – Edwards Vater – kontaktiert, da er wusste, dass die ganze Familie noch immer im Verlagswesen tätig war. Zu ihrer Freude registrierte Sophia, dass Edward von diesem Projekt ebenso fasziniert zu sein schien wie sie selbst. Bislang hatte sie Leonardos Briefe erhalten, aber abgesehen von der kurzen Begegnung am Flughafen von San Francisco war die Kommunikation mit ihm eine Einbahnstraße gewesen, und jetzt fühlte es sich geradezu unwirklich an, mit einer leibhaftigen Person über ihn und das Projekt zu sprechen.

Nach einer Weile öffnete Edward seinen Laptop. »Schauen Sie mal. Eigentlich viel zu früh. Aber was denken Sie? Das ist eine erste Idee für das Coverdesign.«

Das Ganze wirkte sehr professionell.

Edward lächelte. »Gefällt es Ihnen?«

Sophia antwortete nicht. Wie gebannt blickte sie auf den Bildschirm.

»Ja … wirklich. Sehr ansprechend.«

Sie hielt inne, und Edward wartete darauf, dass sie fortfuhr.

»Aber … Ich bin mir, was den Titel angeht, nicht sicher. ›Leben mit Sophia‹ – wäre das nicht anmaßend? In dem Buch geht es doch nicht um mich.«

In den letzten zehn Monaten hatte Sophia bereits viel Zeit in die Bearbeitung von Leonardos Texten investiert. Zuerst hatte sie alles abgetippt. In einigen Fällen hatte sie den Text etwas neu geordnet und redigiert, um die Lesbarkeit zu verbessern. Aber im Wesentlichen war der Inhalt von Leonardos Briefen derselbe geblieben. Darüber hinaus hatte sie ein Notizbuch voller eigener Gedanken und Erfahrungen angelegt. Sie hatte die Idee, das Buch aus ihrer Sicht zu beginnen, um der Geschichte einen Rahmen zu geben. Vielleicht würde sie ein Pseudonym wählen, um ihre Identität nicht preiszugeben, wobei sie sowieso nicht vorhatte, im Detail auf ihre eigene Lebensgeschichte einzugehen. Dies war das Buch von Leonardo und Barbara, und daran würde sich nichts ändern.

Edward unterbrach sie in ihren Überlegungen. »Ich finde den Titel passend. Das hat etwas Subtiles«, fügte er hinzu und spielte damit auf die ursprüngliche griechische Bedeutung ihres Namens an. »Sophia wird in der Welt der Philosophie oft als die Personifikation der Weisheit betrachtet. Das heißt, es muss hier ja gar nicht um Sie als Person gehen.«

Sophia nickte. »Das stimmt. So gesehen wäre es okay. Mir gefällt auch, wie professionell alles aussieht. Aber wirklich sicher bin ich mir noch nicht.«

Sie schwiegen eine Weile, dann schlug Sophia vor: »Wie wäre es, wenn wir ›Die Bank des Lebens‹ als Titel nehmen würden? Ich meine, es geht doch darum, wie wir unsere Lebenszeit sinnvoll investieren können, um ein gutes Leben für uns selbst und andere zu schaffen. Und es geht um Leonardos und Barbaras Suche nach Gesundheit, Liebe und Sinn. Eine Suche, von der wir uns alle inspirieren lassen können.«

Sophia stoppte ihren spontanen Monolog für einen Moment und fuhr dann fort:

»Aber vielleicht hört sich ›Die Bank des Lebens‹ etwas ungelenk und sperrig an, und wer weiß, was die Menschen mit dem Wort ›Bank‹ alles assoziieren. Das Bankenwesen als solches hat ja nicht gerade den besten Ruf.«

Edward nahm seine Hände aus den Hosentaschen und machte eine einladende Geste.

»Sophia, das ist ein besonderes Buchprojekt, und die üblichen Veröffentlichungsverfahren finden in diesem Fall keine Anwendung. Diese Fragen können wir später besprechen. Aber ich kann Ihnen versichern, dass wir dies und alles andere gemeinsam abstimmen können.«

Sophia sah erleichtert aus. Und dann funkelten ihre grünen Augen erneut auf.

»Wenn ich jemals beim Schreiben oder Bearbeiten von Leonardos Briefen nicht weiterkomme, kann ich mich dann an Sie wenden?«

»Natürlich!« Edward erwiderte ihr Lächeln. »Was immer ich tun kann, um Ihnen zu helfen, mache ich gerne.«

Er deutete auf seinen Bildschirm.

»Ich mag es immer noch. ›Leben mit Sophia‹. Ich finde, das klingt großartig«, sagte Edward, weiterhin zufrieden mit seiner ersten Idee.

»Sind Sie interessiert?«, fragte Sophia und erschrak sogleich. Ihre Schlagfertigkeit war eine Eigenschaft, die sie über Jahre kultiviert hatte. Aber manchmal fürchtete sie sich selbst davor, dass Worte aus ihrem Mund kamen, ohne vorher ihr Gehirn auch nur gestreift zu haben, wie sie es gerne formulierte. Edward lachte.

»Machen Sie sich keine Sorgen, Sophia. Ich mag Ihren Humor und ich freue mich auf unsere Zusammenarbeit. Und ich werde das Angebot prüfen!« Jetzt lachten sie beide, und Edward fügte hinzu: »Da sind noch zwei Dinge, die ich mit Ihnen besprechen muss.«

Sophia hob den Zeigefinger ihrer rechten Hand. »Das passt gut, ich habe auch noch eine Frage.«

»Sie zuerst.«

Sophia zögerte. Sie wollte sich nicht vordrängeln, aber dann öffnete sie ihre Tasche und holte den Schlüssel heraus, den Leonardo ihr zwei Monate zuvor geschickt hatte.

»Haben Sie eine Ahnung, was es damit auf sich hat?«, fragte sie.

Edward lächelte wissend. »Das könnte eines der beiden Dinge sein, die ich auch mit Ihnen besprechen wollte.«

Nachdem er eine Weile in seinen Unterlagen gekramt hatte, reichte er ihr ein Blatt.

»Leonardo hat für Sie für den Jahresbeginn ein Treffen mit einem Notar hier in London vereinbart. Hier finden Sie seine Adresse, seine Namen und Einzelheiten zu Ihrem Termin. Der Schlüssel gehört höchstwahrscheinlich zu seinem Haus in Santa Barbara. Ich glaube, er hatte vor, daraus einen Rückzugsort für Schriftsteller zu machen, aber ich bin mir nicht sicher, inwiefern Sie das betrifft.«

Sophia war sprachlos. Jetzt hatte sie ein weiteres Mal das Gefühl, Teil eines Films zu sein.

Sie starrte auf das Papier in ihrer Hand.

»Und es scheint noch mehr Überraschungen für Sie zu geben, Sophia. Ich gehe kurz in mein Büro. Da ist noch eine Sache.«

Edward lächelte verschmitzt. »Und es ist noch nicht einmal Heiligabend.«

Sophia schlenderte durch den Raum zu den Fenstern und fragte sich, was als Nächstes passieren würde. Sie erblickte die Menschen auf der Straße, die durch den Schnee stapften, entlang an den Lichterketten, die die berühmten Sehenswürdigkeiten in weihnachtlichem Licht erscheinen ließen. Sie hatte London, einen Ort, wo historische Gebäude direkt neben den neuesten Wolkenkratzern standen, immer geliebt. Lange hatte sie geglaubt, dass dies die Stadt sei, in der sie ihr Leben verbringen würde. Vielleicht würde sie ja eines Tages hierher zurückkehren. Sie zuckte mit den Schultern; in diesem Moment war es nicht wichtig, das zu wissen.

Nach einer Weile hörte Sophia das Klicken der Tür. Sie drehte sich um und sah, wie Edward mit einem Umschlag in der Hand auf sie zukam. Sie atme tief ein und setzte sich an den langen Tisch aus edlem Mahagoniholz. Als sie den wattierten Umschlag vorsichtig öffnete, erkannte sie darin die alte Uhr, von der Leonardo ihr bereits ein Foto geschickt hatte. Mit großer Vorsicht nahm Sophia sie in die Hand und las die Inschrift auf der Rückseite des Uhrengehäuses. Es waren genau die Worte, die sie erwartet hatte:

»Lost time is never found again.«

In Gedanken versunken stand Sophia auf und intuitiv, fast schlafwandlerisch schritt sie ein weiteres Mal über den königsblauen Teppich durch den Saal zu den wandhohen Fenstern. Obwohl wieder mehr Schneeflocken fielen, drehte das London Eye weiter tapfer seine Runden. Die Buddhisten mit ihrer Vorliebe für zirkuläres Denken hatten da wohl etwas richtig verstanden, dachte sie bei sich. Es war das Ende des Jahres, Weihnachten stand vor der

Tür, und Sophia wusste, dass sie in diesem Moment genau dort war, wo sie sein wollte. Sie genoss die Gegenwart und war offen dafür, was die Zukunft bringen würde. Es gab so viele große und kleine Fragen, die sie beschäftigten und denen sie nachgehen wollte. Es gab so viel zu tun und zu erledigen. Und sie freute sich darauf! Vielleicht sollte sie vor ihrer Abreise das Observatorium in Greenwich besuchen, wo die Zeit der ganzen Welt gemessen wurde. Mit der U-Bahn war es nur eine halbe Stunde dorthin. War Leonardo wohl schon einmal dort gewesen?

Sophia drehte sich um und bemerkte, dass Edward sie beobachtet hatte. Als sich ihre Blicke mitten im Raum trafen, spürte sie, was für eine Erleichterung es war, dass die Verantwortung für die Fertigstellung und Veröffentlichung dieses Buches jetzt bei ihnen beiden lag. Natürlich wollte sie weiterhin viel für dieses Buch tun, aber es war gut zu wissen, dass sie nun einen Partner in dieser Angelegenheit hatte, auf den sie zählen konnte. Edward blickte sie warmherzig an, und Sophia fragte sich, ob sie soeben ein kleines Stück Weisheit erhascht hatte, als sie am wenigsten danach gesucht hatte. Das war nicht der Anfang vom Ende, erkannte sie plötzlich, sondern der Anfang vieler weiterer Neuanfänge. Es konnten noch viele weitere Kreise entdeckt, gezogen und beschritten werden, und sie war von Herzen dazu bereit.

Bibliografie

Da es sich bei diesem Buch größtenteils um ein fiktionales Werk und nicht um ein klassisches Sachbuch handelt, schien es nicht möglich, alle wissenschaftlichen Ressourcen, die das Schreiben von »Sophias Geheimnis« inspiriert haben, im Buch selbst zu zitieren, ohne das Leseerlebnis zu stören. Die Autoren und Autorinnen der Bücher, Artikel, Podcasts, Zitate, Gedichte und anderer Quellen, die während des Schreibprozesses herangezogen wurden, sind hier in alphabetischer Reihenfolge aufgelistet. Es ist hoffentlich keine Quelle unerwähnt geblieben! Diese Inspiration war von unschätzbarem Wert. Namen, Charaktere, Unternehmen, Organisationen, Orte, Ereignisse und Vorfälle sind entweder das Produkt der Fantasie der Autorin oder werden fiktiv verwendet.

Amen, Daniel. »Change Your BRAIN, Change Your LIFE! These Hacks Will Improve Your BRAIN | Dr. Daniel Amen.« Tom Bilyeu. August 26, 2021. Video. https://www.youtube.com/watch?v=1zrg2Vanfco.

Antonovsky, Aaron. *Unraveling The Mystery of Health: How People Manage Stress and Stay Well.* San Fransisco: Jossey-Bass, 1987.

Antonovsky, Aaron. *Health, Stress and Coping.* San Fransisco: Jossey-Bass Publishers, 1979.

Aristotle. Aristotle's Theory of the Good Life. In: Hall, Edith. *Aristotle's Way: How Ancient Wisdom can change your life.* Penguin Books, 2020.

Assaraf, John. Innercise: *The New Science to Unlock your Brain's Hidden Power.* San Diego: Waterside Productions, 2018.

Bach, David. *The Automatic Millionaire: A Powerful One-Step Plan to Live and Finish Rich.* New York: Crown, 2016.

Bilyeu, Lisa. »How to Take Full Ownership of Your Own Health | Lisa Bilyeu on Health Theory.« Tom Bilyeu. September 5, 2019. Video. https://www.youtube.com/watch?v=YBxWS26CdfI.

Blixen, Karen. *Out of Africa.* Victoria: Reading Essentials, 2019.

Brown, Walter A. *The Placebo Effect in Clinical Practice.* Oxford: Oxford University Press, 2012.

Brueck, Frank. *Ikigai for Leaders and Organizations: The Way to Individual and Collective Purpose and Meaning.* Self-published, Lulu, 2020.

Buettner, Dan. »504: Dan Buettner on the Secrets for Living Long & Well.« The Rich Roll Podcast. March 9, 2020. Podcast. https://www. richroll.com/podcast/dan-buettner-504/.

Buettner, Dan. *The Blue Zones: Lessons for Living Longer from the People Who've Lived the Longest.* Washington D.C.: National Geographic Partners, 2010.

Buettner, Dan. *The Blue Zones of Happiness: Lessons from the World's Happiest People.* Washington, D.C.: National Geographic Partners, 2017.

Bulsiewicz, Will. »Gut Health Expert on How Fiber Optimizes Your Microbiome | Dr. Will Bulsiewicz on Health Theory.« Tom Bilyeu. April 8, 2021. Video. https://www.youtube.com/watch?v=sXe6cv ROhVg.

Chatterjee, Rangan. »5 Minute Habits to Change Your Life | Rangan Chatterjee on Health Theory.« Tom Bilyeu. October 8, 2020. Video. https://www.youtube.com/watch?v=QUPGDThiRM0.

Chatterjee, Rangan. *Feel Better in 5: Your Daily Plan to Feel Great for Life.* Dallas: BenBella Books, 2020.

Chatterjee, Rangan. *The 4 Pillar Plan: How to Relax, Eat, Move, Sleep Your Way to a Longer, Healthier Life.* London: Penguin Life, 2017.

Clear, James. *Atomic Habits: An Easy & Proven Way to Build Good Habits & Break Bad Ones.* New York: Avery, 2018.

Cooley, Mason. »Regret for wasted time is more wasted time.« Goodreads. https://www.goodreads.com/quotes/160251-regret-for-wasted-time-is-

more-wasted-time#:~:text=Quote%20by%20Mason%20 Cooley%3A
%20%E2%80%9CRegret,time%20is%20more%20 wasted%20time%
20%E2%80%9D.

Covey, Stephen R. *The 7 Habits of Highly Effective People: Powerful Lessons in Personal Change.* New York: Free Press, 2004.

Dispenza, Joe. *Breaking the Habit of Being Yourself: How to Lose Your Mind and Create a New One.* Carlsbad: Hay House, 2013.

Dispenza, Joe. *You Are the Placebo: Making Your Mind Matter.* Carlsbad: Hay House, 2014.

Doctorow, E.L. »Writing is like driving at night in the fog. You can only see as far as your headlights, but you can make the whole trip that way.« Goodreads. https://www.goodreads.com/quotes/53414-writing-is-ich wlike-driving-at-night-in-the-fog-you.

Duhigg, Charles. *The Power of Habit: Why We Do What We Do and How to Change.* New York: Random House, 2013.

Dweck, Carol S. *Mindset: The New Psychology of Success.* Rev. ed. New York: Ballantine Books, 2007.

Dyer, Jeff, Hal Gregersen und Clayton M. Christensen. *The Innovator's DNA: Mastering the Five Skills of Disruptive Innovators.* Boston: Harvard Business Review Press, 2019.

Eckhard von Hirschhausen. *Wunder wirken Wunder: Wie Medizin und Magie uns heilen können.* Hamburg: Rowohlt Taschenbuch, 2018.

Epstein, Mark. »Believe In Yourself, Get Uncomfortable & Find PEACE | Dr. Mark Epstein.« Tom Bilyeu. April 5, 2022. Video. https://www.youtube.com/watch?v=gxmNsA_F33o.

Fields, Jonathan. *Sparked: Discover Your Unique Imprint for Work that Makes You Come Alive.* Nashville: HarperCollins Leadership, 2021.

Ford, Henry, »Whether you think you can or you can't—you're right.« Goodreads. https://www.goodreads.com/quotes/978-whether-you-think-you-can-or-you-think-you-can-t--you-re.

Frankl, Viktor E. *Man's Search for Meaning.* Boston: Beacon Press, 2006.

García, Héctor und Frances Miralles. *Ikigai: The Japanese Secret to a Long and Happy Life.* New York: Penguin Life, 2017.

Goleman, Daniel. »Psychologist Daniel Goleman Reveals How to Strengthen Your Emotional IQ.« Tom Bilyeu. January 7, 2021. Video. https://www.youtube.com/watch?v=kQnEvSU1Buc.

Goleman, Daniel und Richard J. Davidson. *The Science of Meditation: How to Change Your Brain, Mind and Body.* New York: Penguin Life, 2018.

Gottlieb, Lori. *Maybe you should talk to someone: A Therapist, Her Therapist, and Our Lives Revealed.* New York: Harper, 2019.

Graziosi, Dean. »The SECRET HABITS Millionaires Use Everyday That YOU CAN COPY! | Dean Graziosi.« Tom Bilyeu. September 18, 2018. Video. https://www.youtube.com/watch?v=7Jye1ZwgxaM.

Hesse, Hermann. *Das Glasperlenspiel.* Berlin: Suhrkamp, 1956.

Honda, Ken. *Happy Money: The Japanese Art of Making Peace with Your Money.* New York: Gallery Books, 2019.

Huberman, Andrew. »Master Your Sleep & Be More Alert When Awake.« Huberman Lab. January 11, 2021. Podcast. https://hubermanlab.com/master-your-sleep-and-be-more-alert-when-awake/.

Huberman, Andrew. »This Neuroscientist Shows You the Secrets to Obtaining A Growth Mindset | Andrew Huberman.« Tom Bilyeu. May 21, 2020. Video. https://www.youtube.com/watch?v=OGa_jt3IncY.

Hyman, Mark. *Food: What the Heck Should I Eat?* New York: Little, Brown Spark, 2018.

Hyman, Mark. *The Pegan Diet: 21 Practical Principles for Reclaiming Your Health in a Nutritionally Confusing World.* New York: Little, Brown Spark, 2021.

Hyman, Mark und Casey Means. »489: The Worst and Best Foods for Your Blood Sugar.« The Doctor's Farmacy. February 2, 2022. Podcast. https://drhyman.com/blog/2022/02/02/podcast-ep489/.

Jamieson, Joe. »5 Things You Need to Know About the Maasai.« Work the World (blog), https://www.worktheworld.com/blog/5-things-you-need-know-about-maasai.

Kirsch, Irving. *The Emperor's New Drugs: Exploding the Antidepressant Myth.* New York: Basic Books, 2010.

Kuhn, Thomas S. *The Structure of Scientific Revolution.* Chicago: University of Chicago Press, 1962.

Lempke, Anna. *Dopamine Nation: Finding Balance in the Age of Indulgence.* New York: Dutton, 2021.

Lugavere, Max. »Max Lugavere On What to Eat to Optimize Your Brain | Conversations with Tom.« Tom Bilyeu. March 19, 2020. Video. https://www.youtube.com/watch?v=I7_Ay7snzQ0.

Malkiel, Burton G. *A Random Walk Down Wall Street: The Time-Tested Strategy for Successful Investing.* 12th ed. New York: W. W. Norton & Company, 2020.

Maslow, Abraham H. *Motivation and Personality.* 3rd ed. London: Longman, 1987.

McGilchrist, Iain. »Everything You Know About the BRAIN is WRONG! Here's How the Brain ACTUALLY Works | Iain McGilchrist.« Tom Bilyeu. November 11, 2021. Video. https://www. youtube. com/watch?v=6Dtp1-BCZzc.

Mindell, Phyllis. »›War and Peace‹ in 20 Minutes? If You Care What It Says, Read.« The New York Times. September 3, 1995. https://www.nytimes.com/1995/09/03/opinion/l-war-and-peace-in-20-minutes-if-you-care-what-it-says-read-449395.html.

Mittelmark, Maurice B., et al. *The Handbook of Salutogenesis.* New York: Springer, 2017.

Mylett, Ed und Lewis Howes. »Struggling in Life? What You NEED to Know to Get AHEAD & MAX OUT Your life RIGHT NOW | Ed Mylett.« Lewis Howes. May 15, 2020. Video. https://www.youtube. com/watch?v=tt1hCwalT58.

Perlmutter, David. »THIS CAUSES DISEASE – The Worst Foods You Need to AVOID At All Costs! | Dr. David Perlmutter.« Tom Bilyeu. February 15, 2022. Video. https://www.youtube.com/watch?v=Qp2er f1IICs.

Perlmutter, David. »This Neurologist Shows You Weight Gain Traps and How to Avoid Them | David Perlmutter.« Tom Bilyeu. March 25, 2021. Video. https://www.youtube.com/watch?v=iavLy8ss6lY.

Piatt, Julie. »465: Stop Trying To Fix Other People: Julie Piatt.« The Rich Roll Podcast. September 4, 2019. Podcast. https://www.richroll.com/podcast/julie-piatt-465/.

Piatt, Julie. »637: Julie Piatt Wealth Is The Community You Keep.« The Rich Roll Podcast. October 28, 2021. Podcast. https://www.richroll.com/podcast/julie-piatt-637/.

Piatt, Julie. »672: Julie Piatt Intuition vs Intellect.« The Rich Roll Podcast. April 4, 2022. Podcast. https://www.richroll.com/podcast/julie-piatt-672/.

Powdthavee, Nattavudh. »Putting a price tag on friends, relatives und neighbours: Using surveys of life satisfaction to value social relationships.« Journal of Socio-Economics 37, no. 4 (2008): 1459–1480. https://doi.org/10.1016/j.socec.2007.04.004.

»Project Reports.« Round Table School of Hope. Accessed November 23, 2022. https://rtschoolofhope.wordpress.com/besonderes/berichte/.

Rahn-Huber, Ulla. *So werden Sie 100 Jahre: Das Geheimnis von Okinawa.* München: mvg, 2009.

Rahn-Huber, Ulla. *Das Geheimnis der Hundertjährigen von Sardinien: Wie auch Sie mit mediterraner Lebensweise gesund und glücklich alt werden.* München: mvg, 2016.

Reynolds, Grant. »Berlin: A City Transformed.« LinkedIn, November 28, 2018. https://www.linkedin.com/pulse/berlin-city-transformed-grant-reynolds/.

Richards, Rachel. *Passive Income, Aggressive Retirement: The Secret to Freedom, Flexibility, and Financial Independence (& How to Get Started!).* Self-published, 2019.

Robbins, Tony. *Money Master the Game: 7 Simple Steps to Financial Freedom.* New York: Simon & Schuster, 2016.

Robbins, Tony. *Unshakeable: Your Financial Freedom Playbook.* New York: Simon & Schuster, 2017.

Robbins, Tony. »Why we do what we do.« TED Talks. March 4, 2014. Video. https://www.ted.com/talks/tony_robbins_why_we_do_what_we_do?language=en.

Robbins, Tony, Peter Diamandis und Robert Hariri. *Life Force: How New Breakthroughs in Precision Medicine Can Transform the Quality of Your Life & Those You Love.* New York: Simon & Schuster, 2022.

Seneca, Lucius Annaeus. »On the Shortness of Life.« Translated by John W. Basore. London: William Heinemann, 1932.

Siegel, Cary. *Why Didn't They Teach Me This in School?: 99 Personal Money Management Principles to Live By.* Self-published, CreateSpace, 2013.

Sinclair, David A. und Matthew D. LaPlante. *Lifespan: Why We Age and Why We Don't Have To.* New York: Atria Books, 2019.

Sinclair, David A. und Matthew D. LaPlante. »What to Eat & When to Eat for Longevity | Lifespan with Dr. David Sinclair #2.« David Sinclair. January 12, 2022. Video. https://www.youtube.com/watch?v=wD8reCw3Kls.

Singer, Michael A. *The Untethered Soul: The Journey Beyond Yourself.* Oakland: New Harbinger Publications, 2007.

Singer, Michael A., Tony Robbins und Sage Robbins. »Tony Robbins and Michael A Singer | Breaking Patterns and Finding Inner Peace.« Sounds True. November 15, 2019. Video. https://www.youtube.com/watch?v=Sl7UwUOlTLQ.

Sisson, Mark. »How To MELT YOUR FAT & Get In The BEST SHAPE Of Your Life.« Tom Bilyeu. September 10, 2020. Video. https://www.youtube.com/watch?v=_PMedVdBFPQ. »Sparketype Assessment.« Sparketype. Accessed November 23, 2022. https://sparketype.com/sparketest/.

Sullivan, Paul. »Guardposts and gardens: walking the Berlin Wall Trail.« The Guardian, November 5, 2014. https://www.theguardian.com/travel/2014/nov/05/walking-berlin-wall-trail-germany.

»The power of the placebo effect: Treating yourself with your mind is possible, but there is more to the placebo effect than positive thinking.« Harvard Health Publishing, December 13, 2021. https://www.health.harvard.edu/mental-health/the-power-of-the-placebo-effect.

Trost, Steward G., Steven N. Blair und Karim M. Khan. »Physical inactivity remains the greatest public health problem of the 21st century: evidence, improved methods and solutions using the ›7 investments that work‹ as a framework.« British Journal of Sports Medicine 48 (2014): 169–170.

Walker, Matthew und Andrew Huberman. »Dr. Matthew Walker: The Science & Practice of Perfecting Your Sleep.« Huberman Lab. August 2, 2021. Podcast. https://hubermanlab.com/dr-matthew-walker-the-science-and-practice-of-perfecting-your-sleep/.

Wang, Zheng und John M. Tchernev. »The ›Myth‹ of Media Multitasking: Reciprocal Dynamics of Media Multitasking, Personal Needs, and Gratifications.« Journal of Communication 62, no. 3 (2012): 493–513. https://doi.org/10.1111/j.1460-2466.2012.01641.x.

Weil, Andrew. »The Power of Words and How They Can Affect Your Health | Dr. Andrew Weil on Health Theory.« Tom Bilyeu. August 27, 2020. Video. https://www.youtube.com/watch?v=MdDCecYr0-4.

Weiner, Eric. »How I learned to go in circles in Kathmandu.« BBC, February 21, 2018. https://www.bbc.com/travel/article/20180220-how-i-learned-to-go-in-circles-in-kathmandu.

Willcox, Bradley J., Craig Willcox und Makoto Suzuki. *The Okinawa Program: How the World's Longest-Lived People Achieve Everlasting Health—And How You Can Too.* New York: Three Rivers Press, 2002.

Wilson, Sarah. »Why You Should Quit Sugar, Appreciate Anxiety, and Experiment with Everything | Sarah Wilson. Tom Bilyeu. October 3, 2019. Video. https://www.youtube.com/watch?v=hx4Kr1HJ79E.

Winn, Marc. »005: Marc Winn on Merging Ikigai with the Venn Diagram of Purpose.« The Ikigai Podcast. December 29, 2019. Podcast. https://ikigaitribe.com/ikigai/podcast05/.

Über die Autorin

Dr. Katja Kruckeberg ist mit Herz und Seele Executive Coach, Keynote Speakerin und CEO von Global Leadership Excellence. Seit über 20 Jahren unterstützt sie international Top-Entscheider und deren Teams dabei, bessere Entscheidungen für sich selbst, ihre Organisationen und die Gesellschaft zu treffen. Katja gilt als führende Expertin für Mindset & Business. Durch ihre Beratungs-, Coaching- und Speaker-Services und ihre Bücher hat sie im Laufe der Jahre Tausende Führungskräfte und Einzelpersonen in Organisationen erreicht, die von Fortune 500 über Dax-Unternehmen bis hin zu den führenden Business Schools der Welt reichen. Katja ist Autorin und Co-Autorin mehrerer deutsch- und englischsprachiger Bücher über Leadership und Transformation und hat einen Doktortitel in Organisationspsychologie, einen MBA in Management sowie MAs in Politikwissenschaften und Sportwissenschaften mit gesundheitswissenschaftlichem Schwerpunkt.

Als Coach ist sie auf die Begleitung von Top-Führungskräften (z.B. CEOs und Vorstandsmitgliedern) und die Entwicklung globaler Teams spezialisiert und nutzt dabei modernste Erkenntnisse aus Neurowissenschaften, Psychologie und ihre Erfahrung aus dem strategischen Management Consulting.

Katja lebt mit ihrer Familie in Deutschland und liebt es, Menschen in ihrer Potenzialentfaltung zu unterstützen. »Sophias Geheimnis« ist ihr absolutes Herzensprojekt, von dem sie sich erhofft, Menschen in unterschiedlichsten Lebensphasen und -umständen zu inspirieren, Ihr Leben jeden Tag aufs Neue in die eigenen Hände zu nehmen und wieder mehr an sich zu glauben.

Um mehr über Katja zu erfahren, besuchen Sie bitte ihre
Website: www.kruckeberg.de

»Ich habe noch nie einen Executive Coach gekannt,
der die Kunst der Kommunikation so beherrscht wie Katja.
Sie ist außergewöhnlich kompetent, herausfordernd, lustig
und gleichzeitig feinfühlig in ihrer Herangehensweise.
Ein internationaler Top-Coach mit Vorstands-Qualitäten.«

– RUTH MCGILL,
Global Chief Human Resources Officer,
ING Group, Multinational Banking

Danksagung

Die grundlegenden Ideen, auf denen dieses Buch aufbaut, sind seit Jahren in meinem Herzen und in meinem Kopf. Dennoch braucht es viele Menschen, um vom Konzept zur Kreation zu gelangen. Ich möchte jenen Menschen danken, die direkt oder indirekt maßgeblich am Entstehungsprozess dieses Buches beteiligt waren.

Mein besonderer Dank gilt – Alicia Molina Parra, Prof. Dr. Ben Bryant, Carola Conze, Prof. Dr. Carola Hillenbrand, Christoph Schmidt, Daniel Sandoval, Daniela Dosch-Boden, Desi Kimmins, Dominik Wakeford, Prof. Dr. Erich Barthels, Felix Maria Arnet, Dr. Gerald Wiegand, Dr. Hajo Schulz, Prof. Ian Turner, Inger Buus, Irmtraud Krückeberg, Prof. Dr. Jane McKenzie, Jerome Doherty-Bigara, Jolanda Anna Marie Krückeberg, Kerstin Krückeberg, Luca-Sophie Krückeberg, Lothar Diete, Marco Bode, Maria Costa, Oliver Wagner, Simone Owzarek, Tess Newton, Tim Osborne Jones, Dr. Walter Kromm, Prof. Dr. Wolfgang Amann und Zoltan Kaszian – dafür, dass ihr mich in den verschiedenen Phasen meines Lebens und beim Schreiben meiner Bücher als meine Familie, Freunde, Mentorinnen und Unterstützer begleitet und inspiriert habt.

Beim Schreiben von »Sophias Geheimnis« habe ich mich oft gefragt, ob mir vielleicht auch etwas ähnlich Besonderes passieren könnte wie der Protagonistin der Geschichte. Herzlichsten Dank an Felix Wegeler, den Erbauer der glücklichen Brücke, die mich zu Christian Strasser geführt hat. Dies war und ist mein persönlicher Sophia-Moment. Zudem gilt mein Dank meiner Lektorin Ulla Rahn-Huber für die wunderbare Zusammenarbeit. Eins und eins waren in diesem Prozess immer mindestens drei, und durch dein Feingefühl, deine Kompetenz und deine Kreativität ist »Sophias Geheimnis« noch einmal verzaubert worden. Tausend Dank an Jolanda und Chris für euer konstantes Feedback aus dem Inner-Circle, mit dem ihr eigentlich immer ins Schwarze getroffen habt. Und herzlichen Dank an das Team vom Scorpio Verlag: Angela Hermann-Heene, Carola Wetzel-Kraxenberger, Desirée Schön, Kathleen Roth, Paulina Kempkens, Margarita Maiseyeva, Monika Roleff, Murielle Rousseau und Sara Parragh. Ich bin gespannt, wohin unsere gemeinsame Reise noch gehen wird.

Was in meinem Leben
wirklich zählt ...